# À SE ROULER PAR TERRE

Louis Simon

# À SE ROULER PAR TERRE

## 1 001 NOUVELLES HISTOIRES DRÔLES

FRANCE LOISIRS
123, boulevard de Grenelle, Paris

ISBN : 2-7242-9125-5

# 1

# HISTOIRES SAINTES

Une brave dame va voir son curé.

— Mon père, vous devez faire quelque chose. Il y a en ville une malheureuse mère de famille, seule avec trois enfants, dans un appartement en piteux état. Elle a trois mois de loyer de retard et si elle ne paie pas, le propriétaire la jettera dehors d'ici la fin de la semaine.

— C'est terrible, dit le curé. Attendez, je vais puiser dans les fonds de la paroisse pour soulager un peu cette malheureuse. Combien faut-il ?

— Six mille francs, mon père...

— Mon Dieu ! C'est là tout ce que possède la paroisse ! Tant pis... Il faut aider les malheureux... Nous jeûnerons, voilà tout. Tenez, voilà six mille francs.

— Merci, mon père.

— C'est moi qui vous remercie, car vous m'avez aidé à faire le bien. Vous êtes de la famille de cette malheureuse ?

— Ah, non, mon père, pas du tout.

— Peut-être est-ce une amie ?

— Certainement pas !

— Alors, pourquoi l'aidez-vous ?

— C'est parce que je suis la propriétaire de l'appartement, mon père.

• • •

C'est Noël. Un tout petit garçon en route pour la garderie, passe avec sa maman devant une église, et regarde avec fascination une reconstitution illuminée de l'étable, avec l'âne, le bœuf, les Rois mages, Joseph, la Vierge Marie et le Petit Jésus... Puis il demande à sa mère :

— Dis, maman, elle travaillait aussi, la Sainte Vierge, pour mettre son bébé à la crèche ?

• • •

Un automobiliste et son épouse font irruption dans le café du village.

— Dites, vous avez des vaches noires, dans votre patelin ?

— Ben non.

— Alors des chevaux noirs ?

— Ben non.

— Des cochons noirs ?

— Ben non.

— Des chiens noirs, peut-être ?

— Ben non.

— Là, tu vois ! lance la femme à son mari. Je te disais bien que tu avais écrasé le curé !

• • •

Le Bon Dieu vient de créer la femme et il n'est pas mécontent de lui. C'est vrai, quoi, elle est assez réussie, comparée à l'homme, sa première esquisse... Mais enfin comme Dieu est infiniment modeste, il convoque quelques spécialistes en matière de construction et de décoration — un tapissier, un menuisier et un architecte d'intérieur — pour leur demander leur avis sur ce chef-d'œuvre.

— Écoutez, mon Dieu, c'est mieux que la dernière fois, dit le tapissier. Mais enfin il y a encore un endroit où le crin dépasse, c'est dommage...

— Non, non, c'est vrai, c'est pas mal du tout, monsieur Dieu, renchérit le menuisier. C'est bête, il y a une fente, là, mais sinon, c'est bien...

— Ne les écoutez pas, mon Dieu, dit l'architecte. Elle est très bien, votre femme. Au niveau de la construction, rien à dire... Mais en ce qui concerne l'aménagement d'intérieur : pourquoi avez-vous mis la salle de jeu juste à côté des chiottes ?

• • •

Jésus est sur la croix, entouré par les deux larrons.

— Rapproche-toi de moi ! dit-il au bon larron.

L'homme tire sur ses clous et parvient à se rapprocher du Christ de quelques centimètres.

— Toi aussi, rapproche-toi de moi ! dit Jésus au deuxième larron.

— Fous-moi la paix ! dit l'autre.

— Bon, bon, dit Jésus. Comme tu voudras... Mais tu ne seras pas sur la photo !

• • •

Vous savez pourquoi, après avoir créé l'homme, Dieu créa la femme ?

— Pour apprendre à l'homme la différence entre ses chaussettes noires et ses chaussettes bleu marine.

• • •

Une religieuse un peu sourde a pris quelques semaines de vacances. Un matin, elle va au bureau de poste où elle a fait suivre son courrier, et s'approche d'un guichet.

— Sœur Marie-Thérèse de l'Annonciation... Vous avez des lettres pour moi ?

— Poste restante ? demande le préposé.

— Mais non, voyons ! Catholique !

• • •

Un petit garçon tout fier de lui offre un bouquet de fleurs à sa mère. Visiblement, il les a cueillies lui-même, et comme on est en ville...

— Où tu les as trouvées, ces belles fleurs ? demande la mère.

— Dans le jardin public, répond l'enfant.

— Mais enfin, mon petit chat, c'est très mal !

— Ne t'en fais pas, maman, personne ne m'a vu...

— Et le Bon Dieu ? dit la maman. Tu oublies le Bon Dieu ?

— Ah, merde ! dit le petit garçon. Je n'y pensais plus, à celui-là !

• • •

À Rome, près du Vatican, un coiffeur termine son travail sur un client lorsqu'il découvre que celui-ci est un pasteur anglican.

— Mon père, je ne suis pas protestant, mais je respecte toutes les religions. Alors je vous offre cette coupe de cheveux...

Le pasteur se confond en remerciements, puis revient un quart d'heure après pour lui offrir une très belle Bible.

Deux heures plus tard, un jeune séminariste du Vatican vient à son tour se faire couper les cheveux. De nouveau, le coiffeur ne le fait pas payer et le séminariste, pour le remercier, revient au bout d'un quart d'heure avec un beau chapelet en argent pour le remercier.

Vers la fin de la journée, c'est un rabbin qui pousse la porte du salon de coiffure.

— Rabbi, dit le coiffeur. Je respecte toutes les religions et à vous aussi, comme au séminariste catholique et au pasteur anglican, j'offrirai cette coupe de cheveux !

Le rabbin se confond en remerciements et, une fois la coupe terminée, demande :

— Vous ne fermez pas tout de suite ? Je vais revenir...

Et, un quart d'heure plus tard, le rabbin revient avec... un autre rabbin.

• • •

Comme chaque année, monsieur le vicomte organise une chasse sur ses terres, mais cette année, il a invité le curé. Fusil sous le bras, le brave ecclésiastique chemine dans la forêt, accompagné de madame la vicomtesse, une fervente bigote, lorsque soudain un lièvre surgit devant eux. Le curé épaule, tire et rate l'animal.

— Nom de Dieu de merde ! crie le curé. Raté !

La vicomtesse le dévisage, interloquée, mais ne dit rien. Un peu plus loin, c'est un faisan qui jaillit d'un buisson sous leurs yeux. À nouveau, le curé tire et rate.

— Bordel de Dieu de merde ! hurle-t-il. Je tire comme un vrai connard, putain !

Cette fois, la vicomtesse ne peut se retenir.

— Excusez-moi, mon père, mais comment osez-vous sacrer ainsi comme un païen ? Ne craignez-vous pas les foudres du Ciel ?

— Vous avez raison, ma fille, dit l'homme de Dieu, penaud. C'est l'excitation de la chasse... Je vais faire attention.

Hélas ! lorsque à nouveau une proie lui échappe, le prêtre jette son fusil à terre et s'écrie :

— Ah ! putain de bordel de merde de nom de Dieu de saloperie de fusil à la con !

À cet instant, le ciel se couvre soudainement de nuages noirs, et un éclair illumine la forêt. La foudre frappe et calcine... la vicomtesse, sous les yeux effarés du curé. À cet instant, une voix formidable gronde dans le firmament :

— Bordel de merde de nom de Moi de saloperie de foudre ! Raté !

• • •

Une vieille dame concourt pour un jeu télévisé.

— Question de culture générale ! dit l'animateur. Madame Vlandieu, réfléchissez bien... Pour un million, qu'a dit Ève à Adam, lors de leur première nuit ?

La vieille dame cherche, cherche, puis secoue la tête...

— Oh là là, c'est dur...

— Bonne réponse !

• • •

Moïse se trouve tout en haut du mont Sinaï. L'Éternel va lui donner les Tables de la Loi, mais il vient d'y mettre une condition.

— Pardon ? dit Moïse en regardant le ciel avec des yeux ronds. Tu veux bien faire de nous le peuple élu à condition que nous coupions le bout de nos *quoi* ?

• • •

Une petite fille rentre chez elle en pleurant.

— Qu'est-ce qui se passe ? lui demande sa mère. Tu n'as pas été te confesser chez monsieur le curé ?

— Si, pleurniche la petite fille, mais il m'a dit de réciter trois « Je vous salue, Marie », et je n'en connais qu'un !

• • •

Un couple de jeunes mariés partage un compartiment de chemin de fer avec un prêtre. Pendant tout le voyage, ils parviennent à rester sages, mais la tension monte et, lorsque le train pénètre dans un tunnel, le brave ecclésiastique entend des bruits qui ne laissent aucun doute sur la nature de l'acte qui est en train de se commettre à la faveur de l'obscurité.

De fait, lorsque le train débouche du tunnel, les deux jeunes gens remettent de l'ordre dans leur tenue, rougissants, ébouriffés et n'osant croiser le regard du prêtre... Puis le garçon relève un œil et voit le curé qui se prend la gorge et se pousse la tête en arrière, sans un mot. Au bout de cinq minutes de ce manège, le jeune homme finit par s'inquiéter et demande :

— Ça va, mon père ?

— Oh, ça va très bien, mon fils. Vous voyez, je fais comme vous, je tire mon cou !

• • •

Au cœur de la jungle, un jeune missionnaire va voir le chef d'une tribu de cannibales.

— Vous connaissez le christianisme ? demande-t-il.

— Un peu ! dit le chef avec un sourire gourmand. J'en ai déjà eu un avant-goût avec le dernier missionnaire qui est passé ici...

• • •

Dans une église déserte, deux hommes sont agenouillés sur des prie-Dieu, les mains jointes.

— Mon Dieu, murmure le premier, vêtu de haillons, si je ne trouve pas dix francs, je vais mourir de faim !

— Mon Dieu, murmure le second, un puissant industriel, si je ne trouve pas dix millions, je vais rater mon OPA !

— Mon Dieu, reprend le premier un peu plus fort, il me faut ces dix francs, je n'ai rien mangé depuis trois jours !

— ... Dix millions, ce n'est pas grand-chose, poursuit l'industriel très concentré. Songez que si je réussis mon OPA, je...

— Dix francs, mon Dieu, dix francs ! reprend le pauvre hère encore plus fort.

L'industriel pousse un soupir, se lève et tend un billet au malheureux.

— Écoute, vieux, dit-il. Voilà cinquante balles, mais s'il te plaît dégage. Dieu et moi, on parle bizness !

• • •

Jean-Paul II réunit tous les évêques à Rome, pour un concile exceptionnel. Les ecclésiastiques s'interrogent en vain sur le motif de cette convocation, quand le pape, l'air soucieux, monte en chaire.

— J'ai deux nouvelles à vous annoncer, mes frères. Une bonne et une mauvaise. La bonne, c'est que j'ai eu la grâce de recevoir un coup de fil de Dieu le Père en personne !

Aussitôt, évêques et cardinaux se pâment de joie, tombent à genoux et se signent.

— Du calme, du calme, dit le pape. Je ne vous ai pas annoncé la mauvaise nouvelle... La voici : quand il m'a appelé, Dieu le Père téléphonait de Tel-Aviv !

• • •

À la fin de sa vie, un prêtre réalise son rêve : un voyage en Terre sainte. Arrivé en Israël, il part en excursion pour Bethléem et là, à peine descendu du car, il aperçoit un homme avec une longue barbe blanche, tirant un âne sur lequel une femme vêtue d'une tunique bleue tient un bébé dans ses bras.

— Excusez-moi, dit-il, saisi par la vision. Ne vous appelleriez-vous pas Joseph ?

— Si, comment l'avez vous deviné ? dit l'homme.

— Et votre femme, sur l'âne, elle ne s'appellerait pas Marie, par hasard ?

— Si, si...

— Oh mon Dieu ! Alors ce petit enfant, il s'appelle Jésus, n'est-ce pas ?

— Eh, oh ! Vous nous prenez pour des Portugais, ou quoi ?

• • •

Dieu le Père a un gros rhume. C'est vrai qu'au Paradis, il y a des courants d'air.

— Dites donc, fait saint Pierre. Ça n'a pas l'air d'aller, mon Dieu. Attendez, il y a un médecin formidable qui vient d'arriver au Ciel, je vous l'envoie.

Quelques instants plus tard, le médecin, un brave homme mort de vieillesse quelques heures plus tôt, se retrouve en face de Dieu et l'ausculte, impressionné tout de même.

— Eh bien, mon Dieu, ce n'est pas grand-chose. Tournez-vous, je vais vous mettre un suppositoire.

— Tu n'y penses pas ! tonne le Tout-Puissant. Tu oublies que les voies du Seigneur sont impénétrables ?

• • •

Deux vieilles filles de l'Armée du Salut passent devant un chantier où, à leur grande consternation, elles entendent des ouvriers jurer et sacrer de la pire façon.

— Ce n'est pas possible ! s'écrie l'une d'elles. On ne peut pas laisser ainsi blasphémer le nom du Seigneur. Dès demain, je viendrai porter la bonne parole à ces âmes perdues !

Le lendemain, comme promis, la vieille fille revient au chantier, chargée d'une bouteille de vin qu'elle a astucieusement emportée avec elle pour se concilier les bonnes grâces des ouvriers.

Pénétrant sur le chantier, elle apostrophe le premier homme qui passe :

— Vous connaissez Jésus ?

— Ouais, bien sûr, répond l'ouvrier.

Puis il se tourne vers un échafaudage et crie :

— Jésus ! Descends ! Ta gonzesse t'amène un coup à boire !

• • •

COLUCHE

*Un jour, Dieu a dit : « Je partage en deux. Les riches auront de la nourriture, les pauvres auront de l'appétit. »*

• • •

Devant le Mur des Lamentations, à Jérusalem, deux Juifs poussent des gémissements à fendre l'âme. Au bout d'un moment, le premier Juif, des larmes dans les yeux, se tourne vers son voisin et dit :

— Vous aussi, vous êtes dans la confection ?

• • •

Une jeune femme très religieuse va avoir un enfant. Elle est comblée, mais une question l'ennuie et elle décide d'aller en parler à son confesseur.

— Mon père, chuchote-t-elle dans le confessionnal, vous savez que le Seigneur a bien voulu bénir mon mariage en m'accordant la joie d'être bientôt mère...

— Oui, ma fille.

— Seulement, voilà : j'ai un travail. Pensez-vous que le rôle de mère soit compatible avec une activité professionnelle ? Je vais devoir laisser mon bébé à la garderie, au lieu de m'occuper de lui ! Croyez-vous que le Seigneur voie cela d'un bon œil ?

— Mais bien sûr, ma fille, répond le curé. D'ailleurs, prenez exemple sur la Vierge Marie !

— La Sainte Vierge, monsieur le curé ?

— Eh bien oui ! Elle a bien mis son bébé à la crèche, non ?

• • •

Un rabbin se promène dans la ville et passe devant une charcuterie. Il s'arrête et contemple les piles de saucisses, de jambon, de pâté... L'eau lui en vient à la bouche. À cet instant retentit un terrible coup de tonnerre.

— Bon, bon, ça va ! dit le rabbin en s'éloignant. On peut se documenter, quand même !

• • •

OLIVIER LEJEUNE

*Mauvaise nouvelle : le pape se marie. Bonne nouvelle : à l'église !*

• • •

Deux naufragés dérivent depuis des jours sur une embarcation de fortune. Il n'y a plus rien à boire, plus rien à manger, et le soleil frappe implacablement. L'un des deux hommes se met à genoux et commence à prier :

— Mon Dieu, je sais que j'ai mené une vie de péché, mais je vous promets que si vous nous tirez de là, je ne toucherai plus jamais de ma vie à un verre d'alcool. Envoyez-nous du secours et je n'irai plus voir les filles. Faites qu'un bateau croise notre route et je consacrerai ma vie aux bonnes œuvres. Sauvez-nous et je...

— Eh, arrête tes conneries, dit son copain. Il y a un bateau qui vient !

• • •

Dans la cour du couvent, les nonnes font du vélo en poussant des petits cris aigus.

— Arrêtez de crier comme ça ! hurle la mère supérieure par la fenêtre de son bureau. Vous m'empêchez de prier ! Si vous faites encore du bruit, je ferai remettre des selles à vos vélos !

• • •

Un prêtre français, un rabbin juif et un pope grec sont au Paradis. Ils s'ennuient tellement qu'ils vont voir saint Pierre pour obtenir une petite faveur : l'autorisation de redescendre sur Terre une seule journée.

— Moi, je veux bien, dit saint Pierre. Mais vous connaissez la consigne : le moindre péché et vous filez tout droit au Purgatoire !

Alors écoutez-moi bien : toi, le Français, ton péché c'était la gourmandise, tu ne pensais qu'à manger. Toi, le Juif, c'était la cupidité, tu ne pensais qu'à l'argent. Et toi, le Grec, c'était la luxure, tu n'as jamais pu résister à un beau petit jeune homme. Souvenez-vous-en et faites bien attention !

— Oui, oui, saint Pierre.

Les trois ecclésiastiques redescendent sur Terre, tout contents. Au bout d'une heure, ils passent devant une pâtisserie. Le prêtre français, perdant tout contrôle, se rue à l'intérieur et commence à s'empiffrer de gâteaux. Aussitôt, on entend une musique céleste et le prêtre disparaît, direction le Purgatoire.

Un peu plus loin, le rabbin voit un billet de 100 francs sur le trottoir. C'est plus fort que lui : il se penche pour le ramasser... et c'est le Grec qui se retrouve au Purgatoire.

• • •

Les nonnes du couvent Marie-Auxiliatrice ont organisé une tombola au profit des pauvres de la paroisse, et sœur Thérèse est chargée d'annoncer les résultats.

— Troisième prix, le 12 ! dit-elle en tirant le numéro. Le 12 gagne un voyage pour deux personnes à Venise !

Tonnerre d'applaudissements dans l'assistance. L'heureux gagnant vient prendre les billets et retourne à sa place.

— Deuxième prix, le 48 !

— C'est moi ! C'est moi ! crie un homme au second rang.

— Le 48 gagne... une tarte aux framboises !

— Quoi ? dit le type. C'est une blague ? Le troisième prix a gagné un voyage à Venise et moi je gagne une tarte ?

— Oui, monsieur, dit sœur Thérèse. Mais il s'agit d'une très bonne tarte qui a été faite par notre mère supérieure...

— Mais je l'encule, moi, votre mère supérieure !

— Ah, non, monsieur, dit sœur Thérèse. Ça, c'est le premier prix.

• • •

Dans le même couvent, la même mère supérieure s'adresse aux mêmes nonnes :

— Ce soir au dîner, mes filles, nous aurons des carottes !

— Aaaah !

— ... râpées.

— Ooooh...

• • •

Un curé de village se confesse à son évêque.

— Mon père, pardonnez-moi, car j'ai péché. J'ai pris un repas sans dire mon action de grâces...

— Ce n'est pas bien grave, dit l'évêque. Et pourquoi avez-vous oublié de bénir ce repas ?

— C'est parce que j'étais troublé, mon père, répond le curé. J'étais dans un restaurant de viandes, et c'était un vendredi...

— Ah ! Et pourquoi étiez-vous justement dans un restaurant de viandes un vendredi ?

— Parce qu'il était très tard, et c'était le seul ouvert, mon père...

— Ah ! Et que faisiez-vous dehors si tard ?

— Je sortais du bordel, mon père...

• • •

Quelle est la différence entre un curé et un sapin de Noël ?

— Aucune. Dans les deux cas, les boules ne servent qu'à faire joli.

• • •

Dans un collège religieux, monsieur le curé est venu donner son cours de catéchisme.

— Aujourd'hui, interrogation, annonce-t-il. Quel est l'homme le plus important qui ait jamais existé ? Celui qui trouvera la bonne réponse aura dix francs !

Tous les doigts se lèvent et les réponses fusent :

— Oui, Martin ?

— Napoléon !

— Mauvaise réponse. Oui, Bernard ?

— Chirac !

— Mauvaise réponse. Oui, Matthieu ?

— Clint Eastwood !

— Dehors. Oui, Jacob ?

— Notre très saint-père Jean-Paul II !

— Excellent, mon petit Jacob ! Voilà tes dix francs... Tout de même... Ne prends pas ça mal, mon petit Jacob, mais enfin je m'étonne que toi, un Juif, tu aies donné cette réponse...

— En fait, mon père, j'aurais plutôt répondu « Moïse », dit le jeune Jacob en empochant les dix francs. Mais les affaires sont les affaires...

• • •

Vous savez pourquoi Dieu a créé les hommes ?

— Parce que les vibromasseurs ne savent pas tondre les pelouses.

• • •

Après avoir entraîné le peuple hébreu hors d'Égypte, Moïse est informé que l'armée du Pharaon est là, prête à fondre sur eux, alors qu'ils sont acculés devant la mer Rouge.

— N'ayez crainte ! dit Moïse. Dieu vient de me parler ! Grâce à lui, je vais fendre la mer Rouge de mon bâton, et nous pourrons traverser à pied sec. Après, je lèverai mon bâton et les flots en furie engloutiront l'armée de Pharaon.

À ces mots, son attaché de presse murmure :

— Alors là, Momo, si tu réussis ce coup, je t'obtiens dix pages dans la Bible !

• • •

Le même Moïse descend du mont Sinaï et s'adresse au peuple hébreu rassemblé en bas de la montagne :

— J'ai deux nouvelles à vous annoncer, une bonne et une mauvaise. La bonne, c'est que Dieu voulait nous imposer quinze commandements, et que j'ai réussi à traiter à dix. La mauvaise, c'est que « Tu ne commettras pas l'adultère » fait partie des dix qui sont restés...

• • •

Apprenant que son fils s'est converti au catholicisme pour devenir prêtre, un rabbin se suicide. Il arrive directement au Paradis où il rencontre Dieu.

— Pourquoi t'es-tu suicidé, mon bon Jacob ? lui dit Dieu. Moi aussi, jadis, mon fils s'est converti...

— Et qu'avez-vous fait, mon Dieu ?

— Un nouveau testament, Jacob..

• • •

Moïse et Jésus pêchent au bord d'un lac poissonneux du Paradis en parlant du bon vieux temps.

— Tu arrives toujours à faire ton truc ? demande Jésus.

— Je n'en sais rien, dit Moïse. On va voir.

Il se lève dans le bateau, écarte les mains et, aussitôt, les flots s'écartent et le bateau tombe au fond du lac soudainement asséché. Moïse sourit, baisse les mains et les flots se referment.

— Eh bien oui, ça marche encore, dit-il en se rasseyant. Et toi ?

— On va voir, dit Jésus.

Et il sort du bateau pour marcher sur les eaux. Mais au bout de deux pas, il coule à pic et manque de se noyer. Moïse le hisse à bord de leur barque et l'aide à reprendre sa respiration, puis demande :

— Qu'est-ce qui s'est passé, Jésus ?

— J'aurais dû m'en douter, répond le fils du Seigneur. La dernière fois que j'ai essayé ce truc, je n'avais pas de trou dans les pieds !

• • •

Un Franciscain et un Jésuite parlent de la crèche et de la naissance du Christ.

— À votre avis, dit le Jésuite, Jésus est-il né les yeux ouverts ou fermés ?

— Ouverts, répond le Franciscain. Mais quand il a vu l'âne et le bœuf il a dit « C'est ça, la compagnie de Jésus ? » et il a refermé les yeux...

• • •

Sœur Marie-Thérèse de l'Enfant-Jésus, rouge de honte, doit avouer son état à la congrégation : elle est enceinte. Devant toutes les religieuses assemblées, elle annonce :

— Mes sœurs, ne faites pas comme moi, prenez garde : les cierges sont truqués !

• • •

Il est six heures, saint Pierre est sur le point de fermer les portes du Paradis, lorsqu'il voit arriver un type en armure, portant une épée magnifique.

— Attendez ! Attendez ! dit le type, à bout de souffle.

— J'attends, dit saint Pierre. Dites-voir, on n'en voit plus beaucoup, des gens en armure, de nos jours. Vous tourniez un film, ou quoi ?

— Non, non, saint Pierre. Je suis Roland. Roland de Roncevaux...
— C'est pas possible ! Mais alors votre épée, là, c'est Durandal !
— Oui, oui...
— Eh ben, vous en avez mis un temps pour arriver !
— Vous savez, saint Pierre, c'est pas facile de marcher avec un cor...

• • •

Sœur Marie-Thérèse de l'Immaculée-Conception vient de mourir et, par erreur, elle a été envoyée en Enfer. Comme le diable lui-même en est fort surpris, il l'autorise à appeler le Paradis :
— Allô saint Pierre ? Ici sœur Marie-Thérèse ! Je vous en prie, venez me chercher !
— Oui, oui, on vient, ma sœur, répond saint Pierre. Pas de panique...
Mais le lendemain, la sœur est toujours en Enfer. Affolée, elle téléphone une seconde fois au Paradis :
— Saint Pierre ! Saint Pierre ! Venez à mon secours, ce soir ils ont prévu une gigantesque orgie ! Une partouze ! Ça va être horrible !
— Écoutez, pas de problème, on arrive.
Hélas, le lendemain saint Pierre n'est toujours pas venu. Il reçoit un troisième coup de fil :
— Salut, Pierrot, c'est Marithé ! Ça boume ? Dis donc, vieux, à propos du transfert, y a rien qui presse, hein ?

• • •

Madame Dugommeau rencontre madame Pithiviers à la messe. Alors qu'il fait un temps splendide, madame Pithiviers a mis son imperméable et a pris son parapluie.
— C'est curieux, lui dit madame Dugommeau. Il fait beau, pourtant !
— Oui, mais il va pleuvoir, dès la sortie de la messe.
— Mais comment en êtes-vous si sûre ?
Madame Pithiviers regarde à droite, à gauche et se penche vers son amie en baissant la voix :
— Le dimanche matin, je regarde le sexe de mon mari. S'il penche à droite, je sais qu'il fera beau à la sortie de la messe. S'il penche à gauche, c'est qu'il pleuvra à la sortie de la messe.
— Et aujourd'hui il penchait à gauche ?

— Exactement.

De fait, à la sortie de la messe, il pleut. Madame Dugommeau se précipite vers son amie.

— C'est extraordinaire, tout de même ! Et ça marche vraiment à tous les coups ?

— À tous les coups, répond fièrement madame Pithiviers.

— Et, j'y pense... Quand le sexe de votre mari ne penche ni à droite ni à gauche, mais qu'il reste tout droit, comment savez-vous le temps qu'il fera à la sortie de la messe ?

— Quand il reste tout droit, madame Dugommeau, je ne vais pas à la messe !

• • •

Le père Dugommeau se promène dans la campagne par une belle journée de printemps. Il fait beau, l'air est doux, des oiseaux gazouillent au loin, et le prêtre aperçoit une scène charmante : au bord d'un frais ruisseau, une petite fille toute blonde brosse un mignon petit chien.

— Comment t'appelles-tu, mon enfant ? demande le père Dugommeau.

— Rose, mon père.

— Comme c'est charmant ! Et comment tes parents ont-ils choisi un aussi joli prénom ?

— Eh bien, mon père, un jour ma mère a fait la sieste près de la roseraie alors qu'elle était enceinte, et un pétale de rose s'est posé sur son ventre. Elle a pensé que c'était un signe de Dieu, et elle m'a appelée Rose.

— Charmant, vraiment charmant... Et ton petit chien, comment s'appelle-t-il ?

— Cochonnet, mon père.

— Tiens ? Quel drôle de nom pour un joli petit chien... Pourquoi l'avoir appelé ainsi ?

— Parce qu'il passe son temps à enculer des cochons, mon père.

• • •

Un prêtre catholique, un pasteur protestant et un rabbin juif ont une discussion animée pour déterminer quelle est la vraie religion. Au bout d'un moment, le rabbin tourne les yeux vers le ciel et dit :

— Éternel, si c'est moi qui ai raison, fais gronder le tonnerre divin !

Aussitôt, un grondement de tonnerre se fait entendre...
— Ah, vous voyez ! dit le rabbin.
— Un moment, répond le prêtre catholique. Mon Dieu, si c'est moi qui ai raison, fais gronder ton tonnerre !
Et, à nouveau, le tonnerre gronde.
— Seigneur Dieu, si c'est moi qui ai raison, fais gronder ton tonnerre ! hurle le pasteur protestant pour ne pas être en reste.
Une fois encore, le tonnerre gronde de façon assourdissante. Du coup, la dispute entre les trois ecclésiastiques reprend de plus belle, chacun prétendant avoir reçu le soutien de Dieu... C'est alors qu'un grondement de tonnerre encore plus puissant les fait sursauter.
— Bon, Éternel, dit le rabbin en levant les yeux au ciel. Tu nous as donné ton avis, merci, c'était sympa, mais maintenant tu nous laisses discuter, d'accord ?

• • •

Au Paradis terrestre, Dieu croise Ève le lendemain de sa nuit de noces.
— Alors, ma petite Ève, tu es contente de ton mari ?
— Oh oui, Seigneur, dit Ève. À propos, vous savez qu'il porte toujours une feuille de vigne en haut des jambes...
— Oui, oui...
— Eh bien depuis hier soir je sais ce que ça veut dire « Être dur de la feuille » !

• • •

À la porte du Ciel, un type furieux se présente devant saint Pierre.
— Mais bon sang, qu'est-ce que je fais là ! hurle-t-il. Regardez-moi : j'ai trente-cinq ans, je suis en pleine forme, je ne bois pas, je ne fume pas, hier soir je me couche bien sagement dans mon lit et voilà que je me retrouve au Ciel ! C'est certainement une erreur !
— Eh bien ! ça n'est jamais arrivé, mais enfin je vais vérifier, répond saint Pierre, troublé. Comment vous appelez-vous ?
— Dugommeau. Norbert Dugommeau.
— Oui... Et quel est votre métier ?
— Garagiste.
— Oui... Ah, voilà, j'ai votre fiche. Dugommeau Norbert, garagiste... Eh bien, monsieur Dugommeau, vous êtes mort de vieillesse, c'est tout !

— De vieillesse ? Mais enfin ce n'est pas possible, je n'ai que trente-cinq ans !

— Ah moi je ne sais pas, monsieur Dugommeau. Mais on a fait le compte de toutes les heures de main-d'œuvre que vous avez facturées, et ça donnait 123 ans !

• • •

Le père supérieur d'un couvent de Barnabites reçoit un jeune et sémillant évêque qui vient d'être nommé à la tête du diocèse.

— Mon père, je vais mettre vos frères barnabites à l'épreuve, afin de voir si, véritablement, leur vœu de chasteté est sincère. Faites-les aligner dans la cour, je reviens...

Le père supérieur, un peu inquiet, obéit aux ordres, et voit revenir le jeune évêque avec une splendide créature à demi nue qui, ondulant comme une vague, frôle lentement la rangée de Barnabites. Et, à la grande honte du père, les moines, les uns après les autres, poussent un gros soupir et se tortillent pour masquer leur état après le passage de la fille. Seul frère Guillaume reste imperturbable.

— Ah ! s'écrie le jeune évêque. En voilà un, au moins, qui est fidèle à ses vœux ! Je vais l'embrasser !

— Non, non ! dit le père supérieur.

— Mais si, voyons ! dit le jeune évêque. Ah, mon brave frère Guillaume, venez que je vous presse sur mon cœur !

À ce moment-là, frère Guillaume pousse un gros soupir et commence lui aussi à se tortiller.

• • •

Un prêtre reçoit en confession dans son presbytère une ravissante jeune femme en pleurs.

— Mon père, j'ai péché, dit-elle. Je n'ai pas su résister aux avances d'un séducteur. Je n'ose vous dire ce qu'il m'a fait...

Le prêtre passe son bras autour des épaules de la jeune femme.

— Est-ce qu'il vous a fait cela, ma fille ?

— Oui, mon père. Et pire encore...

Il la prend par la taille et l'embrasse.

— Est-ce qu'il vous a fait cela ?

— Oui, mon père, et pire...

Il glisse une main sous sa robe et commence à la caresser.

— Est-ce qu'il vous a fait cela ?

— Oui, mon père, et pire...

Perdant tout contrôle, il la jette sur le lit et la prend sauvagement.

— Est-ce qu'il vous a fait cela ?

— Oui, mon père, et pire...

— Mais quoi, pire ! dit le prêtre. Qu'est-ce qu'il y a de pire !

— Il m'a refilé une blennorragie, mon père...

• • •

En rêve, le pape Jean-Paul II reçoit un message de Dieu : il doit rajeunir, pour attirer de nouveaux fidèles. Dès le lendemain, le pape s'inscrit à un cours de gym, entame un régime, renouvelle sa garde-robe, se fait faire un lifting, va se faire bronzer sur la Côte, se fait poser des verres de contact et s'achète une décapotable.

Hélas, il n'a pas l'habitude de conduire et rate le premier virage pour s'écraser cent mètres plus bas au fond d'un ravin. La seconde suivante, il se retrouve devant les portes du Paradis. Pire que tout, Dieu ne lui accorde pas la moindre attention.

— Eh bien, Seigneur ! grogne-t-il. Qu'est-ce qui t'a pris ? Tu m'as demandé de me rajeunir, et je l'ai fait ! Est-ce ainsi que tu récompenses tes serviteurs ?

Dieu le regarde alors de plus près et s'écrie :

— Ça alors ! Jean-Paul ! Excuse-moi, je ne t'avais pas reconnu, dis donc !

• • •

Un alpiniste part tout seul pour une course en montagne. Tout se passe bien jusqu'à ce que son pied dérape sur une roche pourrie. Le malheureux tombe dans le vide et, par miracle, parvient à se rattraper à une racine surplombant un vertigineux à-pic.

— Au secours ! Au secours ! hurle-t-il désespérément.

À cet instant, une voix caverneuse se fait entendre dans les Cieux : « Mon fils, as-tu foi en moi ? »

— Qui c'est ? C'est le Seigneur ? Oui, oui, j'ai foi en vous, Seigneur, mais tirez-moi de là !

« Alors si tu as la foi, lâche cette racine ! »

— Pardon ?

« Lâche cette racine, mon fils ! »

L'alpiniste, couvert de sueur, ne répond pas tout de suite. Il regarde le vide, sous ses pieds, puis, d'une voix timide, lance vers les Cieux :

— Excusez-moi, mais il n'y a personne d'autre, là-haut ?

• • •

COLUCHE

*Mon père est allé à Lourdes. Il ne lui reste que Lisieux pour pleurer.*

• • •

L'église d'un petit village de campagne tombe en ruine. Le clocher menace de s'effondrer, et le toit risque de s'envoler au prochain orage. Alors le père Maxime, curé de la paroisse, se décide à aller solliciter un riche homme d'affaires dont la luxueuse résidence secondaire surplombe le village.

Pendant dix bonnes minutes, le père Maxime a plaidé sa cause avec éloquence, avant de demander à son interlocuteur de faire un geste... Dix mille francs, par exemple ?

— Monsieur le curé, répond l'homme d'affaires après avoir longuement réfléchi, nous ne nous connaissons pas. Alors laissez-moi vous parler un peu de ma situation... Voyez-vous, monsieur le curé, ma femme a le cancer. Depuis des mois, des années, il lui faut des traitements, de la chimiothérapie, une assistance spéciale... Ça représente une fortune !

— J'imagine, mon fils, j'imagine...

— Et puis il y a aussi ma sœur ! Elle est à ce point percluse de rhumatismes qu'elle ne peut plus faire un geste. Du coup, depuis la mort de son mari, elle compte sur moi pour m'occuper d'elle et de ses trois enfants. Ce qui fait quatre personnes à nourrir, et je peux vous dire que c'est pas donné !

— Mon Dieu, quelle tristesse...

— N'est-ce pas ? Et il y a enfin ma mère ! La pauvre vieille, elle a quatre-vingt-neuf ans, elle est presque aveugle, il lui faut des infirmières à temps complet. Vous imaginez ce que ça coûte ?

— Évidemment... Ça doit coûter cher.

— Eh bien, monsieur le curé, ni ma femme, ni ma sœur et ni ma mère n'ont réussi à me tirer un sou. Alors vous n'imaginez tout de même pas que je vais dépenser dix mille balles pour votre fichue église, non ?

• • •

— Seigneur, daigne poser les yeux sur le plus pauvre de tes serviteurs, gémit le père Dugommeau dans sa prière. Regarde ma paroisse : nous n'avons plus un sou pour acheter des cierges ni rénover l'église qui aurait bien besoin d'un coup de peinture... Seigneur, si tu voulais, tu pourrais me faire gagner au Loto !

Et la voix de Dieu, puissante et caverneuse, répond :

— D'accord, père Dugommeau. La semaine prochaine, tu gagneras au Loto.

La semaine passe et, le dimanche suivant, le père Dugommeau gémit de plus belle :

— Seigneur, Seigneur, pourquoi m'avoir abandonné ? Tu m'avais promis que je gagnerais et je n'ai rien eu !

Alors la voix de Dieu résonne à nouveau dans l'église :

— Père Dugommeau, je sais que tu es fauché et je sais que je peux faire des miracles. Mais enfin tu aurais pu me donner un coup de main et acheter un billet, quand même !

• • •

PIERRE DESPROGES

*Judaïsme : N.M. Religion des Juifs, fondée sur la croyance en un Dieu unique, ce qui la distingue de la religion chrétienne, qui s'appuie sur la foi en un seul Dieu, et plus encore de la religion musulmane, résolument monothéiste.*

• • •

Un milliardaire très fervent a une idée fixe : faire baptiser son chien, pour être sûr qu'il l'accompagnera au Paradis. Il obtient une audience au Vatican et explique son cas au pape :

— Très Saint-Père, je voudrais faire baptiser mon chien...

— Comment ? dit le pape. Vous êtes fou !

— Je vous en prie, Très Saint-Père... Je ferai don à l'Église d'un million de dollars !

— Dehors !

Vexé, le milliardaire décide de se convertir à l'Islam. Il va voir un imam et lui expose son idée.

— Je vous offre un million de dollars si vous nous acceptez dans votre religion, moi et mon chien.

— Sortez !

Et le milliardaire, têtu, va voir les protestants, les bouddhistes, les taoïstes, les shintoïstes... Partout, on le flanque dehors sans ménagement.

Et puis le milliardaire arrive à Jérusalem pour rencontrer le Grand Rabbin.

— Vous ne voulez pas nous circoncire, moi et mon chien ?

— Désolé, dit le Grand Rabbin. C'est impossible.

— Mais je vous offre un million de dollars !
— Quoi ? Un million de dollars ? Euh... C'est quoi, comme race ?
— Un doberman, Grand Rabbin.
— Aaah ! Mais ça change tout ! Il fallait me dire que sa mère était juive !

• • •

Qu'est-ce qui est une fois noir, une fois blanc, une fois noir, une fois blanc et ainsi de suite ?
— Une bonne sœur qui fait des galipettes.

• • •

Le bon père Joseph, un brave curé de campagne qui a saintement officié toute sa vie dans sa paroisse, vient de décéder et se présente aux portes du Paradis en même temps qu'Émile Chautard, un chauffeur de bus hargneux, grossier et alcoolique.
— Je vous en prie, dit le père Joseph avec un petit sourire modeste. Passez devant...
Le type frappe à la porte et saint Pierre l'accueille avec chaleur.
— Émile Chautard ! Quelle bonne surprise ! Entrez, mon vieux ! Soyez le bienvenu !
« Ça alors, se dit le père Joseph. Je n'aurais jamais cru qu'ils le laisseraient entrer au Paradis, celui-là. Eh bien, tant mieux pour lui, après tout. »
Le bon curé frappe à son tour à la porte, sûr de son fait. Saint Pierre lui ouvre, lui jette à peine un coup d'œil et lance : « Le père Joseph, au Purgatoire ! Dix ans ! »
— Quoi ? Au Purgatoire, moi ? Mais vous voulez rire, saint Pierre ! Vous laissez entrer ce chauffeur de bus grossier et ivrogne et moi, un serviteur de Dieu, vous me condamnez au Purgatoire ?
— Eh oui, dit saint Pierre. Vois-tu, Joseph, quand tu faisais tes sermons, tout le monde dormait. Mais lui, quand il conduisait son bus, tout le monde priait !

• • •

Un curé de campagne, à la sortie de la messe, se décide à aborder le plus riche et le plus généreux membre de sa congrégation, un industriel parisien qui a une résidence secondaire dans le village.

— Excusez-moi de vous dire ça, mon fils, mais chaque fois que je fais un sermon, vous vous endormez.
— Ah bon ?
— Oui... Et vous comprenez, vis-à-vis des autres paroissiens, ça fait mauvais genre...
— Au contraire, mon père ! dit le Parisien. Est-ce que je m'endormirais si je ne vous faisais pas confiance ?

• • •

Deux nonnes vont faire leurs courses au marché. Elles s'arrêtent à l'étal du marchand de quatre-saisons et achètent deux concombres.
— Vous voulez pas en prendre trois ? dit le commerçant. Il y a une offre spéciale !
— Ben, pourquoi pas ? dit l'une des deux nonnes. On pourra toujours manger le troisième...

• • •

Un très vieux monsieur joue au Loto depuis des années. Il n'a jamais rien gagné et pourtant, chaque semaine, il tente encore sa chance... Comme il est très âgé, c'est son grand fils qui s'occupe d'acheter les billets et de regarder les résultats. Et ce soir, le vieux monsieur a gagné ! Cent millions !
Encore sous le choc, son fils se dit qu'il ne peut pas lui annoncer une nouvelle pareille de but en blanc. Avec son cœur malade, il pourrait tomber raide mort sous le coup de l'émotion ! Il va donc voir le curé pour lui demander conseil.
— Laissez-moi faire, dit le curé. J'ai l'habitude de ce genre de situation...
Le curé va donc voir le vieil homme et, après avoir pris une tasse de thé en sa compagnie, lui dit :
— Une supposition, comme ça, en l'air... Si vous gagniez cent millions, qu'est-ce que vous en feriez ?
— Je vous en donnerais cinquante pour rebâtir l'église, mon père ! dit le vieil homme.
Et le curé tombe raide mort.

• • •

Sœur Marie-Thérèse a rejoint le couvent Sainte-Ursule, où des règles de silence très strictes sont observées. Les sœurs n'ont le droit de prononcer que trois mots tous les cinq ans.

Cinq ans après son arrivée au couvent, c'est le tour de sœur Marie-Thérèse de parler. Elle se lève au réfectoire et, devant toutes les nonnes, elle dit : « Matelas pas bon ! »

Cinq ans passent encore, et c'est de nouveau à son tour de parler. Elle a eu le temps de se préparer, et elle délivre son message : « Soupe trop salée ! »

Cinq ans de mieux, et c'est encore à elle de prononcer trois mots. Cette fois, elle dit : « Chauffage mal réglé ! »

Et cinq ans plus tard, alors qu'elle est au couvent Sainte-Ursule depuis vingt ans, elle craque. Quand c'est son tour de parler, elle dit : « Je me tire ! »

— Ça ne m'étonne pas ! dit la mère supérieure. Depuis que vous êtes là, vous n'avez pas cessé de vous plaindre !

• • •

Dans une école religieuse juive, un rabbin vient d'expliquer à ses jeunes élèves qu'Israël abritait le peuple élu, et que les autres étaient des goys.

— Mais, rabbi, demande un élève. Pourquoi donc Dieu a-t-il créé les goys ?

— Parce que, dans sa grande sagesse, il savait qu'il faudrait des gens pour acheter au détail !

• • •

Au Paradis, Dieu le Père s'ennuie sur son nuage, lorsque saint Pierre arrive en trombe.

— Dieu le Père ! Dieu le Père !

— Oui, qu'est-ce qu'il y a ?

— Ça y est ! Enzo Ferrari vient d'arriver !

— Enzo Ferrari ? dit Dieu de Père. *Le* Enzo Ferrari ? Le plus grand constructeur de voitures de toute la Création ?

— Oui, Dieu le Père.

— J'arrive !

Deux minutes plus tard, le Très-Haut serre longuement la main du constructeur italien.

— Oh, vous savez, je vous admire, dit-il. Vous êtes le plus grand !

— Je vous en prie, mon Dieu, dit Enzo Ferrari, modestement. Vous me flattez !

— Non, non ! Je connais toutes vos créations, vous savez ! Surtout la Testarossa ! Quelle ligne ! Quelle classe ! Simplement, si je peux me permettre...

— Dites...
— Eh bien ! je trouve que le levier de changement de vitesse est un peu près du volant...
— C'est juste, mon Dieu. Ç'a toujours été notre problème, dit Ferrari. Mais puisque je vous tiens, mon Dieu, je voulais vous dire à quel point moi aussi j'admire vos créations. Surtout la Femme. Ah, la Femme ! Quelle ligne ! Quelle classe ! Simplement, si je peux me permettre...
— Dites...
— Eh bien ! je trouve que vous avez mis le bouton de starter un peu près du pot d'échappement !

• • •

Dans une synagogue, un rabbin commence son prêche en citant Moïse, lorsqu'un cri s'élève dans l'assistance : « Moïse était un crétin ! »
Choqué, le rabbin scrute la foule d'un air sévère.
— Qui a dit ça !
— C'est moi ! dit un bonhomme au fond le la synagogue. Je l'ai dit et je le répète : Moïse était un crétin !
— Mais enfin, pourquoi ? s'écrie le rabbin.
— Quand il a fui l'Égypte à la tête du peuple d'Israël, après qu'il eut franchi la mer Rouge, si au lieu de tourner bêtement à gauche il avait tourné à droite, c'est *nous* qui aurions le pétrole, aujourd'hui !

• • •

Le père François, parvenu à la fin de sa vie, n'a plus qu'un souhait : voir le Saint-Père, au Vatican. Il rassemble donc ses maigres économies, prend l'avion pour Rome et se retrouve sur la place Saint-Pierre, au milieu d'une foule immense venue, comme lui, voir le pape. « Aucune chance de pouvoir lui parler, se dit tristement le père François. Il y a trop de monde... »
Le pape apparaît, traverse la foule à bord de son automobile et, soudain, fait signe à son chauffeur de s'arrêter. À la stupeur générale, le pape descend de voiture, fend la foule des fidèles et se dirige droit vers un prêtre africain, auquel il adresse quelques mots à l'oreille avant de faire le signe de croix et de repartir, laissant là l'ecclésiastique africain médusé.
— Voilà ce que je vais faire ! s'écrie le père François. Demain, je reviens déguisé en curé africain et le pape me remarquera !
Le lendemain, après s'être passé le visage et les mains au cirage

noir, le père François attend, le cœur battant, le passage du pape. Et ça ne manque pas !

Dès qu'il l'aperçoit, le Saint-Père fait arrêter son automobile, traverse la foule, se penche à son oreille et lui dit : « Dis donc, négro, je t'ai pas dit de foutre le camp, hier ? »

• • •

Jésus est en train de marcher sur l'eau du lac Tibériade, lorsque saint Jean crawle vigoureusement vers lui :

— Tu as tort, Jésus ! Viens te baigner, elle est vachement bonne !

• • •

Deux jeunes séminaristes ont été pris en train de faire le mur et, en guise de pénitence, le père supérieur leur ordonne de marcher pendant une semaine avec des pois chiches dans leurs chaussures.

Le lendemain matin, le premier séminariste descend l'escalier du dortoir en grimaçant, tant chaque pas est une torture. L'autre, au contraire, sifflote gaiement.

— Tu n'as pas mal aux pieds ? lui demande son ami.

— Non, pas du tout.

— Alors tu n'as pas mis les pois chiches, comme le père nous l'a ordonné ?

— Si, mais dès que j'ai essayé de marcher, ça m'a fait un mal de chien. Alors je les ai fait cuire, les pois chiches...

• • •

Une call-girl de luxe part en vacances avec sa Ferrari et tombe en panne d'essence à quelques centaines de mètres d'un couvent de Carmélites. Aussitôt, c'est toute une nuée de bonnes sœurs qui vient à son secours, en la détaillant de pied en cap avec admiration.

— Elle est bien belle, votre voiture, dit la première carmélite. Elle vous a coûté cher ?

— Deux nuits d'amour avec un émir, répond la fille.

— Et vos bijoux, ils sont bien beaux aussi, vos bijoux, renchérit une autre.

— Une nuit d'amour avec un industriel américain...

— Et votre beau manteau de fourrure ?

— Le vison ? Oh, une broutille. Quelques privautés avec une vedette de cinéma...

— Eh ben, murmure une jeune carmélite en hochant la tête. J'ai l'impression qu'il nous a bien eues, le confesseur, avec ses bonbons...

• • •

Le jour de Noël, un Belge et son fils arpentent les Ardennes enneigées. À la tombée de la nuit, le père se tourne vers son fils :

— Bon, dis donc il faut qu'on rentre, hein ? Alors le prochain sapin qu'on voit, on le coupe et on le ramène à la maison, même s'il n'a pas de guirlandes !

• • •

Un brave homme bouleversé entre dans un confessionnal.

— Mon père, pardonnez-moi, parce que j'ai péché.

— Qu'avez-vous à vous reprocher, mon fils ?

— Mon père, je suis un bon catholique, bon père, bon mari mais...

— Mais ?

— ... Mais j'ai de plus en plus de mal à honorer ma femme, mon père. Pour y parvenir, je suis obligé de regarder des photos de Pamela Anderson toute nue !

— Ah ça, murmure le prêtre, faut dire que ça aide !

• • •

Irrité par l'existence d'un modeste couvent de Franciscains prêchant la pauvreté et l'humilité, un évêque de la Renaissance décide d'organiser une controverse. Au cours d'un duel théologique muet, le théologien de l'évêque devra affronter par le mime l'esprit le plus affûté de la communauté franciscaine. Si le camp de l'évêque l'emporte, les moines devront partir. S'ils gagnent, ils pourront rester.

Malheureusement, personne au couvent ne se sent le courage d'affronter le théologien, surtout sans pouvoir utiliser la parole ! Finalement, c'est Matthieu, l'homme à tout faire du couvent, qui relève le défi. Et le duel muet commence.

Le théologien trace dans l'air un grand cercle.

Matthieu frappe du pied sur le sol.

Le théologien, surpris, recule, puis lève trois doigts.

Matthieu s'avance et lève un doigt.

Le théologien marque le coup, perd confiance, mais tente un dernier assaut : il prend un pain et le rompt, boit une coupe de vin et la repose vide.

Matthieu sort de sa besace une pomme et la croque.

Alors le théologien s'abat, face contre terre, désespéré.

— J'ai perdu ! crie-t-il. Le dernier des Franciscains est plus fort que moi ! Ils peuvent rester !

Un peu plus tard, l'évêque reçoit son théologien en privé.

— Que s'est-il passé ? Je n'ai rien compris !

— Voilà, monseigneur : j'ai commencé par tracer un cercle pour montrer que l'Église était partout, mais il a tapé le sol du pied pour montrer que l'Église n'était pas en Enfer. J'ai levé trois doigts pour désigner la Sainte Trinité, il a levé un doigt pour dire que Dieu était Un et indivisible. Enfin j'ai pris le pain et le vin pour représenter la Cène, mais il a croqué dans une pomme pour montrer le péché originel de l'Homme, et j'ai compris qu'il était plus fort que moi...

Pendant ce temps, dans le couvent des Franciscains, Matthieu est porté en triomphe par ses frères.

— Explique-nous ce que tu as fait ! dit le père supérieur.

— Oh, c'était tout simple, dit Matthieu. D'abord, il a fait un grand geste pour dire qu'on devait partir d'ici, et j'ai tapé du pied pour dire qu'on resterait là. Ensuite il a dit qu'il nous donnait trois jours pour quitter la ville et j'ai levé un doigt pour lui dire qu'il se le fichait dans l'œil. Après, il avait l'air d'en avoir assez, parce qu'il a sorti son déjeuner. Du coup, j'ai sorti le mien, et ça l'a achevé...

• • •

Vous savez quelle est la différence entre un curé et un ferrailleur ?

— Le ferrailleur a du fer à ne savoir qu'en foutre. Le curé, c'est le contraire...

• • •

Vous savez ce que disait Jésus, sur sa croix ?

— Tu parles d'une façon de passer ses vacances de Pâques...

• • •

À bord d'un radeau de fortune, un groupe de naufragés dérive depuis des jours. On a pu sauver un tonneau d'eau, mais il n'y a rien à manger... C'est alors que l'un des survivants, à bout de forces, se lève pour une déclaration pathétique :

— Mes amis, dit-il, je n'en peux plus. Je préfère me tirer une balle dans la tête, afin que vous puissiez survivre, en me mangeant.

L'aumônier du navire naufragé se lève alors lui aussi, bouleversé :

— Mon fils, venez ici ! dit-il avec autorité. Il faut que je vous parle !

Enjambant ses compagnons d'infortune, le malheureux rejoint le prêtre dans un coin du radeau.

— Vous ne pouvez pas faire cela, dit le prêtre. Le suicide est un péché grave ! Songez à votre âme immortelle !

— N'insistez pas, mon père. Ma décision est prise, et je suis sûr que Dieu bénira mon geste, qui permettra peut-être à vous-même et à nos compagnons de survivre...

Très ému, le prêtre lui donne alors l'absolution et, au moment où l'homme appuie le revolver sur sa tempe, lui glisse rapidement à l'oreille :

— Euh, mon fils, si ça ne vous fait rien : pas la cervelle, c'est le morceau que je préfère !

• • •

Au détour d'une rue, un passant est arrêté par un attroupement.

— Qu'est-ce qui se passe ? demande-t-il.

— C'est un fanatique religieux qui menace de s'immoler par le feu, répond un homme. Je fais une quête pour l'aider. Vous voulez participer ?

— Oh, pourquoi pas ? dit le passant. Vous avez ramassé combien, pour l'instant ?

Le quêteur regarde dans son sac et répond :

— Trois briquets et vingt pochettes d'allumettes.

• • •

Un dimanche matin, un vieux rabbin de soixante-dix ans entre dans une église et se dirige droit vers le confessionnal.

— Pardonnez-moi, mon père, parce que j'ai péché, dit-il. Alors voilà, mon père : hier, j'ai couché avec une jeune femme de vingt-cinq ans qui a des seins énormes, non pas une fois, ni deux, mais six fois, mon père. Six fois dans la nuit, et je...

— Rabbi Isaac ? dit le curé en reconnaissant le rabbin. Mais, qu'est-ce que vous faites là ? Et pourquoi me racontez-vous toutes ces cochonneries ?

— Pourquoi ? dit le rabbin. Dites donc ! Six fois dans la nuit, à soixante-dix ans ! Il fallait quand même que je raconte ça à quelqu'un, non ?

• • •

Tous les jours que Dieu fait, un brave curé croise un misérable vendeur d'allumettes à la sortie de son église. Le malheureux vend ses pochettes vingt centimes et, chaque jour, le curé lui donne vingt centimes, sans prendre de boîte d'allumettes.

Un beau jour, le malheureux arrête le curé après son passage.

— Mon père ! Mon père !

— Ah ! dit le curé. Je suppose qu'après tout ce temps, tu veux savoir pourquoi je te donne chaque jour une pièce de vingt centimes, sans jamais te prendre de boîte d'allumettes ? Eh bien, je...

— Non, ce n'est pas ça, l'interrompt le pauvre vendeur en tendant la main. C'était juste pour vous dire que les tarifs avaient augmenté. Maintenant, la boîte d'allumettes, c'est cinquante centimes.

• • •

Deux jeunes séminaristes sont venus passer quelques jours de vacances à Paris. Le hasard d'une promenade les emmène jusque devant une boîte de strip-tease, et ils tombent en arrêt devant les photos suggestives affichées à l'entrée.

— Après tout, si on allait jeter un coup d'œil ? dit l'un.

— Après tout, pourquoi pas ? dit l'autre.

Et ils entrent, juste au moment où une blonde opulente commence son numéro. Ils s'asseyent, la regardent danser lascivement, puis sursautent lorsqu'elle ôte son soutien-gorge.

— Tu te souviens de la parabole de Sodome et Gomorrhe ? dit le premier séminariste.

— Euh, oui, dit l'autre. Ceux qui se retournaient vers le spectacle du vice étaient changés en pierre...

— C'est ça, reprend le premier. Eh bien, on ferait mieux de filer vite d'ici, parce que je sens que ça commence à durcir !

• • •

Un homme au visage torturé entre dans une église, regarde autour de lui d'un air éperdu et se précipite vers le confessionnal.

Le curé de la paroisse, ému par le spectacle de cet homme en détresse, le rejoint derrière la grille et lui dit, d'un ton plein de sollicitude :

— Je suis là pour vous aider, mon fils. Vous avez besoin de quelque chose ?

— Ah ben oui, justement, vous tombez bien. Vous auriez du papier toilette ?

• • •

Monsieur Dugommeau, fervent catholique, réalise le rêve de sa vie : se rendre au Vatican pour obtenir une entrevue particulière avec le pape. Il débarque à son hôtel, et le concierge lui tend la clé de sa chambre.

— *Ecco*, signore Dugommeau... Vous êtes français ?

— Oui.

— Ah, la France ! J'aime beaucoup la France, les petites femmes de Paris, les Folies-Bergère... Dites, si vous êtes seul à Rome, je connais une fille avec des seins comme des obus. Le sosie de Gina Lollobrigida !

— Mais non, voyons ! proteste monsieur Dugommeau.

— Ah bon ? fait le concierge. Alors peut-être préférez-vous les garçons ? *Basta !* Ce n'est pas un problème. Je connais justement...

— Non, non, non ! s'écrie monsieur Dugommeau. Ni fille ni garçon. Figurez-vous que je suis venu à Rome pour le pape !

— Jean-Paul II ? dit le concierge en grimaçant. Ça va être difficile, ma, je vais essayer !

• • •

À Marseille, deux prêtres meurent dans un accident de voiture. Quelques instants plus tard, ils se retrouvent aux portes du Paradis, devant saint Pierre.

— Désolé, dit ce dernier en consultant son livre. Il doit y avoir une erreur, votre heure n'est pas encore venue. En plus, Dieu n'est pas là aujourd'hui, alors je ne sais vraiment pas quoi faire... Écoutez, j'ai une idée : en attendant son retour, je vais vous renvoyer sur Terre sous la forme qui vous plaira. D'accord ?

— C'est formidable ! dit le père Dubois. Moi, j'aimerais être une mouette. J'en ai toujours vu voler dans le port et je me disais que ça devait être merveilleux de planer ainsi au-dessus du monde...

Aussitôt, le père Dubois est transformé en mouette, au-dessus du Vieux-Port.

— Et vous, père Martin ? demande saint Pierre.

— On peut vraiment choisir ce qu'on veut ? demande le prêtre.

— Ce que vous voulez ! Et soyez tranquille, cela n'affectera pas votre vie éternelle...

— Bien ! dit le prêtre, rassuré. Ça tombe bien parce que moi, ce que j'aimerais, c'est revenir sur Terre sous la forme d'un maquereau. J'en ai vu des dizaines à Marseille, et je me suis toujours dit qu'ils devaient avoir la belle vie, tout de même, avec toutes ces filles...

— Bon, bon, dit saint Pierre.

Le lendemain, Dieu revient et saint Pierre lui fait son rapport.

— Je vois, dit Dieu. Où est le père Dubois ?

— Là, au-dessus du Vieux-Port de Marseille, dit saint Pierre en désignant une mouette qui plane lentement dans les airs.

— Bien, dit Dieu. Et où est le père Martin ?

— C'est un peu embêtant, dit saint Pierre. Il m'a demandé d'être changé en maquereau et...

— Et ?

— ... Et il barbotait dans le Vieux-Port lorsque le père Dubois l'a gobé.

• • •

Une jeune femme très belle, très fraîche, se présente aux portes du Paradis.

— Bonjour, saint Pierre, dit-elle. Je peux entrer ?

Le gardien du Ciel la laisserait bien entrer, mais il a un doute... Une fille aussi belle, aussi fraîche : comment être sûr qu'elle n'a pas commis le péché de chair ?

— Écoutez, mon enfant, moi je vous ouvrirais bien les portes, mais j'ai des ordres, vous comprenez, et le patron ne plaisante pas avec la consigne... Bref, il faudrait que je vous examine.

La jeune femme rougit, mais accepte de s'étendre sur un nuage et d'écarter les jambes afin que saint Pierre vérifie qu'elle est toujours vierge.

— C'est bon ! dit celui-ci après un bref examen. C'est drôle, j'ai trouvé sept petits trous dans votre hymen, mais enfin on ne va pas chipoter pour si peu, je vous laisse entrer ! Votre nom, s'il vous plaît ?

— Blanche-Neige.

• • •

Dans un couvent, le frère Daniel, ex-joueur de golf, est rongé par le souvenir de ses parties endiablées. Il adorait le golf. Il y jouait des heures entières, des jours durant... Pour le golf, il a quitté femme et enfants. C'est d'ailleurs pour cela qu'il est entré au couvent.

Mais aujourd'hui, il n'en peut plus.

Pendant la messe, il se met en civil, fait le mur et fonce vers le parcours le plus proche.

Voyant cela, le diable appelle Dieu.

— Regarde ! Il fuit la messe pour retrouver son vice ! Un moine ! Quel scandale ! Comment vas-tu le punir ?

— Attends, dit Dieu. Tu vas voir.

Il fait un geste et, en bas, sur le parcours, le frère Daniel réussit un trou-en-un. Puis un autre, et encore un autre ! À la fin du parcours, son score est de dix points inférieur au par ! C'est inouï ! Le frère Daniel exulte ! C'est le plus beau parcours de sa vie !

— C'est ça que tu appelles le punir ? dit le diable à Dieu.

— Mais oui...

— Mais enfin regarde, bon Dieu ! Il est ravi !

— Oui... Mais à qui pourra-t-il raconter son exploit ?

• • •

Aux États-Unis, trois jeunes couples protestants ont choisi de devenir catholiques et vont consulter un prêtre.

— Vous pouvez devenir catholiques, leur dit-il, mais en signe d'humilité et de pénitence, vous devrez vous abstenir de tout rapport sexuel pendant un mois...

Les trois jeunes couples acceptent et, un mois plus tard, reviennent voir le prêtre.

— Alors ? comment cela s'est-il passé ? demande-t-il au premier couple.

— Sans problème, mon père.

— Parfait ! Vous pouvez maintenant entrer la tête haute dans la Maison du Seigneur.

Puis il pose la même question au deuxième couple.

— Eh bien, on a eu un peu de mal, répondent l'homme et la femme, mais on a tenu bon !

— Parfait ! répète le prêtre. Vous pouvez maintenant entrer la tête haute dans la Maison du Seigneur.

Puis il se tourne vers le troisième couple.

— Et vous ?

— Mon père, dit le jeune homme, nous avons tenu bon jusqu'au vingt-neuvième jour... C'est-à-dire hier.
— Et que s'est-il passé ?
— Ma femme s'est penchée pour prendre une salade, et mes nerfs ont craqué. Nous avons commis l'acte de chair là, sur place, comme des bêtes.
— Dans ce cas, je suis désolé, mais vous ne pourrez pas entrer la tête haute dans la Maison du Seigneur, dit le prêtre.
— Je sais, dit le jeune homme. Déjà qu'on ne peut plus entrer la tête haute chez l'épicier...

• • •

Madame Dugommeau a décidé de s'occuper du gala annuel d'une œuvre de charité en faveur des SDF. Durant des semaines, elle passe son temps au téléphone, sollicite des entrepreneurs, lance des invitations, organise le spectacle... Le jour même du gala, elle est partout, se donne à fond, se démultiplie pour que tout aille bien. Le gala est un grand succès, et l'œuvre rassemble d'importants fonds en faveur des sans-abri.
En fin de soirée, avec la satisfaction du devoir accompli, elle regagne sa voiture, lorsqu'un clochard l'interpelle :
— Dites, m'dame ! Vous auriez pas une petite pièce ?
— Alors là, quel culot ! piaille madame Dugommeau. Je viens de passer des mois à travailler comme une dingue pour vous et vos semblables ! Vous n'êtes jamais contents, ou quoi ?

• • •

Un rabbin en larmes implore Dieu.
— Oh, mon Dieu, c'est épouvantable ! Mon fils veut épouser une chrétienne !
Alors la voix de Dieu tonne dans les Cieux et répond au rabbin : « Bof, c'est pas bien grave ! »
— Mais mon Dieu, continue le rabbin, il veut aussi se faire baptiser !
« Bof ! répond la voix de Dieu. C'est pas grave, tout ça... »
— Pas grave ? Mais vous plaisantez, mon Dieu ! Je suis rabbin, je vous le rappelle ! Vous imaginez ce qu'on va dire si mon propre fils se fait chrétien ?
« Et alors ? fait la voix de Dieu. Qu'est-ce que je devrais dire, moi ! Tu as vu ce qu'il m'a fait, mon fils ? »

• • •

BREFFORT
*La Bible ne fait pas le moine.*

• • •

Le soir de la Cène, tandis que Jésus parle pour la dernière fois à ses disciples, Judas s'approche discrètement du maître d'hôtel.

— Vous nous faites des additions séparées...

• • •

Un golfeur invétéré, qui toute sa vie a sacrifié sa famille, ses amis et son travail pour sa passion, arrive au Ciel. Miracle, le Paradis n'est autre qu'un immense terrain de golf, parfaitement entretenu et entièrement libre. Le golfeur choisit le meilleur club dans la boutique installée au départ du premier trou et s'adresse au vendeur, un petit homme rabougri qui lui tourne le dos.

— Une boîte de balles, s'il vous plaît !

Le petit vendeur fait volte-face et — horreur ! — c'est un affreux diablotin grimaçant.

— Il n'y a pas de balles, monsieur. Ici, vous êtes en Enfer !

• • •

Épuisé, en nage, Jésus arrive en haut du Golgotha, traînant sa croix derrière lui. Il retire sa couronne d'épines, s'éponge le front et grommelle :

— L'été prochain, on va à la mer !

• • •

Dans un institut pour jeunes filles, une bonne sœur donne un cours de morale.

— Méfiez-vous du péché de la chair, dit-elle. Sachez que pour une heure de plaisir, vous risquez la damnation éternelle !

Alors une élève lève le doigt.

— Ma sœur ?

— Oui ?

— Comment doit-on faire pour que ça dure une heure ?

• • •

## 2

## DÉSILLUSIONS SENTIMENTALES

À la stupeur générale, papy et mammy Dugommeau, un charmant couple de petits vieux connus dans tout le village, décident de divorcer. C'est vraiment une nouvelle terrible : depuis toujours, on les voyait se promener main dans la main, faire leurs courses, aller au square... Imaginer qu'ils vont se séparer, non, vraiment ce n'est pas possible. Du coup, c'est le maire en personne qui se déplace pour tenter de les raisonner.

— Enfin voyons, madame Dugommeau... Voilà plus de soixante-dix ans que vous êtes mariés. Soyez raisonnable !

— Non, non, monsieur le maire. On veut divorcer.

— Et vous, papy Dugommeau, vous êtes bien sûr de vouloir vous séparer de votre femme ?

— Oui, oui, monsieur le maire. Ça fait même longtemps que j'en ai envie !

— Et moi donc ! renchérit la vieille dame.

— Mais alors ? fait le maire, stupéfait. Pourquoi ne pas avoir divorcé plus tôt, dans ce cas ?

Les deux petits vieux échangent un regard, puis avouent :

— On préférait attendre que les enfants soient morts, monsieur le maire.

• • •

Madame Dugommeau appelle son mari à son bureau :

— Allô, chéri, c'est toi ?

— Oui c'est moi, ma chérie. Qui est à l'appareil ?

• • •

Un couple de paysans est monté à Paris pour une foire agricole en emmenant leurs deux enfants. Malheureusement, les hôtels sont pris d'assaut et la petite famille est obligée de partager la même chambre où, qui plus est, il n'y a qu'un lit.

Le premier soir, le père éteint la lumière, attend un quart d'heure et appelle à voix basse :

— Eh, la mère !

— Qu'est-ce qu'il y a ?

— Y dorment, les p'tits ?

— Y dorment.

— On bourrine ?

— Allez, d'accord, on bourrine.

Deux secondes plus tard, le père et la mère sont en train de faire vigoureusement l'amour, au point que le plus jeune de leurs fils est éjecté du lit et se retrouve sur le parquet.

Heureusement, l'enfant a le sommeil lourd et ne se réveille même pas.

Le lendemain soir, le manège recommence :

— Eh, la mère !

— Qu'est-ce qu'il y a ?

— Y dorment, les p'tits ?

— Y dorment

— On bourrine ?

— Allez, d'accord, on bourrine.

Alors l'aîné des deux fils chuchote à son petit frère :

— Cramponne-toi ! V'là qu'ils remettent ça !

• • •

— Chéri, qu'est-ce que tu préfères ? Une jolie femme ou une femme intelligente ?

— Mmm ?

— Tu préfères une femme jolie ou intelligente ?

— Voyons, ma chérie. Tu sais bien que je n'aime que toi !

• • •

Papy et mammy Dugommeau, pour leurs noces de vermeil, reviennent dans le petit hôtel de leur lune de miel.

— Tu te souviens, dit papy Dugommeau. La dernière fois qu'on est entrés dans cette chambre tu ne m'as même pas laissé le temps d'enlever mes chaussettes...

— Oh oui, je me souviens...

— Eh bien cette nuit, si tu veux...

— Oui ?
— ... Tu pourras m'en tricoter une paire.

• • •

Depuis des années, un vieux couple ne s'adresse plus la parole. S'ils ont quelque chose à se dire, ils l'écrivent sur un petit papier qu'ils posent sur la table basse du salon.

Un soir, le mari écrit à sa femme : « J'ai une réunion importante demain matin. Réveille-moi sans faute à six heures. »

Le lendemain, l'homme se réveille en sursaut à neuf heures. Sa femme est déjà partie, mais il trouve sur sa table de chevet un petit mot où il est écrit : « Debout, il est six heures. »

• • •

C'est l'hiver en Écosse. Un fantôme s'ennuie à tourner en rond dans le château glacial, et il a décidé d'aller faire un tour dehors.
— Darling, je vais me promener, annonce-t-il à sa femme.
— À tout à l'heure, darling, dit-elle. Mais faites attention, il y a du verglas. N'oubliez pas de mettre vos chaînes !

• • •

Monsieur Dugommeau est un peu près de ses sous. Gentil, mais près de ses sous. Depuis des semaines, madame Dugommeau se plaint qu'il ne l'emmène jamais au restaurant, et il a fini par céder. En ouvrant la carte et en voyant les prix, il manque de s'effondrer, mais il parvient à se maîtriser et demande à sa femme en souriant :
— Tu as choisi, ma grosse poupougne ?

• • •

Deux homosexuels se croisent dans la rue :
— Jean-Mi ! Ça fait des semaines qu'on ne te voit plus ! Comment ça va, ma grande ?
— Formidable ! C'est bien simple, je n'ai même plus le temps de péter !

• • •

Jean-Mi, toujours lui, rencontre un autre ami :
— Tu savais que les femmes donnent le cancer ?

— C'est pas vrai ! Non, je savais pas... C'est dingue, ça. Mais tu en es sûr ?

— Pas vraiment, répond Jean-Mi en baissant la voix. Mais il faut le répéter partout, partout, partout...

• • •

Madame Dugommeau, extrêmement émue, vient de marier le même jour ses trois grandes filles, Karin, Sophie et Florence. Le soir du triple mariage, juste avant qu'elles ne partent en voyage de noces avec leurs époux respectifs, elle s'isole avec elles pour leur donner d'ultimes recommandations :

— Mes chéries, je n'ai pas eu l'occasion de vous en parler jusqu'ici, mais enfin, maintenant que vous êtes mariées, vous allez probablement... C'est difficile à dire, mes petites chéries. Enfin, voilà : vous allez faire l'amour. Vous verrez, c'est très bien, mais je tiens absolument à ce que vous me racontiez tout. Écrivez-moi tous les jours et ne vous en faites pas, ça restera entre nous... Tiens, comme vous partez toutes les trois en Italie, vous n'aurez qu'à m'écrire que vous avez mangé des pâtes, chaque fois que... Vous me comprenez, n'est-ce pas ?

Les trois filles de madame Dugommeau acquiescent, et partent en voyage de noces. Quelques jours plus tard, madame Dugommeau reçoit la première lettre :

« Tout va bien, écrit Karin. Mon mari et moi, nous mangeons des pâtes tous les jours. »

Le lendemain, c'est la lettre de Sophie :

« Chère petite maman, l'Italie est un pays magnifique. Albert et moi, nous mangeons des pâtes deux à trois fois par jour. »

Puis arrive la lettre de Florence :

« Chère maman, excuse-moi de ne pas t'avoir écrit plus tôt, mais j'ai été très occupée. Nous n'arrêtons pas de manger des pâtes. Lulu adore ça. C'est bien simple, il va jusqu'à lécher le plat ! »

• • •

Deux jeunes mariés posent pour la photo traditionnelle, dans un savant décor de tulle et de fleurs virginales. Ils sourient, un peu crispés, quand le photographe lance la phrase non moins traditionnelle :

— Attention, le petit oiseau va sortir !

Alors la jeune mariée, rouge de confusion, se tourne vers son époux.

— Enfin voyons, mon biquet, boutonne-toi !

• • •

Le jeune Dugommeau se décide enfin à appeler la jeune fille dont il est amoureux depuis des années.

— Allô, Isabelle ?

— Oui ?

— Quelle soirée fantastique, l'autre soir... Je ne cesse d'y repenser. Je ne mange plus, je ne dors plus. Dès que je ferme les yeux, je pense à votre bouche, à vos yeux, à votre corps dans mes bras... Isabelle, voulez-vous m'épouser ?

— Moi, je veux bien, mais qui est à l'appareil ?

• • •

Monsieur Dugommeau rentre de voyage à l'improviste. Quand il ouvre la porte de sa chambre, il a tout juste le temps d'apercevoir un homme tout nu qui s'enfuit par la fenêtre.

— Qui c'était ? hurle-t-il à sa femme couchée elle aussi toute nue dans le lit conjugal. Je parie que c'est Jean-Marc, ce salaud, depuis le temps qu'il te tourne autour !

— Non, non, mon chéri, ce n'était pas Jean-Marc...

— Alors c'était Renaud, ce faux jeton, avec sa tête de premier de la classe ! Je le savais !

— Non, ce n'était pas Renaud...

— Ne me dis tout de même pas que c'était Pierre ! Pas mon copain Pierre !

— Non, ce n'était pas Pierre.

— Alors quoi ! hurle monsieur Dugommeau. Aucun de mes amis n'est assez bien pour toi, c'est ça ?

• • •

Un type lit tranquillement son journal, lorsque sa femme vient se poster devant lui.

— Dis chéri, n'est-ce pas que je suis la lumière de tes jours ?

— Mmmm...

— Et que mes cheveux sont comme les blés mûrs ondulant sous le vent ?

— Mmmm...

— Et n'est-ce pas que mes yeux sont purs et profonds comme les plus beaux joyaux des trésors hindous ?

— Mmmm...

— Oh, chéri, tu sais vraiment trouver les mots pour me faire craquer !

• • •

LES NULS

*Un homosexuel a porté plainte contre un tire-fesses qui lui aurait fait des avances.*

• • •

Madame Dugommeau est en deuil. Monsieur vient de passer. Les amis, la famille défilent au domicile pour lui présenter leurs condoléances et rendre un dernier hommage au disparu or, à chaque visite, Marie, la petite bonne, claironne :

— Médéme ! C'est une visite pour le mort !

À la fin, madame Dugommeau en a assez, et elle prend la petite Marie à part :

— Écoutez, ma fille, vous pourriez avoir un peu de respect, en la circonstance ! La prochaine fois, au lieu de dire « mort », vous direz « monsieur », comme lorsque mon pauvre mari était encore vivant. C'est compris ?

— Oui, Médéme.

C'est alors qu'on sonne à nouveau à la porte.

— Eh bien, Marie, allez ouvrir !

— Bien, Médéme.

La bonne se précipite, ouvre et claironne :

— Médéme ! C'est le croque-monsieur !

• • •

Vous savez quelle est la différence entre l'amour et les toilettes ?

— L'amour est enfant de bohème... et les toilettes sont au fond du couloir.

• • •

Un candidat au mariage a répondu à une petite annonce ainsi rédigée : « Jeune femme douce, belle et riche, avec un léger défaut physique, cherche monsieur pour sorties et plus si affinités. » Ce « léger défaut » l'inquiète un peu, mais enfin il se rend au rendez-vous et voit arriver une superbe jeune femme. Ils boivent un verre à une terrasse et, malgré un examen aussi attentif que discret, le jeune homme ne parvient pas à déceler le moindre défaut chez la superbe créature.

— Excusez-moi, mademoiselle, finit-il par dire, mais votre annonce faisait part d'un léger défaut physique et je...

— Oui, oui, dit la jeune femme. Ne vous en faites pas, vous allez bientôt le voir.

— Vraiment ?

— Oui, il est presque cinq heures et je lui ai demandé de venir nous retrouver en sortant de l'école !

• • •

Le lendemain de ses noces, le fils Dugommeau va voir son père pour tout lui raconter.

— Alors, mon fils, ça c'est bien passé ? demande ce dernier avec un grand sourire.

— Ah, papa, formidable ! Tu aurais vu ça, elle est... superbe ! Et amoureuse de moi comme une folle, en plus ! C'est bien simple, si j'avais voulu, je me la faisais facile !

• • •

Rougissant et ému, un jeune homme pousse la porte d'une boucherie-charcuterie.

— Monsieur le boucher, je suis venu vous demander la main de votre fille.

— Pas question. En revanche, mon petit, il me reste des pieds de porc.

• • •

Un vieux couple juif fête ses noces d'or. Samuel a invité Sarah au restaurant et, autour d'une bouteille de champagne, il se fait rêveur...

— Tu te souviens quand on s'est connus, à Varsovie ? On était enfants, tous les deux, et nos parents nous cachaient dans la même cave, à cause des pogroms.

— Oui, Samuel, je me souviens.

— Et tu te souviens quand les Allemands ont envahi la Pologne et qu'on a dû fuir à pied, sous les bombardements des Stukas ?

— Oui, Samuel, je me souviens.

— Et quand on a dû porter l'étoile jaune, en France, avant

d'être pris dans la rafle du Vel d'Hiv et d'être déportés à Auschwitz ?

— Oui, Samuel, je me souviens.

— Et à la Libération, quand on s'est embarqués à bord de l'*Exodus*, puis quand les Anglais refusaient de nous laisser débarquer en Palestine ?

— Oui, Samuel, je me souviens.

— Et quand des terroristes de l'OLP ont fait sauter notre boutique, à Tel-Aviv, et qu'on a tout perdu ?

— Oui, Samuel, je me souviens.

— Eh bien tu vois, Sarah, après toutes ces épreuves, je me pose une question : est-ce que tu ne me porterais pas malheur, par hasard ?

• • •

LES NULS

*Scandale de l'homosexualité.*

*Chaque jour dans le monde, des centaines de pantalons se font enfiler.*

• • •

Un type est tranquillement en train de jouer à la belote dans un café avec ses amis lorsqu'un inconnu, accoudé au bar, lui lance :

— J'espère que tu gagnes, au moins, avec ta veine de cocu !

Le brave type sursaute, dévisage l'inconnu et reprend sa partie. Le lendemain, même manège. Au beau milieu d'une donne, le même homme arrive à nouveau dans le bar, s'avance droit vers lui et va même jusqu'à lui taper affectueusement sur l'épaule en s'esclaffant :

— Alors, le cocu, toujours content ?

Et ça continue comme ça tous les jours de la semaine. Tant et si bien que le type commence à avoir des soupçons et se décide à en parler à sa femme :

— Excuse-moi, ma chérie, mais je voulais te dire quelque chose... Voilà : tous les jours depuis une semaine, il y a un type qui me traite de cocu, au café. Alors je pensais...

— Quoi ? s'écrie son épouse. Est-ce que par hasard tu oserais suggérer que moi, ta propre femme, je t'aurais trompé ? Tu me fais beaucoup de peine, tu sais !

Le malheureux se confond en excuses et c'est avec un moral de vainqueur qu'il se rend le lendemain dans son café favori, bien décidé à remettre l'importun à sa place, cette fois.

Comme d'habitude, il s'installe avec ses amis pour une partie de belote, donne les cartes et voit entrer sa bête noire.

L'homme s'approche de lui, le gronde gentiment du doigt et ricane :

— Cocu... et cafteur !

• • •

Le jeune Dugommeau n'a pas de chance avec les femmes, et il décide de demander conseil à son ami Xavier, un véritable tombeur.

— Écoute, mon vieux, lui dit son copain, ce n'est pas compliqué, tu n'as qu'à regarder comment je fais.

Le beau Xavier s'approche d'une jeune fille assise à une terrasse, lui sourit et lui demande de donner un chiffre entre 1 et 10.

— Six, dit la jeune fille.

— Bravo ! Vous avez gagné !

— Qu'est-ce que j'ai gagné ?

— Un dîner en tête à tête, aux chandelles. Je passe vous prendre à huit heures, d'accord ?

Le jeune Dugommeau, fasciné, prend scrupuleusement note de tout ce qu'a dit Xavier, puis s'avance à son tour vers une autre jeune femme.

— Bonjour, mademoiselle. Pouvez-vous me donner un chiffre entre 1 et 10 ?

— Ben, je sais pas, dit la fille. Neuf...

— Mauvaise réponse, soupire le jeune Dugommeau d'un ton désolé. Dommage...

• • •

Monsieur Dugommeau rencontre un ami.

— Dis donc, tu connais le cours du dollar ?

— Cinq francs soixante, je crois.

— Et tu pourrais me dire combien vaut un préservatif ?

— Ben, un franc...

— Et la capitale de la Zambie. Tu la connais, dis, la capitale de la Zambie ?

— Ah non...

— Vraiment... Il n'y a que l'argent et le cul qui t'intéressent, toi !

• • •

Un avocat rentre chez lui en dissimulant tant bien que mal un gros paquet dans son dos.

— Qu'est-ce que c'est que ça ? s'écrie sa femme.

— Mais rien du tout, ma chérie...

— Oui, oui... Je parie que tu es encore allé t'acheter une nouvelle robe !

• • •

LÉO CAMPION

*Dieu a donné deux seins à la femme parce qu'il a donné deux mains à l'homme.*

• • •

Un jeune marié est de retour de son voyage de noces. Quand il pénètre dans son café habituel, ses amis l'accueillent par une acclamation, puis l'un d'eux le prend à l'écart :

— Dis donc, vieux, je voulais te poser une question... Ta femme, elle n'est pas... euh, elle n'est pas vraiment belle, d'accord ?

— D'accord.

— Et elle n'est pas très sympathique, d'accord ?

— D'accord.

— Alors, bon sang, pourquoi l'as-tu épousée ?

Le jeune marié pousse un soupir lamentable et avoue :

— J'ai été victime de mes croyances...

— Vraiment ?

— Oui, je croyais qu'elle était riche.

• • •

À la cantine de son entreprise, monsieur Dugommeau déjeune avec plusieurs collègues, dont un célibataire.

— Alors, Étienne, toujours pas marié ? dit-il.

— Oh non, répond ce dernier. Vous savez, je préfère rester tranquille...

— Mais voyons, vous ne savez pas ce que vous manquez ! insiste monsieur Dugommeau. Le soir, quand vous rentrez, votre femme vous apporte une bière, puis elle vous parle de sa journée. Ensuite elle prépare le repas, puis vous dînez en bavardant de choses et d'autres, puis vous prenez un café tandis qu'elle vous parle de la famille, ou des courses, ou du temps qu'il fait, mais enfin, bon, elle parle, elle parle, bon sang qu'est-ce qu'elle parle, elle n'arrête jamais de parler, j'en peux plus, elle parle sans arrêt, elle parle, elle parle, elle parle, elle me rend dingue, nom de Dieu !

• • •

Un bègue vient de se fiancer et, dans la perspective de son prochain mariage, il va voir son docteur.

— Vvvv... Voilà, dododocteur. Jeje... je veux faire un dididiscours lors de mon mamamariage et je...

— Je comprends, dit le docteur. Vous voulez faire un discours lors de votre mariage, sans bégayer, c'est ça ?

— Jejeje... Oui.

— Bon. Voilà ce que vous allez faire : prononcez votre discours syllabe par syllabe, très lentement. Vous verrez, ça marche.

Quelque temps plus tard, le docteur croise son patient dans la rue.

— Bon-jour doc-teur, dit le bègue.

— Eh bien, je vois que vous appliquez ma méthode ! Alors, ça a marché, ce discours ?

— Non. Je-ne-me-suis-pas-ma-rié. Ma fi-an-cée a rom-pu.

— Ah bon ? Mais pourquoi ?

— J'é-tais a-vec ma fi-an-cée dans un cha-let, de-vant un bon feu de bois et on re-gar-dait un pe-tit chat fai-re sa toi-let-te. Au mo-ment où il a pas-sé sa pat-te sur son dos, j'ai dit à ma fi-ancée : « Re-gar-de, ma ché-rie, dans quin-ze jours tu me fe-ras pareil. » Mais le temps qu'elle re-garde, le chat se lé-chait la bistou-quette.

• • •

Vous savez ce qu'a dit Dieu après avoir créé l'homme ?

— Je peux faire mieux que ça.

Et il créa la femme.

• • •

Monsieur Dugommeau a pris rendez-vous chez son avocat.

— Maître, je voudrais divorcer.

— Ah bon ? Et pourquoi ?

— Parce que je suis marié, maître.

• • •

Un dragueur a réussi à lever une fille, en boîte. Ils ont dansé toute la nuit, flirté à n'en plus finir et, au petit matin, la jeune fille a accepté de se faire raccompagner chez elle par son cavalier.

— Qu'est-ce qu'on fait, maintenant ? demande-t-il, plein d'espoir, en se garant au bas de son immeuble.

— Je voudrais que tu me pèses, répond la jeune fille langoureusement.

— Ah bon ? fait le dragueur, plutôt surpris. Bien, comme tu voudras...

Il embraye, démarre, et sillonne la ville à la recherche d'une pharmacie de garde. Au bout d'une demi-heure, il trouve enfin une officine ouverte et entraîne sa cavalière sur la balance.

— Voilà ! Cinquante-cinq kilos ! Et maintenant, qu'est-ce qu'on fait ?

— Partons d'ici, répond la demoiselle.

Ils remontent en voiture, roulent à nouveau en direction de l'appartement, lorsqu'elle se penche vers son oreille et murmure :

— Pèse-moi, tu veux bien ?

Le jeune homme commence à se poser des questions mais, comme ils passent devant une épicerie qui vient d'ouvrir, il s'arrête, prend la fille et la juche sur une balance à légumes.

— Cinquante-cinq kilos et deux cents grammes ! annonce-t-il avec un soupçon d'irritation dans la voix. Tu es contente ? Maintenant, on rentre !

Les deux jeunes gens roulent un long moment en silence et, lorsque la voiture s'immobilise devant l'immeuble de la fille, celle-ci tourne vers son chauffeur un visage quasi implorant.

— Tu ne veux pas me peser, alors ?

— Mais enfin, c'est pas possible ! s'écrie-t-il. Pourquoi veux-tu tout le temps que je te pèse ?

— Parce que tu me blais, mon chéri !

• • •

— Ça y est ! annonce une jeune fille à sa mère. Depuis deux ans qu'on couche ensemble, Yves s'est décidé à parler mariage !

— Et alors ?

— Il est contre.

• • •

Un vieux couple passe des vacances dans un hôtel de la Côte d'Azur. Un beau matin, en se réveillant, le mari s'aperçoit que sa femme est morte durant la nuit. L'homme se précipite aussitôt sur le téléphone.

— Allô, la réception ? Un seul petit déjeuner, ce matin !

• • •

Toujours en vacances, toujours sur la Côte d'Azur, mais cette fois dans un camp de nudistes, un homme seul provoque un certain trouble dans la communauté naturiste en étant perpétuellement en érection. Tant et si bien que la directrice du camp, une ravissante jeune femme aux formes épanouies, est obligée d'intervenir.

— Excusez-moi, monsieur, mais votre état n'est pas conforme à l'éthique du mouvement naturiste, et je vous prierais de bien vouloir quitter le camp.

— Vous vous méprenez ! s'écrie l'homme. Ce n'est pas une érection, c'est un cadran solaire naturel ! Tenez, là, par exemple, je suis en mesure de vous dire qu'il est midi dix !

— Pas du tout, répond la jeune femme après avoir consulté sa montre. Il est midi et demi.

— Eh ben ça y est, grommelle le type en se mettant à se masturber frénétiquement. Elle retarde encore !

• • •

Lulu et Gonzo sont de vieux copains. Ils se connaissent depuis des années, et rien ne pourrait venir gâcher leur belle amitié, même pas la découverte du fait qu'ils sont l'un et l'autre amoureux de la même femme.

— On ne va pas se fâcher pour ça ! dit Lulu.

— Bien sûr que non, vieux ! répond Gonzo. Mais enfin, tout de même, il faut prendre une décision...

— Si on la jouait aux cartes ? Celui qui perd devra s'effacer et laisser l'autre tenter sa chance.

— Bonne idée ! s'écrie Gonzo qui ajoute, après un temps : On joue dix francs le point, histoire d'intéresser la partie ?

• • •

Le chien est le meilleur ami de l'homme.
Les diamants sont les meilleurs amis de la femme.
Quel sexe est le plus stupide ?

• • •

Deux gentlemen britanniques se rencontrent, dans le fumoir de leur club.

— Cher ami, dit l'un d'eux. J'ai été navré d'apprendre que vous aviez dû enterrer votre épouse !

— Que voulez-vous, répond l'autre. J'y étais bien forcé, elle était morte.

• • •

GEORGES CLEMENCEAU

*Les femmes vivent plus longtemps que les hommes. Surtout quand elles sont veuves.*

• • •

Monsieur Dugommeau, toujours lui, déjeune avec un ami, et la conversation roule sur les vacances :

— Et toi, cette année, tu envoies ta femme au Club, comme d'habitude ?

— Non, répond l'autre, sinistre. Cette année, je dois faire des économies. Je la sauterai moi-même...

• • •

Monsieur Dugommeau n'a pas de chance avec les femmes. Quoi qu'il essaie, ça ne marche jamais. Voilà pourquoi, alors qu'une ravissante jeune femme vient de s'asseoir à côté de lui, dans un bar, il se décide à risquer le tout pour le tout.

— Pardon, mademoiselle. On baise ?

La jeune femme le dévisage avec horreur et lui envoie une gifle qui l'envoie à bas de son tabouret. Le malheureux Dugommeau se relève, s'époussette et revient s'asseoir. Il boit un coup et se penche à nouveau vers la jeune femme.

— Je suppose que pour une petite pipe c'est non aussi ?

• • •

— Tu fais une drôle de tête, dis donc !

— C'est ma femme... Elle est partie.

— Ah, mince. Qu'est-ce qui s'est passé ?

— Ben on était en train de faire l'amour et, tout à coup elle m'a dit : « Je vais jouir. »

— Et alors ?

— Alors elle est sortie du lit et elle est partie.

• • •

Un vieux garçon finit par se marier et, le lendemain de sa nuit de noces, retrouve ses copains au bistrot.

— Alors, comment ça s'est passé ? lui demandent-ils.

— Super ! J'aurais dû essayer plus tôt !

— Tu vois, on te l'avait bien dit ! Et combien de fois vous avez fait la chose ?

— Attends voir... Cinq fois et demie.

— Eh ben ! Tu te défends, toi ! Mais pourquoi cinq fois... et demie ?

— Ben... Faut que je recompte : dedans, dehors, dedans, dehors, dedans... et paf ! C'est bien ça, cinq fois et demie !

• • •

GUY BEDOS

*En ces temps de sida, la fidélité c'est l'euphémisme de la trouille.*

• • •

Le jeune Dugommeau rencontre l'un de ses amis, dragueur impénitent aux multiples conquêtes féminines.

— Alors, Dugommeau, dit ce dernier. Ça marche, avec les filles ?

— Bof, pas tellement...

— Ah bon ?

— Oui, je ne sais pas pourquoi, mais au lit, ce n'est pas terrible...

— Mon pauvre vieux ! Écoute, je vais te donner mon secret : mange du pain.

— Du pain ?

— Oui, du pain, des baguettes, par exemple. Tu verras, c'est radical.

Aussitôt, le jeune Dugommeau se rue dans la première boulangerie venue et achète douze baguettes.

— C'est pour vous, tout ça ? demande le boulanger.

— Oui, oui...

— Attention, ça va durcir !

— Ah, dit le jeune Dugommeau. Vous connaissez le truc ?

• • •

Monsieur Dugommeau a été invité à dîner par un vieil ami de régiment, qu'il avait perdu de vue depuis des années.

— Mon vieux, dit-il en partant, permets-moi de te féliciter. Tu es marié depuis aussi longtemps que moi, non ?

— Oui... Trente ans, au moins.

— Et au bout de trente ans, tu n'arrêtes pas de donner des petits surnoms affectueux à ta femme : ma biche, ma chérie, mon lapin... Bravo, vieux !

— Non, ce n'est pas ça, répond l'autre. En fait, le problème, c'est que j'ai oublié son prénom...

• • •

Vous savez quel est l'endroit le plus chaud chez une femme ?

— Le nombril. Parce qu'il est près du poil (poelle).

• • •

Le jeune Dugommeau vient de se marier. Selon la tradition, il porte sa femme dans ses bras avant de franchir le seuil de la maison mais, empêtré, il ne parvient pas à mettre la clé dans la serrure...

— Eh bien, dit sa femme. Qu'est-ce qui se passe ?

— Je ne trouve pas le trou !

— Ça commence bien...

• • •

La même jeune mariée retrouve l'une de ses copines, le lendemain de sa nuit de noces.

— Alors ? dit la copine. Comment ça s'est passé ?

— Bof, l'un dans l'autre, pas mal...

• • •

Madame Dugommeau vient de perdre son mari, et un employé des pompes funèbres est venu régler avec elle les détails de l'inhumation.

— Alors nous avons un cercueil en ébène, entièrement doublé de satin molletonné et orné de poignées en argent. Un modèle magnifique. Dix mille francs.

— Trop cher.

— Nous avons aussi le modèle courant, en chêne verni avec

du satin non molletonné et des poignées en cuivre. Cinq mille francs.

— Trop cher.

— Bon, alors il y a le modèle de base, en sapin, sans aucune garniture, mille francs.

— Parfait. Je vais prendre celui-là.

— Comme vous voudrez. Mais enfin ça fera moins gai !

• • •

Vous savez comment un homme se rend compte qu'il est devenu vieux ?

— Quand ça lui prend toute la nuit pour réussir à faire ce que, avant, il faisait toute la nuit.

• • •

Une vieille coquette a ses habitudes dans une boîte de nuit, espérant que les lumières tamisées atténueront les effets de l'âge aux yeux d'éventuels prétendants. Justement, ce soir, un homme semble ne pas la quitter du regard. Flattée et rougissante, la (très) vieille coquette appelle le garçon.

— Dites-moi, Rémi, ce monsieur, là-bas, ne me quitte pas de l'œil. Vous le connaissez ?

— Oui, madame. C'est un antiquaire.

• • •

WOODY ALLEN

*J'ai découvert un soir un nouveau contraceptif oral : j'ai demandé à une femme de coucher avec elle et elle m'a répondu non.*

• • •

Un très très vieux couple américain écoute un prédicateur à la radio, qui finit son sermon par une belle envolée : « Dieu seul peut vous guérir de tous vos maux ! Si vous avez la foi, placez une main sur votre poste et l'autre sur la région de votre corps que vous souhaitez guérir ! »

Aussitôt, la vieille femme pose une main sur la radio et l'autre sur sa jambe arthritique qui la fait souffrir depuis longtemps. Son vieux mari, à son tour, pose une main sur le poste et l'autre sur son sexe.

— Robert, dit la vieille dame en hochant la tête. Le prêcheur a dit que Dieu soignait les malades, il n'a pas dit qu'Il ressuscitait les morts !

• • •

Vous savez comment on reconnaît un homme qui possède un magnétisme animal ?
— Il attire les puces.

• • •

Une courtisane vraiment sur le retour entre dans un sex-shop et demande à voir les godemichés. Le vendeur lui déballe une collection impressionnante, de toutes les tailles et de toutes les couleurs, mais aucun ne semble convenir.
— Si ! dit la dame en montrant du doigt un article posé à l'écart. Voilà ! C'est celui-là que je veux !
— Désolé, madame, dit le vendeur. Ça, c'est mon thermos.

• • •

Jean-Mi et son petit ami Gonzague sont tendrement enlacés dans leur lit lorsque, brusquement, Gonzague a une drôle d'idée :
— Au fond, Jean-Mi, tu sais comment c'est fait, une femme ?
— Comme nous, mon grand... Sauf qu'il n'y a rien pour se tenir.

• • •

Monsieur Dugommeau est allé acheter un bouquet de fleurs.
— Vous pouvez le faire livrer ? demande-t-il. C'est pour l'anniversaire de ma femme.
— Bien sûr, monsieur. Il faut livrer le bouquet à quelle date ?
Monsieur Dugommeau baisse la voix et se penche vers la fleuriste :
— Pour hier... Et pour cinquante francs de plus, est-ce que vous pouvez dire que c'est de votre faute s'il n'a pas été livré à temps ?

• • •

JULES RENARD
*La femme est un roseau dépensant.*

• • •

Un jeune marié se réveille au lendemain de sa nuit de noces et voit son épouse en larmes.
— Mais qu'est-ce qu'il y a, ma chérie ? Ce n'était pas bien, hier soir ?
— Oh si, chéri, c'était merveilleux, au contraire... Mais justement, ce matin j'ai voulu recommencer et regarde !
Elle soulève le drap et montre le sexe de son mari.
— Une seule nuit et il est déjà usé !

• • •

Trois copains parlent de leurs femmes et de leurs techniques amoureuses :
— Moi, dit le premier, je fais tout avec les mains. Ma femme, je la caresse pendant des heures partout sur le corps, très lentement, jusqu'à ce qu'elle n'en puisse plus. Et quand enfin je la pénètre, elle hurle !
— Moi, dit le second, je fais tout avec la bouche. Ma femme, je l'embrasse, je la lèche, je la mordille jusqu'à ce qu'elle n'en puisse plus. Et quand enfin je la pénètre, elle hurle !
— Vous me faites bien marrer, dit le troisième. Moi, ma femme, je lui saute dessus, je la pénètre d'un coup, deux ou trois allers-retours et on n'en parle plus. Et puis alors quand je me lève et que je m'essuie aux rideaux, elle hurle !

• • •

Une petite fille voit pour la première fois des mariés sortir d'une église.
— Dis maman, demande-t-elle. Pourquoi elle est habillée en blanc, la dame ?
— Parce que c'est une couleur gaie, pure, qui symbolise la joie...
— Et le monsieur à côté d'elle, c'est le marié ?
— Oui, ma puce.
— Alors pourquoi il est habillé en noir ?

• • •

Jean-Mi croise son copain Michou.
— Alors ! dit Michou. Ta surprise-partie chez les eunuques, c'était comment ?
— Ah, ne m'en parle pas ! A-troce ! La surprise, c'était qu'il n'y avait pas de parties !

• • •

Une jeune femme a invité son prétendant à prendre le thé. Pendant que l'eau bout, ils s'assoient sur un canapé et, s'enhardissant, le jeune homme commence à l'embrasser, à la caresser, à la déshabiller. Tant et si bien qu'au bout d'un moment ils se retrouvent tous les deux parfaitement nus, enlacés sur le canapé.

La jeune femme se dégage et, rougissante, file dans la cuisine, soi-disant pour préparer le thé.

Au bout d'un moment, elle revient s'asseoir à côté du jeune homme et bredouille :

— Jean-Claude, je... Je dois vous faire un aveu. Je n'ai plus d'utérus.

— Ce n'est pas grave, ma chérie, répond Jean-Claude. Je prendrai du thé de Ceylan.

• • •

Sylvette, la fille du fermier, est tellement belle qu'aucun de ses trois prétendants ne peut se résoudre à renoncer. Le fermier les convoque alors tout les trois.

— Mes garçons, je vous aime bien tous les trois et ni Sylvette ni moi ne parvenons à vous départager. Alors voilà : j'ai pensé à une épreuve. Comme je voudrais être bien sûr d'avoir beaucoup de petits-enfants, la main de Sylvette ira au meilleur reproducteur ! Ne vous réjouissez pas trop vite : l'épreuve ne se déroulera pas avec le concours de Sylvette, mais avec celui de Blandine, ma vache. Celui d'entre vous qui lui fera l'amour le plus longtemps aura la main de Sylvette.

Le premier jeune homme, un peu réticent, se met à l'œuvre et au bout de cinq minutes déclare forfait. Le deuxième s'active dix minutes avant de conclure. Le troisième, enfin, reste avec la vache près d'une heure.

— Bravo, mon garçon, dit le fermier. Sylvette est à toi !

— Gardez-la, votre Sylvette, répond le gars. C'est Blandine que je veux, maintenant !

• • •

Monsieur et madame Goldenberg se promènent sur les planches, à Deauville.

— Tu vois, Rebecca, le type qui est assis, là, c'est Blumenfeld. Et la fille, là-bas, avec un pull rouge, c'est sa maîtresse. L'autre, là-bas, qui boit un whisky, c'est Goldblum. Et la belle blonde avec laquelle il parle, c'est sa maîtresse. Et là, tu vois, la jolie rousse en tailleur Chanel ? Eh bien c'est ma maîtresse.

Madame Goldenberg ouvre des yeux ronds puis fond en larmes. Au bout d'un moment elle se ressaisit, s'essuie les yeux et dévisage sa rivale.

— Tu sais, Jacob, dit-elle après l'avoir bien observée, c'est la nôtre la mieux.

• • •

Deux courtisanes se croisent dans l'Orient-Express, roulant de nuit vers Venise.

— Tiens, bonjour, ma chérie, dit la première. Où vas-tu comme ça ?

— Je vais voir s'il y a de nouvelles têtes en queue du train. Et toi ?

— Moi ? C'est le contraire...

• • •

Jean-Mi, toujours lui, rencontre son ami Michou, de retour de San Francisco.

— Tu reviens des États-Unis ? C'était bien, ce congrès homosexuel ?

— Formidable !

— Vous étiez nombreux ?

— Oh, dix ou vingt mille, l'un dans l'autre...

• • •

Madame Dugommeau a un problème. Depuis toujours, son mari n'a qu'un amour, qu'une passion dans la vie : Brigitte Bardot. Alors, pour lui faire plaisir, elle décide de se faire tatouer les initiales de la star, B.B., un sur chaque fesse.

Le soir, au moment de se coucher, elle demande à monsieur Dugommeau d'éteindre la lumière.

— Tu vas voir, c'est une surprise !

Sitôt la lumière éteinte, elle se met en position à quatre pattes sur le lit.

— Vas-y, mon chéri, rallume !

Monsieur Dugommeau rallume, regarde les fesses de sa femme et grogne :

— Qui c'est, ce Bob ?

• • •

MARILYN MONROE

*Les hommes préfèrent les blondes parce que les blondes savent ce que les hommes préfèrent.*

• • •

Monsieur Dugommeau, toujours lui, a trouvé un emploi de représentant de commerce, mais il est obligé de partir souvent de chez lui, parfois pour une semaine ou plus.

— Écoute, ma chérie, dit-il un beau jour avant de s'en aller. Tu es jeune, tu es belle, je vais être absent pour plusieurs jours, alors pour que tu me restes fidèle, je t'ai offert ceci...

Madame Dugommeau déballe le paquet et découvre un vibromasseur.

— Ah ? Tiens ? Eh bien, merci, mon chéri...

À la fin de la semaine, monsieur Dugommeau rentre chez lui, et la première chose qu'il voit, c'est le vibromasseur dans la poubelle.

— Qu'est-ce qui s'est passé, ma chérie ? Ça ne t'a pas plu ?

— Ton machin, là ? s'exclame madame Dugommeau. Ah, merci bien ! Il a failli me déchausser toutes les dents !

• • •

— Vous savez comment ça s'appelle quand un homme a deux femmes ?

— De la bigamie.

— Et quand un homme a plusieurs femmes ?

— De la polygamie.

— Et quand il n'a qu'une femme ?

— De la monotonie.

• • •

Un couple d'amoureux se dispute, en revenant d'une soirée.

— Je t'ai bien vue, avec Jean-Michel et Damien ! Tu n'es qu'une allumeuse !

— Mais non, ne sois pas bête... Jean-Michel et Damien sont de vieux amis...

— Ah, c'est ça ! Je parie que tu t'es fait tous les types qui étaient là ce soir !

— Mais non !

— Combien, alors ? Combien ? Salope !

La jeune fille se tait, renfrognée. Au bout d'un moment, le jeune homme s'excuse :

— Bon, pardonne-moi, ma chérie, je me suis emporté. Ne sois pas fâchée...

— Je ne suis pas fâchée, dit la fille. Je compte !

• • •

Un père surprend son fils dans le lit de sa grand-mère.

— Comment ? hurle-t-il, scandalisé. Tu couches avec ma mère ?

— Et alors ? répond le fils. Tu couches bien avec la mienne...

• • •

Michou et Jean-Mi fêtent leur premier anniversaire de vie commune.

— Tu te rends compte ? dit Michou. Un an déjà qu'on est ensemble ! Il faut arroser ça !

— Bon, d'accord, dit Jean-Mi. Je vais chercher le champagne et la vaseline... Oh, flûte !

— Qu'est-ce qu'il y a ?

— Je viens de me souvenir... On n'a plus de vaseline !

— Oh, tant pis ! dit Michou en débouchant le champagne. Allez, on fait cul sec !

• • •

ORSON WELLES

*Il y a trois choses intolérables dans la vie : le café froid, le champagne tiède et les femmes surexcitées.*

• • •

— Alors là, vraiment, je croyais avoir tout vu, mais lui il dépasse tout ! dit Florence en venant rejoindre ses amies à leur table du *Macumba*, la boîte à la mode.

— Qu'est-ce qui t'es arrivé ? demande Isabelle.

— Tu vois ce type, là-bas, avec les chaussures vernies ? Eh bien il m'a invitée à danser un slow. Il m'a collée, collée, et à la fin il m'a dit qu'il avait deviné la couleur de ma petite culotte !

— C'est pas possible... Et il ne s'est pas trompé ?

— Non, j'ai une petite culotte blanche, il a deviné juste.

— Oui, bon, mais une petite culotte blanche, excuse-moi, mais c'est banal, dit Isabelle. Moi, j'ai mis une petite culotte en dentelle rouge. On va voir s'il devine la couleur.

Elle se lève, s'approche du dragueur qui l'invite aussitôt à danser et revient, quelques minutes plus tard, éberluée.

— Ça alors ! Il a deviné juste, pour moi aussi !

— Les filles, j'ai compris son truc, dit alors Véronique. Je l'ai bien observé pendant que vous dansiez, tous les deux. Il regardait dans ses chaussures vernies pour voir sous ta jupe ! Attendez, je vais l'avoir !

Et elle se lève, elle aussi, pour aller danser avec le dragueur.

— Alors ? dit-elle au bout d'un moment. Vous ne devinez pas la couleur de mon slip ?

Le type, un moment décontenancé, avoue sa défaite.

— Ben, je dois dire que pour une fois, je ne trouve pas...

— Je vous ai bien eu ! dit Véronique en éclatant de rire. Je n'ai pas de culotte !

— Ah, ben vous me rassurez, dit le dragueur. Un moment, j'ai cru que mes chaussures étaient fendues !

• • •

En rentrant chez lui, monsieur Dugommeau trouve un mot sur la table de la cuisine :

« Je te quitte, tu n'es qu'un pauvre type, je suis partie avec ton copain Jean-Luc. Pour ton dîner, tu trouveras du poulet dans le réfrigérateur. »

— Oh, non, c'est pas possible ! s'écrie monsieur Dugommeau d'un ton misérable. Encore du poulet !

• • •

— Je suis un peu inquiète, dit madame Dugommeau à son mari. Je sais que c'est sa nuit de noces, mais enfin notre fille est enfermée dans sa chambre avec son mari depuis déjà 48 heures, sans qu'on les ait vus mettre le nez dehors... C'est bizarre, non ?

— Moi, ce que je trouve surtout bizarre, répond monsieur Dugommeau, c'est que je n'arrive plus à remettre la main sur ma colle extra-forte ! Tu sais, je l'avais rangée dans le pot à pharmacie marqué « Vaseline » !

• • •

— J'en ai vraiment assez ! s'écrie monsieur Dugommeau. On

n'a jamais réussi à tomber d'accord sur quoi que ce soit en vingt-cinq ans de mariage !

— Vingt-six ans, murmure sa femme.

• • •

Dans un bar, un habitué apostrophe un client qui vient d'entrer.

— Tiens, Roger, tu as vu cette nouvelle machine du barman ? Il arrive à faire des glaçons avec un trou au milieu ! Regarde !

— Des glaçons avec un trou au milieu, je connais, grommelle Roger. J'en ai épousé un.

• • •

Jean-Mi entre dans un sex-shop pour acheter un vibromasseur.

— Petit, grand ou extra-large ? demande le vendeur.

— Extra-large, répond Jean-Mi. Je voudrais élargir le cercle de mes connaissances...

• • •

Une très vieille dame très riche est promenée en chaise roulante par son infirmière dans le parc de sa magnifique propriété. Soudain, au détour d'un chemin, ils aperçoivent un couple de campeurs sauvages qui, entièrement nus, sont en train de se donner du bon temps. Stupéfaits, les campeurs ramassent prestement leurs affaires et déguerpissent.

— Mais, qu'est-ce qu'ils faisaient ? demande la vieille dame.

— Eh bien, ils faisaient l'amour, madame, répond l'infirmière.

— Ah, oui, je me souviens... Alors ça se fait toujours ?

• • •

— Dis, maman, quelle est la différence entre « Ooooh » et « Aaaah » ? demande une petite fille.

— Environ dix centimètres, répond la mère.

• • •

Un séducteur est en train de faire l'amour avec une telle fougue à sa jeune conquête, que celle-ci se voit obligée de le mettre en garde :

— Doucement, mon chéri, j'ai le cœur fragile !

— Ne t'en fais pas, répond le séducteur. Quand j'arriverai au cœur, je ralentirai.

• • •

Un jeune couple vient de faire l'amour.

— Je suis désolé, ma chérie, murmure le jeune homme. Si j'avais su que tu étais vierge, j'aurais pris un peu plus de temps...

— Eh bien moi, si tu avais pris un peu plus de temps, répond la jeune fille, j'aurais peut-être pu retirer mes collants !

• • •

Vous savez quel est le meilleur moyen de rendre un homme heureux au lit ?

— Brancher la télévision dans la chambre.

• • •

— Papa, demande une petite fille. Qu'est-ce que ça veut dire . « Avoir des sentiments partagés » ?

— Eh bien, par exemple, c'est quand j'ai vu la mère de maman tomber de la falaise au volant de ma nouvelle BMW...

• • •

— J'ai envie de t'acheter un cadeau, mon chéri, annonce madame Dugommeau à son mari. Combien tu veux mettre ?

• • •

Dans une boum, un ado boutonneux aborde une jeune fille.

— Salut ! Tu veux boire un verre ?

— Oui, d'accord, dit la fille.

L'ado s'empresse d'aller chercher deux whiskys-Coca et revient.

— On danse ?

— Oui, d'accord.

Il l'entraîne sur la piste pour un slow langoureux, puis hasarde :

— Il fait chaud, ici... Si on sortait ?

— Oui, d'accord, dit la fille.

Les deux ados sortent dans la nuit étoilée.

— Mon père m'a prêté sa voiture, dit le jeune homme. Tu veux faire un tour ?

— Oui, d'accord.

— Si on allait chez moi ?
— Oui, d'accord.
Une fois chez lui, enhardi, il tente :
— Si on se couchait sur le lit ?
— Oui, d'accord.
La jeune fille attend, mais il ne se passe rien.
— Alors ! dit-elle. Qu'est-ce que tu proposes, maintenant ?
— Ben, je sais pas, dit l'ado boutonneux. Jusqu'à présent, je n'ai jamais été plus loin que le whisky-Coca.

• • •

Depuis des mois, Max, un dragueur invétéré a tout tenté pour inviter la belle Véronique à dîner en tête à tête. Et puis, brusquement, alors qu'il lui faisait la cour sans trop y croire, voilà qu'elle accepte !
— Je passe vous prendre à huit heures, et je vous emmène au restaurant, dit-il en roulant des yeux enamourés.
— Un bon restaurant, j'espère ? dit la jeune femme.
— Le meilleur !
Le soir même, ils se retrouvent effectivement attablés dans le meilleur restaurant de la ville. Pour faire bon poids, Max le dragueur a d'emblée commandé une bouteille de champagne.
— Vous avez fait votre choix ? demande le maître d'hôtel.
— Oui, eh bien pour commencer, je prendrai du foie gras, dit Véronique. Puis du caviar... Après, j'essaierais bien votre marmite de queues d'écrevisses. Vous me donnerez ensuite le faisan aux morilles, puis la ronde des fromages et le chariot des desserts...
— Eh ben, dites donc ! s'exclame Max le dragueur, un peu affolé par le montant de l'addition qui se prépare. Vous avez un solide appétit ! Vous mangez toujours autant ?
— Non, murmure Véronique avec un beau sourire. Seulement quand j'ai mes règles...

• • •

MARK TWAIN
*Il y a trois choses qu'une femme est capable de réaliser avec rien : un chapeau, une salade et une scène de ménage.*

• • •

Georges le macho croise Roger le macho au bras de sa femme. Du coup, il se sent obligé de lui dire quelque chose d'un peu aimable. Seulement, problème : pas moyen de se souvenir du nom de l'épouse de son copain...

— Tiens, euh, bonjour ! dit-il à cette dernière. Tu es très en beauté, aujourd'hui. Tu as changé de coiffure ?

— Non, elle n'a pas changé de coiffure, dit Roger. C'est moi qui ai changé de femme.

• • •

Au lendemain de sa nuit de noces, une jeune femme dit à son mari :

— Ne bouge pas, mon chéri, je t'amène ton petit déjeuner au lit...

Le jeune marié, tout content, s'étire voluptueusement et, quelques minutes plus tard, voit revenir sa femme avec un plateau. Mais là, surprise : il n'y a qu'un bol de café, qu'un couteau, qu'une tartine... La jeune femme s'installe, prend le bol, la tartine, et commence à déjeuner.

— Ben, et moi ? dit le mari.

— Oh, excuse-moi... Voilà.

Et elle soulève une serviette sous laquelle était dissimulée une carotte.

— Ben... pourquoi une carotte ?

— Tu n'aimes pas ça ? dit la jeune femme. C'est étrange... J'aurais cru que tu mangeais *aussi* comme un lapin.

• • •

Deux petits vieux sont assis sur un banc, devant une maison de retraite, lorsqu'une ravissante jeune femme vêtue d'un short et d'un T-shirt moulant passe devant eux en se dandinant.

— Tu te souviens comme on passait notre temps à courir après les filles, quand on était jeunes ? dit le premier petit vieux en la regardant s'en aller.

— Si je me souviens ! Tu penses comme je m'en souviens ! dit le second petit vieux. Par contre, ce dont je ne me souviens plus, c'est pourquoi on leur courait après...

• • •

Au comptoir d'un café, trois types devisent sombrement devant un verre de pastis.

— Ma femme est tellement frigide, dit le premier, que lorsqu'elle s'endort avec une bouillotte, l'eau est gelée le matin au réveil.

— C'est rien, ça ! dit le second. Moi, ma femme est si froide qu'elle va se coucher avec un cube de glace dans la bouche et qu'elle le recrache intact le matin au réveil !

— C'est rien, ça ! dit le troisième. Moi, ma femme est si froide que quand elle écarte les jambes, le chauffage central se met en marche !

• • •

Monsieur et madame Dugommeau sont mariés depuis longtemps, et leur vie sexuelle n'est plus ce qu'elle était... Décidé à prendre les choses en main, monsieur Dugommeau achète un livre de sexologie et le potasse à fond avant d'annoncer à sa femme :

— Ma chérie, j'ai trouvé ce qu'il nous faut ! Au chapitre 7, page 128, ils disent que la femme doit gémir pendant l'amour, juste avant l'orgasme.

— Ah bon ?

— Oui, oui, c'est écrit là... Bon, alors on essaie ?

— D'accord.

Monsieur et madame Dugommeau se déshabillent et se couchent, puis monsieur Dugommeau commence à faire l'amour à sa femme.

— C'est maintenant que je dois gémir ? demande-t-elle.

— Pas encore ! Attends un peu !

Et il continue consciencieusement son ouvrage.

— Maintenant, c'est bon ?

— En... core... Encore un peu !

Encore quelques minutes d'efforts, puis monsieur Dugommeau se met à crier :

— Là ! Vas-y maintenant ! Tu peux gémir !

Et madame Dugommeau commence à gémir :

— Oh, là lààà, j'ai passé une journée atroce. D'abord la machine à laver qui tombe en panne, ensuite j'ai filé mes bas, après...

• • •

Deux types parlent de leurs épouses, dans un bar.

— Eh bien moi, hier, j'ai eu une discussion sérieuse avec ma femme, et j'ai eu le dernier mot !

— C'est pas possible... Qu'est-ce que tu lui as dit ?

— Je lui ai dit : « D'accord, achète-la, cette robe ! »

• • •

Monsieur Dugommeau, dont l'épouse a pour habitude de rester des heures pendue au téléphone, la voit avec stupeur raccrocher au bout de cinq minutes à peine.

— C'est déjà fini ? dit-il. Comment ça se fait ?

— C'était un faux numéro.

• • •

Un homme appelle une femme au téléphone.

— On va prendre un verre, ce soir ?

— Ah, non, ce soir ce n'est pas possible, je dois me laver les cheveux.

— Alors demain ?

— Non plus, je dois voir ma sœur.

— Et si on déjeunait ensemble demain midi ?

— Désolée, je suis déjà prise.

— Bon alors ce week-end ! dit le type, passablement énervé.

— Ah, non, vraiment c'est pas de chance, mais ce week-end je vais chez ma mère.

— Mais ta mère est morte !

— Je voulais parler de ma tante. Elle m'a toujours élevée comme sa propre fille...

— Tu sais ce que je pense ? Je pense que tout ça c'est du bidon !

— Eh oui, dit la femme, c'est du bidon.

— Alors tu ne veux ni déjeuner ni dîner avec moi ?

— Eh ben non.

— Franchement, tu sais, dit l'homme, il y a des jours où je me demande pourquoi je t'ai épousée !

• • •

Un forgeron de village est réveillé au beau milieu de la nuit par des coups à sa porte.

— Qu'est-ce que c'est ? grogne-t-il.

— Excusez-moi de vous déranger, mais je suis le jeune homme qui campe avec sa femme dans le champ d'à côté.

— Qu'est-ce que vous voulez que ça me foute ?

— Ben, vous êtes forgeron, non ?

— Ouais.

— Alors vous avez des outils, des pinces, des ciseaux ?

— Ouais.

— Écoutez, c'est notre nuit de noces et ma fermeture éclair est coincée. Combien pour me désincarcérer ?

• • •

Au fin fond de la cambrousse, le père Matthieu a décidé qu'il était temps pour son fils aîné, l'Antoine, de se déniaiser. Alors il lui donne deux cents francs et l'envoie voir la Louise, la prostituée du canton.

— Alors mon beau, dit la Louise en voyant l'Antoine sonner à sa porte. C'est-y qu't'es assez grand pour v'nir me voir ?

— Oui, m'dame.

— Viens donc t'allonger là, mon grand. Oh, mais t'es bien bâti, toi, t'es costaud !

— Oui, m'dame.

— Tant mieux ! Allez viens, grand fou, et fais moi mal !

— Vous faire mal, m'dame ? Mais avec quoi ?

— Mais qu'il est niais ! Avec l'truc qui t'sert à faire pipi, grand nigaud !

— Oui, m'dame.

Et l'Antoine ramasse par terre un pot de chambre et lui en flanque un grand coup sur la tête.

• • •

Juste avant la cérémonie, un prêtre prend à part le futur mari.

— Écoutez, je sais que vous êtes pressé de partir en voyage de noces mais tout de même, vous êtes sûr que vous ne voulez pas laisser vos cannes à pêche dans la sacristie, pendant la messe ?

• • •

Une femme entre deux âges s'est décidée à passer une petite annonce et, tant qu'à faire, a précisé les choses : « Recherche compagnon viril pour moments agréables... »

Et puis un soir, quelqu'un frappe violemment à sa porte.

— Voilà ! Voilà ! dit-elle en se pressant, de peur qu'on la lui défonce.

Elle ouvre et tombe nez à nez, si l'on peut dire, avec un cul-de-jatte manchot qui lui adresse un grand sourire.

— Je viens pour l'annonce, chérie !

Horrifiée, la brave femme ne sait comment se tirer de ce mauvais pas et bredouille :

— Écoutez, je suis désolée, mais je pense que ça n'ira pas. J'avais... J'avais précisé « viril », si vous vous souvenez bien...
— Et alors ? dit le cul-de-jatte manchot. Avec quoi crois-tu que j'ai cogné à la porte, chérie ?

• • •

LOUIS-FERDINAND CÉLINE
*L'amour, c'est l'infini à la portée des caniches.*

• • •

Madame Dugommeau reçoit une amie pour le thé.
— Sylvie, ma chérie, c'est terrible, dit-elle. Mon mari et moi, nous ne faisons plus jamais l'amour.
— Eh bien, ma chérie, tu as bien fait de m'en parler. Car justement, j'avais le même problème, et j'ai trouvé la solution !
— C'est pas possible...
— Si, si, si ! J'ai été consulter un marabout et il m'a donné un aphrodisiaque. Quelques gouttes dans le repas de mon mari et... un feu d'artifice !
— C'est pas possible...
— Si, si, si ! Tiens, j'en ai un flacon dans mon sac. Tu ne veux pas essayer ?
— Si, si si !
Le surlendemain, les deux femmes prennent à nouveau le thé.
— Alors ? demande Sylvie.
— Fa-bu-leux ! répond madame Dugommeau. J'ai mis trois gouttes d'aphrodisiaque dans l'entrée de mon mari, hier soir, et au dessert il me sautait dessus !
— C'est pas possible...
— Si, si, si ! Comme une bête ! Sur la table !
— C'est pas possible...
— Et attends, ce n'est pas fini ! Ça n'a pas arrêté ! Il m'a encore fait l'amour deux autres fois, une fois par terre et une fois contre la porte d'entrée !
— C'est pas possible...
— Si, si, si ! Seulement...
— Seulement ?
— Seulement, c'est dommage, je pense qu'on ne pourra plus jamais revenir dîner dans ce restaurant.

• • •

Vous savez pourquoi les femmes eskimos tombent si souvent enceintes ?

— Parce qu'elles ont trop froid aux doigts pour ouvrir les sachets des préservatifs.

• • •

Victime des embouteillages, une femme d'une bonne quarantaine d'années est obligée de s'arrêter en route pour la nuit. Hélas, tous les hôtels sont complets. En désespoir de cause, elle va sonner à la porte d'une pension de famille, dans un petit village.

— S'il vous plaît, pouvez-vous m'héberger pour la nuit ? demande-t-elle au propriétaire.

— Moi, je veux bien, mais il n'y a plus de place, répond-il. Mais si vous voulez, vous pouvez aller dormir avec le môme, dans sa chambre, ou alors dans le salon, sur le tapis.

« Dormir avec un môme, merci bien, pense-t-elle. Je suis trop fatiguée, il va m'empêcher de fermer l'œil. » Et elle s'installe tant bien que mal dans le salon.

Le lendemain, elle voit entrer un grand jeune homme blond qui la regarde avec de grands yeux.

— Qui êtes-vous ? demande-t-elle.

— Je m'appelle Luc, dit le bel éphèbe. Mais tout le monde ici m'appelle « le Môme ». Et vous, qui êtes-vous ?

— Oh, répond-elle, je suis la crétine qui a passé la nuit sur le tapis.

• • •

Un unijambiste a fini par se trouver une fiancée, mais il ne sait pas comment lui avouer qu'il a une jambe de bois. Chaque jour, il recule l'échéance, remettant à plus tard la délicate révélation. Jusqu'au jour où ils se marient.

Le soir de la nuit de noces, le type se dit qu'il est temps de lui parler. Pendant que la jeune mariée est dans la salle de bains, il se déshabille, éteint la lumière et se glisse tout nu dans les draps, avec son pilon en bois.

— Chérie ! crie-t-il à travers la porte. Quand tu seras couchée, j'aurais quelque chose à te montrer !

— Quoi donc, chéri ?

— Euh... C'est une surprise !

La jeune mariée sort de la salle de bains et vient se coucher à ses côtés, dans le noir.

— Alors, cette surprise ?

Sans un mot, l'unijambiste saisit son pilon de bois de trente centimètres de long et le lui pose dans les mains.

— Chériiiii ! miaule alors la jeune femme dans l'obscurité. Ça c'est une surprise !

• • •

Monsieur Dugommeau dormait profondément lorsque sa femme l'a réveillé.

— Chéri, est-ce que tu peux fermer la fenêtre ? Je suis gelée... Il fait si froid, dehors !

Monsieur Dugommeau se lève en grognant, va fermer la fenêtre et revient se coucher.

— Et maintenant ? grommelle-t-il en rabattant les couvertures. Il fait plus chaud, dehors ?

• • •

Madame Dugommeau rencontre une vieille amie.

— Oh là là ! s'écrie-t-elle. Mais qu'est-ce que tu as fait à tes cheveux ! C'est terrible ! On dirait une perruque !

— *C'est* une perruque, répond froidement son amie.

— Ah bon ? Vraiment, ça ne se voit pas du tout !

• • •

COLUCHE

*Il n'y a pas de femmes frigides. Il n'y a que des mauvaises langues.*

• • •

Un type s'avance vers un vendeur, dans un grand magasin.

— C'est l'anniversaire de ma femme, explique-t-il. Je voudrais lui acheter un réveil. Mais un beau, hein ? Et faites-moi un paquet !

— Je vois, dit le vendeur. C'est pour lui faire une surprise...

— Plutôt, oui... Elle s'attend à une bague de diamants !

• • •

Un vieux monsieur très digne s'approche d'un groom, dans un hôtel de luxe.

— Dites-moi, mon brave, je souhaiterais de la compagnie pour ce soir. De la compagnie féminine... Vous pouvez m'arranger ça ?

— Pas de problème, monsieur, répond le groom. J'appelle tout de suite Madame Claude, mais ça vous coûtera au moins mille francs pour la nuit.

— L'argent n'a pas d'importance, dit le vieux monsieur.

Une demi-heure plus tard, une magnifique blonde frappe à sa porte.

— Bonsoir, dit-elle. Je m'appelle Natacha. Je suis là pour répondre au moindre de vos désirs.

— Parfait, dit le vieux monsieur. Alors faites-moi couler un bain.

Un peu surprise, la call-girl obéit. Dès que le bain est prêt, le client se déshabille et se glisse dans la baignoire.

— Et maintenant, que désirez-vous ? dit la fille.

— Faites des vagues.

La call-girl s'assoit au bord de la baignoire et commence à faire des vagues avec la main.

— Et maintenant, qu'est-ce qu'on fait ?

— Faites de la pluie !

La fille ouvre le robinet de la douche, puis repose sa question :

— Et maintenant ?

— Faites les éclairs !

Elle actionne plusieurs fois l'interrupteur en tapant du pied contre une corbeille pour imiter le bruit du tonnerre puis, au bout de quelques minutes de ce petit jeu, revient voir le vieux monsieur.

— Écoutez, je suis une call-girl de luxe, réputée dans le monde entier. Vous ne voulez pas faire l'amour ?

— Par ce temps ? répond le vieux monsieur. Vous rigolez !

• • •

Le jeune Dugommeau junior va voir son père.

— Dis papa, pourquoi dit-on « devoir conjugal » pour parler du sexe ?

— Parce qu'on doit le faire, c'est comme ça...

— Mais alors, poursuit le jeune Dugommeau, c'est une corvée ou un plaisir ?

Monsieur Dugommeau réfléchit quelques secondes avant de répondre.

— C'est un plaisir, dit-il enfin. Sinon ta mère l'aurait fait faire par la bonne.

• • •

Une mère de famille essaie depuis longtemps de marier sa fille mais, à chaque fois, les prétendants se sont défilés, épouvantés par la grossièreté du père. Ce soir-là, un jeune homme a été invité par sa fille à dîner, et la brave dame sermonne son mari pour qu'il reste tranquille.

Pendant l'apéritif, tout se passe bien. Le père a été tellement sermonné qu'il n'a pas ouvert la bouche, c'est tout dire. Et puis on passe à table. Le père s'installe, réalise qu'il n'a pas de fourchette, mais continue à garder le silence. La mère de famille passe les plats, encourage le jeune homme à commencer et s'aperçoit alors que son mari ne touche pas à son assiette.

— Eh bien, mon chéri, qu'est-ce qu'il y a ? dit-elle. Tu ne manges pas ton entrée ?

— Et avec quoi tu veux que je mange, merde ! Avec ma bite ?

• • •

Au milieu de la nuit, monsieur Dugommeau se lève de son lit et, les bras tendus devant lui, se met à avancer comme un somnambule. Au moment où il va atteindre la porte de la chambre, madame Dugommeau allume la lumière.

— C'est pas la peine de te fatiguer, vieux cochon ! J'ai renvoyé la bonne !

• • •

Monsieur Dugommeau rentre chez lui à l'improviste et découvre sa femme au lit, dans les bras de son meilleur ami.

— Jean ! Ça alors ! Vraiment, je ne comprends pas ! Moi, j'y suis obligé, mais toi ?

• • •

Un riche banquier ne trouve personne pour épouser ses deux filles, une brune et une blonde, tellement elles sont vilaines. Il a beau promettre une dot fabuleuse, dès que les prétendants voient les laiderons, ils s'enfuient en courant.

Jusqu'au jour où un ramoneur sonne à la porte.

— Merci, dit le banquier en dévisageant de la tête aux pieds le type noir de suie, mais nous n'avons pas besoin de ramonage...

— Ah non, vous n'y êtes pas ! dit le ramoneur. Je viens pour les filles à marier !

— Vraiment ?

Le banquier hésite, et puis se dit qu'après tout, on verra bien... Il fait descendre les deux mochetés et les présente au jeune homme.

— Alors, dit le banquier. Laquelle voulez-vous épouser ? La blonde ou la brune ?

— Oh, plutôt la brune, dit le ramoneur. Vu mon travail, c'est moins salissant.

• • •

SACHA GUITRY

*Une femme sur les genoux avec laquelle on n'est plus d'accord, c'est lourd.*

• • •

Une somptueuse jeune femme brune aux formes vertigineuses est invitée à une soirée costumée. Quand la maîtresse de maison ouvre la porte, elle a la stupeur de voir la fille entièrement nue à l'exception d'une paire de gants noirs et de souliers également noirs, debout dans l'encadrement de la porte, les jambes légèrement écartées et les bras levés en l'air.

— Mais enfin, balbutie-t-elle, c'est une soirée déguisée, pas une partouze !

— Mais je suis déguisée ! dit la brune.

— Mais en quoi ?

— En Cinq de Pique !

• • •

Deux jeunes filles discutent à une terrasse de café.

— Tu fumes, après l'amour ? demande la première.

— Je ne sais pas. Je n'ai jamais regardé...

• • •

Un homme d'affaires en déplacement rencontre une magnifique jeune femme à la terrasse d'un café.

— Je serai direct avec vous, lui dit-il. Je suis dans votre ville pour une nuit seulement, et vous me plaisez. On couche ensemble ?

— Eh bien, dit la jeune femme en rougissant. D'habitude je ne cède jamais aux hommes aussi facilement mais là, franchement, vous m'avez convaincue !

• • •

Monsieur et madame Dugommeau dînent dans un cabaret et, au cours de la soirée, le chef d'orchestre leur demande s'ils souhaitent écouter un air en particulier.

— Oh, dit madame Dugommeau, j'aimerais tant que vous jouiez « Cerise » !

— Euh... Certainement, madame.

Le chef d'orchestre revient vers ses musiciens et leur demande s'ils connaissent une chanson appelée « Cerise », mais en vain.

— Excusez-moi, madame, mais nous ne connaissons pas cet air, dit-il en revenant vers la table des époux Dugommeau. Vous pourriez me fredonner l'air ?

— Certainement, dit madame Dugommeau.

Elle s'éclaircit la gorge puis chante :

— Cerise t'aime, Cerise t'adore...

• • •

Jean-Marc et Virginie sont fiancés. Le mariage est prévu pour le lendemain, mais le jeune homme, fou de désir, n'en peut plus...

— Virginie, mon amour, vous m'avez demandé de vous respecter jusqu'à l'église, mais maintenant que les bans sont publiés et que vous savez que nous allons nous marier, ne voulez-vous être mienne dès cette nuit ?

— Jean-Marc, mon chéri, vous n'y pensez pas ! Je suis une fille sérieuse ! Pour qui me prenez-vous ?... Et puis d'ailleurs, je tiens à être en forme demain, et ça me donne toujours mal à la tête, l'amour...

• • •

Un borgne unijambiste et bossu se rend dans une agence matrimoniale.

— Voilà, dit-il. J'en ai assez de vivre seul et je voudrais me marier.

— Écoutez, répond l'agent matrimonial, bien embêté. Vu votre état, ça risque d'être un peu difficile, vous comprenez...

— Non, pourquoi ?

— Mais enfin vous êtes borgne, bossu et unijambiste ! Il faudrait une folle pour vous épouser !

— Je la prends ! Même folle !

• • •

— Je ne sais pas comment tu fais pour avoir des mains aussi douces, dit une jeune femme à l'une de ses amies. Quel est ton secret ?
— Eh bien, ne le répète pas, mais pour la vaisselle, j'utilise Jasper !
— C'est un nouveau produit ? Ça vient de sortir ?
— Non, c'est mon nouveau mari.

• • •

Dans une soirée mondaine, un dragueur impénitent aborde une jeune femme seule.
— Vous ne buvez rien, dit-il. Puis-je vous proposer un doigt de whisky ?
— Pour le whisky, non, merci, répond la jeune femme. Je ne bois jamais d'alcool. Mais pour le doigt, c'est d'accord...

• • •

W. C. FIELDS
*Les femmes me font autant d'effet que les éléphants : j'aime à les regarder, mais je n'en voudrais pas à la maison.*

• • •

— Ma chérie, demande un soir monsieur Dugommeau à son épouse, si je mourais, est-ce que tu te remarierais avec un autre homme ?
— Sans doute, répond madame Dugommeau.
— Et est-ce que tu garderais notre lit conjugal avec lui ?
— Sans doute...
— Et est-ce que tu lui donnerais mes clubs de golf ?
— Non, mon chéri. Il est gaucher...

• • •

Vous savez quelle est la seule occasion où un homme a l'idée de proposer un dîner aux chandelles à son épouse ?
— Quand il y a une panne de secteur.

• • •

Dans un cocktail parisien, la maîtresse de maison s'approche de l'un de ses invités, une relation de travail de son mari.

— Je ne vous propose pas une coupe, cher monsieur. Je crois savoir que vous dirigez une association antialcoolique.

— Mais pas du tout ! proteste l'invité. Je dirige effectivement une association, mais qui œuvre contre les relations sexuelles en dehors du mariage !

— Ah oui, c'est ça ! dit la maîtresse de maison. Je savais bien qu'il y avait quelque chose que je ne devais pas vous proposer.

• • •

Vous savez ce que l'homme appelle l'amour ?

— Une érection.

• • •

Deux grands adolescents parlent filles.

— Ta nénette, demande le premier, elle aime faire l'amour sur le siège arrière de ta voiture ?

— Oui, répond le second sombrement. Quand c'est moi qui conduis...

• • •

Depuis des années, les Dugommeau et les Blanchard jouent aux cartes, mais le manque de mémoire de monsieur Blanchard est proverbial. Pourtant, ce jour-là, à la grande surprise de son partenaire, Martin Blanchard se souvient de chaque levée.

— Comment as-tu fait ? demande monsieur Dugommeau pendant que leurs épouses ont été préparer du thé.

— Je suis en train de suivre un stage pour la mémoire, dit Martin Blanchard. C'est basé sur les associations d'idées...

— Eh bien, ça a l'air formidable ! C'est quelle école ?

— Euh... Comment s'appelle la fleur blanche, avec un pistil jaune, déjà ?

— Une marguerite.

— Ah oui... Marguerite !

— Oui, mon chéri ?

— Comment s'appelle l'école où j'ai suivi mon stage ?

• • •

Un millionnaire âgé de soixante-quinze ans vient d'épouser une ravissante jeune femme de vingt ans.

— Vieux renard ! lui dit l'un de ses amis. Comment as-tu fait pour séduire une fille aussi mignonne ?

— J'ai triché sur mon âge, dit le millionnaire. J'ai dit que j'avais quatre-vingt-quinze ans...

• • •

Une jeune femme discute avec un vieil ami.

— Alors comme ça tu es devenue lesbienne ? demande ce dernier. Remarque, je te comprends... Et... c'est bien ?

— Très bien, dit la jeune femme. Il y a juste un inconvénient...

— Oui ?

— Maintenant, chaque fois que je vois une jolie fille, j'ai la langue qui devient toute dure !

• • •

Jean-Mi va voir sa mère.

— Maman, j'ai deux nouvelles à t'annoncer, une bonne et une mauvaise... La mauvaise, c'est que je suis homosexuel !

— Oh, non ! s'écrie la mère.

— Attends ! Attends ! Je ne t'ai pas dit la bonne ! Je suis avec un médecin !

• • •

Deux amoureux vont au cinéma. Après quelques minutes de projection, le jeune homme se penche vers la jeune fille et murmure à son oreille les deux mots qui lui viennent à l'esprit : « Je t'aime... »

Deux ans plus tard, les amoureux se sont mariés. Ils regardent ensemble le même film à la télévision et, au bout de quelques minutes, le mari se penche vers sa femme et prononce les deux mots qui lui viennent à l'esprit : « J'ai faim... »

• • •

Le soir de Noël, un jeune marié décide de faire une surprise à son épouse. Il s'achète une panoplie de Père Noël, avec barbe blanche, hotte et costume rouge et sonne à la porte de son appartement.

Dès que sa femme lui ouvre, il crie « Joyeux Noël ! » et lui saute dessus pour une frénétique partie de jambes en l'air.

Quand c'est fini, il enlève sa fausse barbe et se tourne vers sa femme.

— Ah, c'est toi ! dit-elle. Je ne t'avais pas reconnu, dis donc !

• • •

Deux femmes cannibales parlent de leurs problèmes de couple.

— Je ne sais vraiment plus quoi faire de mon mari ! dit la première.

— Tu veux mon livre de recettes ? demande l'autre.

• • •

Vous savez comment on reconnaît un septuagénaire dans le noir, au beau milieu d'une partouze ?

— C'est pas dur...

• • •

Un soir, monsieur Dugommeau rentre du bureau vers sept heures et, à peine a-t-il tourné la poignée de la porte que sa femme se précipite sur lui, l'embrasse passionnément, le déshabille avec fougue, le jette sur le lit conjugal et commence à le caresser en poussant des soupirs langoureux.

Un peu surpris de prime abord, monsieur Dugommeau se ressaisit et la repousse :

— Bon, j'ai compris ! Qu'est-ce qui est arrivé à la voiture, cette fois ?

• • •

Deux jeunes mariés s'installent dans une suite nuptiale pour la première nuit de leur lune de miel. Après avoir pris une douche, la jeune femme sort de la salle de bains dans le plus simple appareil.

— Oh chérie, tu es trop belle ! dit le jeune marié. Laisse-moi prendre une photo de toi pour que je puisse te garder dans mon portefeuille !

La jeune femme prend la pose, l'homme prend sa photo, puis il passe à son tour dans la salle de bains. Quand il en sort, lui aussi dans le plus simple appareil, la jeune femme jette un coup d'œil à un endroit bien précis de son anatomie, puis se saisit de l'appareil.

— Moi aussi, je vais prendre une photo de toi tout nu, dit-elle.
— Pour la garder dans ton sac ? demande le jeune marié.
— Non, mon chéri, dit la femme avec une moue désolée. Pour la faire agrandir...

• • •

Vous savez quelle est la différence entre les trains électriques et les seins des femmes ?
— Aucune. L'un et l'autre ont été conçus pour les enfants, mais ce sont leurs papas qui jouent avec.

• • •

Vous savez quelle est la différence entre un poulet grillé et une belle fille bronzée en maillot de bains deux-pièces ?
— Aucune. Dans les deux cas, c'est le blanc le meilleur.

• • •

À votre avis, qui éprouve le plus de plaisir durant l'amour, l'homme ou la femme ?
La femme. Et vous voulez que je vous le prouve ?
Quand vous éprouvez le besoin de vous gratter l'oreille, vous y glissez le petit doigt et vous l'agitez frénétiquement. Bien... Une fois que vous l'avez retiré, qu'est-ce qui se sent le mieux, le petit doigt ou l'oreille ?

• • •

Gino le dragueur a réussi à convaincre une jeune femme de quitter la boîte de nuit où ils dansaient pour faire un tour dans sa décapotable. Dès qu'il a démarré, Gino branche l'autoradio, et une musique douce jaillit des enceintes.
— Oh, comme c'est beau, cette musique ! dit la jeune femme. Comme c'est romantique !
Gino roule pendant quelques minutes sur la route de la corniche, jusqu'à un panorama fantastique.
— Quelle belle vue ! dit la jeune femme en se laissant embrasser. Que c'est romantique !
Gino lui propose de prendre un verre dans sa garçonnière et, comme elle accepte, l'entraîne jusque chez lui.
— Toutes ces lumières tamisées, soupire la jeune femme, que c'est romantique !

Gino ouvre son frigo et voit qu'il n'y a que de la bière ou du champagne.

— Qu'est-ce que je vous sers ? demande-t-il.

— Du champagne, dit la jeune femme. Ces petites bulles grisantes qui éclatent dans le palais, cette robe dorée qui étincelle à la lumière des bougies, c'est tellement plus romantique !... Alors que la bière, moi, ça me fait roter.

• • •

Un jeune homme entre dans un magasin de farces et attrapes et commande du poil à gratter, un faux étron, des dragées au poivre et toute sorte d'articles du même tonneau.

— Eh bien, vous n'allez pas vous embêter avec ça, dit le vendeur. C'est pour quelle occasion ?

— C'est pour un mariage, répond le jeune homme.

— Ah, je vois. Je parie que vous êtes le témoin du marié.

— Perdu, c'est moi, le marié.

— Mais... Qu'est-ce que vous allez faire de tout ça ?

— C'est pour ma nuit de noces. Vous comprenez, ça fait plus d'un an qu'on vit ensemble, avec ma future femme. Elle m'a demandé de lui offrir une nuit inoubliable dont elle pourrait se souvenir toute sa vie, eh ben, elle ne va pas être déçue !

• • •

— Vous avez mes pilules à la chlorophylle ? demande une jeune femme à son pharmacien habituel.

— Désolé, madame, elles ne sont pas encore arrivées. Je les attends pour la fin d'après-midi...

— Bon, dit la jeune femme. Eh bien, je demanderai à mon mari de passer les prendre en sortant du bureau.

— D'accord, dit le pharmacien. Mais comment le reconnaîtrai-je ?

— Oh, c'est facile ! Il a des moustaches vertes...

• • •

Deux prostituées rentrent chez elles après une journée de travail.

— Je suis claquée ! dit la première. Je suis montée soixante-deux fois, aujourd'hui !

— Eh ben, dit l'autre. Tes pauvres pieds !

• • •

Dans un bar, un homme regarde depuis un moment un type assis au comptoir avec en bouche une minuscule pipe.

— Excusez-moi, dit-il en venant s'asseoir à côté de lui, mais c'est marrant, votre pipe, là...

— Ah, vous trouvez ça marrant ? dit l'homme d'un air désespéré. Eh bien moi pas...

— Pourquoi ?

— Parce que, mon vieux, j'étais en train de me promener sur une plage, pendant les vacances, lorsque j'ai buté dans une bouteille. En me penchant, j'ai vu qu'elle était très vieille, alors je l'ai ramassée et j'ai ouvert le bouchon. Aussitôt, une fée sublime, complètement nue, est apparue devant moi et elle m'a proposé de réaliser un vœu. Vous comprenez, elle était vraiment belle, sexy, désirable, alors je lui ai demandé de me faire une petite pipe...

• • •

Monsieur et madame Dugommeau reviennent d'un dîner en voiture.

— Pourquoi as-tu dit à Robert que tu m'avais épousée pour mes talents de cordon-bleu ! piaille madame Dugommeau, rompant le silence. Tu sais très bien que je ne sais pas faire cuire un œuf !

— Parce que, ma chérie, grommelle sombrement son époux, il fallait bien que je trouve quelque chose !

• • •

Dans un bar, un homme d'une soixantaine d'années est abordé par une magnifique créature.

— Je coûte mille francs, mais je les vaux, lui dit-elle.

— Vraiment ? dit le monsieur en la regardant. C'est une somme !

La jeune femme se penche vers lui pour qu'il puisse sentir son parfum et admirer son vertigineux décolleté, puis susurre à son oreille :

— Ce sera l'expérience de ta vie... Il te suffira de formuler en trois mots n'importe lequel de tes fantasmes, même le plus fou, et je le réaliserai.

— N'importe lequel ? dit l'homme. En trois mots ?

— Je te le garantis ! dit la fille.

— Alors d'accord, voilà vos mille francs ! dit l'homme en la prenant sur ses genoux.

Il écarte ses magnifiques cheveux blonds, approche sa bouche de son oreille et murmure : « Repeins ma maison. »

• • •

Vous savez comment une jeune femme peut empêcher un homme de la harceler sexuellement ?

— En l'épousant.

• • •

Vous savez quelle est la différence entre un célibataire et un homme marié ?

— Vingt kilos.

• • •

Dans une soirée, un dragueur ne cesse de vanter ses propres mérites auprès d'une jolie blonde.

— Mais assez parlé de moi ! dit-il au bout d'un long moment. Parlons un peu de vous... Qu'est-ce que vous pensez de moi ?

• • •

Jean-Mi pose une devinette à son ami Michou :

— Tu sais quelle est la différence entre la mort et l'amour ?

— Non...

— La mort, c'est l'arrêt du cœur. Et l'amour, Michou, c'est...

— Grand fou !

• • •

Une ravissante jeune femme est prostrée devant une boutique de vêtements.

— Qu'elles sont belles ! murmure-t-elle. Jamais je ne pourrai me les offrir...

À cet instant, un vieux beau s'approche d'elle en souriant.

— Excusez-moi, mademoiselle, mais je vous ai entendue. Quelque chose vous tente particulièrement, dans cette vitrine ?

— Oh, oui ! dit la jeune femme. Ces chaussures, là !

— Eh bien qu'à cela ne tienne ! dit le vieux beau. Si vous

acceptez de venir prendre un verre dans ma garçonnière, ces chaussures sont à vous !

Une demi-heure plus tard, transportant ses chaussures dans un carton, la jeune femme pénètre dans l'antre du séducteur.

— Je vous préviens, dit-elle, je suis frigide.

— Vraiment ? dit le vieux beau. Vous m'étonnez beaucoup...

Cinq minutes plus tard ils sont couchés et le don Juan s'active tant qu'il peut. Au bout d'une demi-heure d'efforts, il sent la jeune femme se trémousser et pousser un soupir de satisfaction.

— Alors ! Vous voyez ! Vous prenez du plaisir avec moi !

— Non, non, dit-elle en souriant gentiment. J'essayais mes chaussures...

• • •

Vous savez quelle est la différence entre l'argent et les hommes ?

— L'argent n'a pas d'odeur.

• • •

SACHA GUITRY

*Son sommeil était de beaucoup ce qu'elle avait de plus profond...*

• • •

Le jeune Dugommeau vient de se marier, et le moins qu'on puisse dire, c'est qu'il manque d'expérience... Le soir de la nuit de noces, sa jeune et superbe femme se déshabille langoureusement et va s'étendre sur le lit. Lui reste immobile, les bras ballants au milieu de la pièce...

— Eh bien ? dit-elle. Qu'est-ce que tu fais ? Déshabille-toi !

Le jeune homme se déshabille rapidement, puis hésite à nouveau.

— Mais enfin, viens me rejoindre ! dit sa femme.

Il accourt vers le lit et se couche à côté d'elle, sans oser la toucher.

— Qu'est-ce qui se passe, mon chéri ? C'est l'émotion ? Allez... Viens sur moi...

Le jeune Dugommeau obéit et, en fermant les yeux et en tremblant de tous ses membres, enjambe son épouse. Puis, soudain, il éclate en sanglots.

— Qu'est-ce qui t'arrive ? demande la jeune femme. Ça ne va pas ?

— Nooooon, pleurniche le jeune marié. Je veux desceeeendre !

• • •

Dans un bar, un type aborde une magnifique jeune femme. Ils boivent un whisky, puis deux, et le type finit par proposer à la fille d'aller boire le dernier verre chez lui.

En montant dans l'ascenseur, le type voit pour la première fois le visage de sa conquête en pleine lumière et un doute affreux le tenaille :

— Dis donc... Quel âge as-tu ?

— Treize ans, pourquoi ?

— Treize ans ! Mais c'est épouvantable ! Et dire que j'allais... Mon Dieu ! Allez, rentre chez toi, vite !

La jeune fille hausse les épaules et s'en va aussi dignement que possible. Juste avant de quitter l'immeuble, elle se retourne vers le type et demande :

— Vous êtes superstitieux, ou quoi ?

• • •

Jean-Mi retrouve Michou après une semaine d'absence.

— Mais où étais-tu passé ?

— J'étais à l'hôpital, dit Michou. Je me suis fait circoncire.

— Fais voir ? Ooooh, comme c'est mignon ! Ça te rajeunit de dix ans !

• • •

Une jeune femme est victime des avances pressantes d'un séducteur des plages.

— Écoutez, lui dit-elle au bout d'un moment. Ce n'est pas la peine de vous fatiguer, ça ne m'intéresse pas. Je suis frigide.

— Comment ? Vous voulez rire ! Une belle fille comme vous ! Ce n'est pas pour me vanter, mais je suis un véritable don Juan. Avec moi, mademoiselle, vous irez au septième ciel, je vous le garantis !

— Bon, si vous voulez...

Tout content, le séducteur emmène la jeune femme dans sa garçonnière, se déshabille, met un préservatif et commence à s'activer.

Au bout de dix minutes, la jeune femme bâille en regardant le plafond. Il accélère le rythme et, au bout de dix autres minutes, il la voit se limer les ongles. Il accélère encore et, après dix autres minutes d'efforts acharnés, il s'exclame :

— Mais enfin, mademoiselle, vous ne sentez rien ?

— Si... Le caoutchouc brûlé.

• • •

Au beau milieu de la nuit, madame Dugommeau se réveille en hurlant.

— À moi ! À l'aide !... Oh, mon chéri, je viens de faire un terrible cauchemar. On ratait un virage en voiture dans une route de montage, j'étais éjectée par la portière et je me rattrapais au vol à une racine... Oh, je m'y suis cramponnée à cette racine ! Je l'ai serrée fort, fort !

Et à ce moment-là monsieur Dugommeau articule faiblement :

— Tu... peux... la... lâcher, maintenant !

• • •

Vous savez quelle est la différence entre ET l'extraterrestre et un homme ?

— ET téléphone maison.

• • •

# 3

# LE PARTI D'EN RIRE

Vous savez à quoi on reconnaît un homme politique qui ment ?
— Ses lèvres bougent.

• • •

Durant la campagne présidentielle, Édouard Balladur a décidé de se rapprocher un peu du peuple, afin d'améliorer son image. C'est ainsi qu'un beau jour il se présente à la porte d'une ferme.

— Donnez-moi du travail, dit-il au fermier. N'importe quoi ! Tiens, dites-moi ce que vous alliez faire ce matin !

— Ben, c'est que c'matin j'allions répandre l'fumier su'l champ...

— Parfait ! dit Édouard Balladur. J'y vais.

Et le candidat, sans ôter son costume-cravate et ses chaussures vernies, se rue sur une brouette, saisit une fourche, et commence à travailler.

Deux heures plus tard, le paysan stupéfait voit revenir « Doudou ».

— C'est déjà fini ? dit-il. Ben ça alors ! Moi, y m'aurait fallu la journée !

— Voilà bien la preuve que mes détracteurs se trompent, répond Édouard Balladur. Je suis resté très « peuple ». Et même, je suis encore plus fort que le peuple... Bien, que puis-je faire d'autre, mon brave ?

— Eh ben, vous pouvez aller trier les œufs dans le poulailler, pour la coopérative. Vous n'avez qu'à les classer par taille. Les p'tits à droite, les gros à gauche...

— Ça me paraît très simple, répond Balladur.

À la fin de la journée, le paysan rentre pour le dîner et demande à sa femme :

— Il est pas là, Balladur ?

— Quel Balladur ? J'ai jamais vu d'Balladur !

Un peu inquiet, le fermier court jusqu'au poulailler, et là il voit Édouard Balladur assis devant deux paniers presque vides, tenant un œuf à la main avec perplexité.

— À la réflexion, dit le Premier ministre, c'est un travail bien difficile que vous m'avez donné là. Comment savoir si cet œuf est gros ou petit ?

— Ça ne m'étonne pas, dit le paysan. Pour semer la merde, vous êtes champion, mais dès qu'il faut prendre une décision, y a plus personne !

• • •

À Los Angeles, les gangs noirs ont fait alliance et, une nouvelle fois, déclenchent une émeute qui se répand comme une traînée de poudre à travers la ville. Cette fois, la police est dépassée, et les Noirs sont maîtres de la « Cité des Anges ».

Aussitôt, leur chef, un grand Noir portant un bandana rouge autour de la tête et tenant à la main un livre mystérieux dans lequel il semble puiser l'inspiration, ordonne que tous les Asiatiques de la ville soient rassemblés dans un camp et qu'on commence à les frapper. Aussitôt dit, aussitôt fait.

Le chef s'isole alors un moment avec son livre, puis ordonne que tous les Blancs de la ville soient embarqués dans des camions, déportés dans les montagnes Rocheuses et abandonnés dans la neige. Aussitôt dit, aussitôt fait.

Malheureusement pour lui, dès le lendemain la Garde nationale américaine intervient et reprend le contrôle de Los Angeles, au prix de terribles combats, au cours desquels le leader noir est abattu.

Auprès de son cadavre, on trouve le mystérieux livre où il puisait son inspiration, et on le porte au chef de la police qui l'ouvre avec respect.

À la première page, une dédicace : « À mon fils Leroy, pour qu'il suive mot à mot les indications de cet ouvrage — Signé : Maman. »

À la deuxième page, une recette de cuisine. Et le policier lit : « Séparer les blancs des jaunes. Battre les jaunes. Monter les blancs en neige. »

• • •

Le tsar Nicolas II, quelque temps avant la révolution, fête le nouvel an. La vodka et le champagne coulent à flots, le caviar est servi à la louche. Un ministre, préoccupé par l'état de la Russie, se penche vers le tsar et murmure :

— Majesté, ne pensez-vous pas que cette soirée serait l'occasion de penser un peu aux pauvres ?

— Vous avez raison ! s'exclame Nicolas II.

Solennellement, il se lève, parcourt des yeux l'assemblée et brandit sa coupe de champagne.

— Pour les pauvres, hip, hip, hip !

• • •

Kevin Costner et Michel Rocard arrivent au Paradis.

— Monsieur Costner, prenez le couloir de gauche, dit saint Pierre à l'entrée. Monsieur Rocard, couloir de droite.

L'acteur s'avance jusqu'au bout du couloir, pousse une porte et se retrouve dans une chambre, où une fille horrible est couchée lascivement sur un lit immense.

— Monsieur Costner, vous avez vécu une existence de séducteur. Vous avez péché par luxure. Vous passerez donc l'éternité en compagnie de cette créature...

Pendant ce temps, Michel Rocard avait pris le couloir de droite. Il pousse une porte et se retrouve lui aussi dans une chambre, où Claudia Schiffer est couchée lascivement sur un lit tout aussi immense.

— Madame Schiffer, vous avez péché par luxure. Vous passerez donc l'éternité en compagnie de cette créature...

• • •

Petite charade napoléonienne :

Mon premier est ce que disent les Corses lorsqu'ils voient Napoléon.

Mon deuxième est ce que dit Napoléon lorsqu'il voit des Corses.

Mon troisième est ce que dit la mère de Napoléon à son fils lorsqu'il s'endort.

Mon quatrième est ce que répond alors Napoléon.

Mon tout est une boisson gazeuse.

Réponse : Schweppes, autrement dit « sirop d'écorce d'oranges amères » (Sire — Oh, des Corses ! — Dors, ange — Ah, mère !).

• • •

HENRI MONNIER

*Ce qui a perdu Napoléon, c'est l'ambition. S'il était resté simple officier d'artillerie, il serait encore sur le trône.*

• • •

L'avocat de Bernard Tapie sort du Palais de justice à l'issue d'un procès sur les pots-de-vin de l'OM et téléphone aussitôt à son client.

— Bernard, la vérité a triomphé !

— Ah, zut ! dit Tapie. C'est pas grave, faites appel !

• • •

CHAVAL

*Georges Clemenceau, que l'on surnommait « le Tigre », avait peur des tigres.*

• • •

De retour d'un voyage sur terre, le Saint-Esprit va voir Dieu.

— Excusez-moi, patron, mais ça va mal, en bas. Vous devriez y aller faire un tour, ils sont vraiment dans la merde... Surtout en France.

Dieu accepte et descend jeter un coup d'œil. Il arrive aux États-Unis et voit Bill Clinton dans la merde jusqu'à la taille. Il vole alors jusqu'en Russie et voit Boris Eltsine dans la merde jusqu'au cou. Puis il arrive en France et voit Jacques Chirac, serein, dont seuls les pieds sont enfouis dans la merde.

— Eh bien, monsieur Chirac, je dois vous féliciter, dit Dieu. Le Saint-Esprit m'avait dit que c'était catastrophique en France, mais je vois que vous vous en sortez très bien ! Dites-moi, quel est votre secret ?

— Oh, c'est tout simple, dit Chirac. Je suis monté sur les épaules de Juppé.

• • •

Un metteur en scène achève de tourner la dernière séquence d'un film historique sur Louis XVI.

— Coupez ! dit-il.

— C'est bon pour le son ! ajoute un technicien.

• • •

Jacques Chirac reçoit à l'Élysée les plus grands patrons de l'industrie française. Il n'y a là que des hommes qui ont réussi, représentant la fine fleur de l'esprit d'entreprise.

— Vous savez, dit Chirac, je vous envie. Je dirais même que si je n'étais pas président, je jouerais en Bourse.

Les patrons se concertent du regard, puis leur porte-parole murmure :

— Nous aussi, nous jouerions en Bourse si vous n'étiez pas président.

• • •

Une femme se rend pour la première fois chez son nouveau gynécologue. Celui-ci l'examine, puis relève la tête, surpris.

— Je ne comprends pas, madame. Vous m'avez bien dit que vous aviez été mariée trois fois ?

— Oui, docteur.

— Mais enfin, vous êtes encore vierge !

— Eh oui, docteur. C'est bien mon problème... Je vais vous expliquer : mon premier mari était pianiste, alors il ne se servait que de ses doigts. Le deuxième était avocat, il ne se servait que de sa langue. Et mon dernier mari est socialiste...

— Et alors ?

— Alors je l'ai dans le cul.

• • •

Le chef de la police secrète de Saddam Hussein se rend en audience privée auprès du dictateur irakien.

— Président, on vient de m'informer qu'un mouvement tellurique se préparait dans le Nord, au Kurdistan.

— Qu'est-ce qu'ils nous préparent encore, ces Kurdes ! hurle Saddam Hussein. Allez-y tout de suite et réglez-moi ça !

Deux jours plus tard, le dictateur reçoit un appel de son sbire :

— Le mouvement tellurique a été maté. Deux cents telluristes kurdes ont été fusillés, cinq cents femmes et enfants déportés et nous interrogeons actuellement un millier de suspects. Seulement il y a un problème...

— Quel problème ? rugit Saddam Hussein.

— On risque de prendre un peu de retard, parce que figurez-vous qu'il y a eu un gros tremblement de terre, ici...

• • •

Un titre fait la une de *Libération* : « La moitié de nos politiciens sont corrompus ! »

Tollé général à l'Assemblée. L'affaire fait grand bruit, au point que Serge July, le directeur du journal subit des pressions de toutes parts et se trouve obligé de publier un correctif. Le lendemain, *Libération* titre donc : « La moitié de nos politiciens ne sont pas corrompus ! »

• • •

LES NULS

*On connaît enfin la raison pour laquelle il n'y a pas de toilettes à la chancellerie, en RFA.*

*C'est parce que le chancelier Kohl chie que dans les prés.*

• • •

Shimon Peres, le leader israélien, a profité d'un sommet à Paris pour s'offrir une petite escapade dans les quartiers chauds, histoire de vérifier si la réputation de la capitale est bien justifiée. Pourtant, alors qu'il chemine dans les ruelles les plus animées, une pensée le turlupine, comme s'il avait oublié de faire quelque chose avant de quitter l'ambassade... Au détour d'une ruelle, il croise une prostituée vêtue uniquement d'une minijupe et d'un soutien-gorge en dentelle noir. Lorsqu'il arrive à sa hauteur, la jeune femme lui dévoile l'un de ses seins et lui dit : « Tu viens, chéri ? »

Shimon Peres regarde fixement la poitrine à moitié dissimulée, se frappe le front et s'exclame :

— Bon sang, ça y est ! Je me souviens ! Il fallait que je téléphone à Moshe Dayan !

• • •

La reine d'Angleterre reçoit en grande pompe à Buckingham Palace le souverain d'un tout petit État africain bourré de pétrole. Le Premier ministre John Major le lui a dit et répète : il est vital pour la Grande-Bretagne que tout se passe bien. C'est pourquoi la reine a ordonné que l'on sorte le carrosse d'apparat pour aller chercher le chef d'État à l'aéroport. Hélas ! au moment où ce dernier monte dans le carrosse, l'un des chevaux de l'attelage laisse échapper un pet monstrueux. La reine rougit jusqu'aux oreilles mais ne dit rien. Quand le carrosse démarre, le même cheval pète à nouveau, encore plus fort. Puis encore une troisième fois, au moment où ils descendent, face au palais.

— Je suis vraiment désolée, dit alors la reine. Ces bruits qui se sont fait entendre, tout au long du chemin... Croyez bien que je suis navrée !

— Ce n'est rien, répond le roi africain. Je vais vous dire, je croyais même que c'était le cheval !

• • •

Le Président Jacques Chirac réunit le Conseil des ministres pour faire un bilan de la situation.

— Eh bien, commence Alain Juppé, l'année ne va pas être si mauvaise que ça. Nous aurons de l'essence à bon prix, du charbon, du beurre, du lait, des légumes, de la viande...

— Formidable ! s'exclame Chirac. Je vais tout de suite faire une allocution télévisée... Quand je pense que certains prétendent que c'est la catastrophe !

— Euh, monsieur le Premier ministre...

— Oui, mon petit Juppé ?

— J'ai dit « nous »...

• • •

Après avoir pris sa retraite, l'ex-numéro un soviétique Mikhaïl Gorbatchev est reçu à la Maison-Blanche par le président Clinton. Celui-ci montre à son ancien adversaire le dernier-né de la technologie américaine : un ordinateur si puissant qu'il parvient à prédire l'avenir.

— On peut l'essayer ? demande Gorbatchev.

— Bien sûr !

— Demandez-lui ce que seront devenus les États-Unis dans cinquante ans.

Un informaticien appuie sur un bouton, l'ordinateur ronronne et affiche sur son écran : « Dans 50 ans — États-Unis communistes. »

Clinton, assez gêné, pose alors une deuxième question :

— Que sera devenue la Russie dans cinquante ans ?

L'informaticien appuie sur son bouton, l'odinateur ronronne et le message s'affiche sur son écran.

— Alors ! s'écrient ensemble Clinton et Gorbatchev.

— Je suis désolé, je n'arrive pas à lire, dit l'informaticien. C'est écrit en chinois.

• • •

GUY BEDOS

*Les femmes, chez nous, représentent la moitié du corps électoral. Vu comme ça, le corps électoral, ça m'excite.*

• • •

Chaque fois qu'il se rendait au Crédit Lyonnais pour effectuer un retrait, Bernard Tapie croisait une vieille dame qui venait déposer 100 000 francs en liquide. Un beau jour, l'ex-ministre se décide à l'aborder.

— Excusez-moi, madame, mais je voudrais bien savoir comment vous faites pour disposer aussi régulièrement de telles sommes.

— Oh, ce n'est pas compliqué, répond la vieille dame. Je fais des paris.

— Des paris ? Mais moi j'en fais tout le temps, des paris ! Je n'arrête pas ! Et comment faites-vous pour gagner à tous les coups ?

— Eh bien le tout c'est de faire les bons paris... Tiens, je suis prête à parier 100 000 francs avec vous que je reviens vous voir demain et que vous aurez des couilles carrées.

— Des c... Bon ! Très bien ! Pari tenu !

Le lendemain, Bernard Tapie arrive en avance au Crédit Lyonnais. En attendant la vieille dame, il vérifie une dernière fois que tout est en ordre en glissant la main dans son pantalon, et c'est avec un sourire triomphant qu'il accueille sa partenaire de jeu.

— Eh bien madame, dit-il dès qu'elle arrive, je suis désolé, mais vous avez perdu 100 000 francs !

La vieille dame, qui est venue accompagnée d'un homme en complet gris, entraîne Bernard Tapie dans un bureau.

— Étant donné l'importance de la somme, je pense que vous ne verrez pas de mal à ce que je vérifie ? dit-elle.

L'ex-ministre hésite, puis accepte et baisse son pantalon pour qu'elle puisse effectivement vérifier qu'il n'a pas les couilles carrées. L'homme en gris prend une photo et s'en va.

— Voilà ! dit Tapie. Vous avez bien vu ? Vous me devez 100 000 francs !

— Oui, oui, mais moi aussi j'ai gagné 100 000 francs.

— Comment ça ?

— J'avais parié avec ce monsieur du *Figaro Magazine* 200 000 francs que vous vous faisiez payer par des vieilles dames pour vous faire tâter les couilles...

• • •

Vous savez pourquoi il n'y a pas de piscine à Cuba ?

— Parce que tous les Cubains qui savent nager sont déjà en Floride.

• • •

OLIVIER LEJEUNE

*Georges Marchais va tourner un remake de Walt Disney :* Liliane, j'ai rétréci le Parti.

• • •

Vous savez quelle est la différence entre la femme de Raymond Barre et la femelle du yeti ?

— Il y en a une qui a de grands pieds et des poils partout, et l'autre habite l'Himalaya.

• • •

François et Philippe Léotard sont en vacances au bord de la mer lorsque Philippe (l'acteur) s'écrie :

— Tiens, regarde le bateau !

— Ce n'est pas un bateau, ricane François (le ministre), c'est un yacht !

— T'es sûr ?

— Ben écoute, j'ai quand même été ministre de la Culture ! Tu peux me faire confiance !

— Un ya... un yo... Comment tu écris ça ?

— Eh bien, euh... Tu vois, à la réflexion, je pense que c'est toi qui avais raison. C'est un bateau.

• • •

Au cours d'un sommet à l'ONU, Kadhafi rencontre Saddam Hussein.

— Tu sais quelle est la différence entre moi et la misère en Libye ? demande Kadhafi.

— Non, répond Saddam Hussein.

— Eh bien, je ne suis que colonel. La misère, elle, est générale !

• • •

Tout physicien nucléaire qu'il était, Einstein savait rigoler. Un soir, il rentre ivre mort chez lui, en chantant à tue-tête. Sa femme, réveillée par ses hurlements, lui dit :
— Toi, tu as encore fait la bombe !

• • •

Le roi Dagobert vient de se marier avec une jeune beauté franque. Le soir de ses noces, il s'isole avec elle dans la chambre royale, lorsque tout à coup on entend un hurlement terrible.
Aussitôt, le bon saint Éloi accourt et tambourine à la porte du roi :
— Que se passe-t-il, mon roi ? Tout va bien ?
— Très bien, lui dit le roi. D'ailleurs, maintenant, je vais la remettre à l'endroit.

• • •

À l'issue de la campagne présidentielle, Lionel Jospin et tout l'état-major du PS s'arrêtent dans une petite auberge, loin de tout, pour ruminer leur défaite.
En s'asseyant à table, alors que l'aubergiste s'approche de lui, Jospin soupire :
— Nous sommes vaincus...
— Ah, désolé, répond l'aubergiste. Je n'ai que quinze chaises !

• • •

LES NULS
*Jacques Chirac déclare : « Je perds mes cheveux à Paris, car j'ai mes racines en Corrèze. »*

• • •

Questionnaire d'admission dans un parti d'extrême droite :
— Vous passez sur un pont lorsque vous entendez des cris : c'est un Arabe qui est en train de se noyer. Que faut-il faire pour le sauver ?
— Ben... Je sais pas...
— Bienvenue chez nous, compagnon.

• • •

Vous savez pourquoi Édouard Balladur ne sera jamais capturé par des cannibales ?

— Parce qu'il est trop dur à avaler.

• • •

Lors d'un Conseil des ministres, Alain Juppé fait passer un petit mot au président : « Monsieur le Président, j'ai l'impression que Charles Pasqua m'a mis sur écoute. »

Deux minutes plus tard, Chirac reçoit un petit mot : « C'est pas vrai. Signé : Pasqua. »

• • •

Jacques Chirac fait campagne pour l'élection présidentielle. Malmené dans un débat télévisé par une équipe de journalistes, il conclut :

— Écouteeez, tout ce que je demande aux Français, c'est de me placer à l'Élysée pour sept ans, afin que je puisse mettre en application mon programme !

— Mais justement, monsieur Chirac, dit un journaliste. Quel est-il, ce programme ?

— Passer sept ans à l'Élysée.

• • •

GEORGES CLEMENCEAU

*Il existe deux organes inutiles : la prostate et la présidence de la République.*

• • •

Au cours d'un débat télévisé avec Lionel Jospin, Jacques Chirac s'est un peu emporté et il est sommé, le lendemain, de faire des excuses publiques sur la même chaîne.

— Écouteeez, monsieur Jospin me demande de faire des excuses, je vais le faire. J'ai dit qu'il avait une tête de hareng, qu'Henri Emmanuelli ressemblait à Frankenstein, que Michel Rocard ne dépassait pas le niveau de la mer et que Jacques Delors n'était qu'un mou, eh bien c'est vrai, et je le regrette profondément.

• • •

Le même Lionel Jospin s'adresse à un groupe d'ouvriers, lors d'un meeting pour la campagne électorale.

— Mes amis, je le dis clair et net : c'est vous, les travailleurs, qui avez fait de ce pays ce qu'il est !

— Ah ben ça, c'est formidable ! s'écrie un ouvrier. Ce Jospin, il faut toujours qu'il rejette la faute sur les autres !

• • •

COLUCHE

*Rose promise, chôm'dû !*

• • •

Vous savez ce qu'il faudrait pour réunir les Beatles ?

— Trois autres balles.

• • •

Saddam Hussein est tombé amoureux d'une ravissante jeune fille kurde, mais elle se refuse encore et toujours à lui.

— Mais que veux-tu ! gémit-il, fou de désir. Quoi que tu me demandes, je te l'offrirai !

— Alors, ouvre les frontières et laisse mon peuple en paix !

— Aaah, je vois ! fait Saddam Hussein en clignant de l'œil. Tu veux qu'on reste tous les deux tout seuls !

• • •

Vous savez quelle est la différence entre Laurent Fabius et un miroir ?

— Il y en a un qui réfléchit sans parler et l'autre qui parle sans réfléchir.

• • •

Vous savez comment on appelle les tétons de Margaret Thatcher ?

— La partie émergée de l'iceberg.

• • •

C'est l'anniversaire de Néron, et ses courtisans se réunissent afin de trouver le cadeau idéal. Un éléphant d'Asie ? Banal. Une demi-douzaine de panthères dressées ? Déjà vu.

Soudain, Pétrone a une idée :

— On va lui offrir des chrétiens ! Des centaines de chrétiens !

— Oui, bonne idée ! renchérit Agrippine. Et on va les crucifier tout le long de la via Appia, pour qu'il puisse les passer en revue en rentrant sur Rome !

Aussitôt dit, aussitôt fait. Le long de la voie Appienne, des centaines de martyrs s'alignent, adressant une dernière prière au Ciel. En fin d'après-midi, Néron, ravi, découvre son cadeau.

— Oh, que c'est gentil ! murmure-t-il. Quelle délicate attention !

Mais, soudain, Néron immobilise son char.

— Que se passe-t-il, divin empereur ? demande Pétrone.

— Il y a un chrétien, là, qui chante ! dit Néron. Je vous préviens, s'il est en train de prier je vais faire une crise !

Aussitôt, Pétrone lance un ordre, et un légionnaire tire une flèche sur le chrétien crucifié.

— Il chante toujours ! rugit Néron. C'est insupportable ! Qu'on brûle Rome ! Qu'on massacre tous ceux qui sortiront ! Qu'on lâche les lions dans les rues !

Tandis que les sbires de Néron partent accomplir leur sinistre besogne, l'empereur, resté seul avec le chrétien, constate qu'il chante encore.

— Par Jupiter, cela dépasse l'entendement ! Je vais aller voir ça de près...

Et Néron saisit une échelle, l'appuie à la croix, grimpe jusqu'en haut et entend le chrétien chanter, d'une toute petite voix :

— *Happy birthday to you, happy birthday to you...*

• • •

Kadhafi doit se rendre à un sommet des Nations unies, mais un douanier américain, à l'aéroport de New York, l'oblige à défaire tous ses bagages.

— C'est inadmissible ! rugit Kadhafi. New York est le trou du cul du monde !

— Et vous, répond le douanier, vous ne faites qu'y passer...

• • •

VICTOR HUGO

*Shakespeare, quel vilain nom ! Chexpire : on croirait entendre mourir un Auvergnat.*

• • •

Tandis que leurs époux sont réunis pour une conférence au sommet, mesdames Chirac, Clinton et Major prennent le thé au salon. Allez savoir pourquoi, la conversation roule sur un sujet inattendu : le sexe masculin.

— Vous savez comment on l'appelle, chez nous ? dit madame Major. Le gentleman !

— Ah bon ? Pourquoi ? demandent les deux autres.

— Parce qu'il se lève en présence d'une dame !

— Eh bien chez nous, dit Bernadette Chirac, on l'appelle le résistant, parce qu'il frappe l'ennemi comme l'éclair, par-devant ou par-derrière !

— Ah, très bien, très bien, dit Hillary Clinton. Eh bien ! chez nous on l'appelle la rumeur !

— Et pourquoi cela ?

— Parce qu'il ne cesse d'enfler en passant de bouche en bouche !

• • •

Allez savoir pourquoi, Boris Eltsine a l'impression de ne pas être très populaire en Tchétchénie. Un beau matin, il prend l'avion et se promène incognito dans les rue de Groznyï, le col relevé et le visage masqué par des lunettes noires et une écharpe.

— Hep, vous, là-bas ! dit-il à un passant. Que pensez-vous de Boris Eltsine ?

— Vous êtes fou ! s'écrie le passant. Me demander ça en pleine rue !

— Si, si, insiste Eltsine. Je veux connaître votre opinion !

— Dans ce cas, rendez-vous ce soir à minuit à la sortie de la ville...

Le soir venu, Boris Eltsine voit arriver le Tchétchène, lui aussi rendu méconnaissable par des lunettes noires et une écharpe.

— Eh bien ? dit Eltsine.

— Moins fort ! On pourrait nous entendre ! Venez, enfonçons-nous un peu dans les bois !

Les deux hommes marchent en silence pendant plusieurs minutes, jusqu'à ce que le président Eltsine n'en puisse vraiment plus.

— Alors ? demande-t-il. Allez-vous me dire ce que vous en pensez, oui ou non ?

— Bon, d'accord, murmure le Tchétchène. Je vais vous dire

ce que je pense, mais ne le répétez pas : j'aime beaucoup Boris Eltsine !

• • •

— Demis Roussos a maigri de vingt kilos en l'espace d'une heure seulement !
— Comment ?
— Il s'est épilé.

• • •

Jacques Chirac et Alain Juppé ont été invités dans un tout petit royaume africain. Après avoir serré des mains et prononcé de beaux discours, les deux hommes politiques français sont invités à un banquet.
— Alors, monsieur Juppé, dit son homologue africain. Vous aimez le bouloukoula ?
— Euh... Oui, oui, beaucoup, dit Alain Juppé en examinant une marmite remplie de toutes sortes de choses non identifiées.
— Alors servez bien monsieur le Premier ministre ! dit l'Africain.
Juppé parvient à sourire alors qu'on remplit son assiette à ras bord, puis cherche en vain ses couverts.
— Ça se mange avec les doigts ? demande-t-il enfin.
— Non, non, répond le Premier ministre du petit royaume africain. Les doigts, on doit les manger à part !

• • •

Pendant la Seconde Guerre mondiale, Hitler est tombé malade. Tous les dignitaires nazis se pressent à son chevet, tandis que les meilleurs médecins du Reich se succèdent pour tenter de guérir le terrible patient.
— Je... veux... Mussolini ! murmure Hitler d'une voix mourante.
Aussitôt, on envoie un avion quérir le Duce à Rome, qui arrive dans la soirée au « Nid d'aigle » de Berchtesgaden.
— Qu'est-ce qu'il a ? demande Mussolini. Il est malade ?
— Oui, Duce, répond Goebbels. Très malade... On ne sait plus que faire !
— Vous avez pris sa température ?
Les dignitaires nazis se regardent piteusement : personne n'a osé prendre la température du Führer.

Mussolini envoie chercher un docteur et, tandis que Hitler est profondément endormi, allongé sur le côté, il ordonne au médecin d'officier.

— Mais ça va le réveiller ! bredouille ce dernier, mort de peur.

— Mais non ! grogne Mussolini. Mettez de la vaseline, il ne sentira rien ! D'ailleurs il dort, vous voyez bien !

Alors le médecin obéit et introduit le thermomètre.

À ce moment-là, le visage de Hitler, toujours endormi, s'éclaire d'un grand sourire.

— Benito ! murmure-t-il. Te voilà enfin !

• • •

JACQUES ATTALI

*De Gaulle a fait croire aux Français qu'ils étaient résistants alors qu'ils étaient collabos ; Mitterrand a fait croire aux Français qu'ils étaient de gauche alors qu'ils sont de droite.*

• • •

Jacques Chirac doit recevoir Bill Clinton à l'Élysée. Il fait prévenir le responsable du protocole, qui lui-même prévient le maître d'hôtel, qui prévient le chef de cuisine, qui prévient Bébert, le sommelier.

— C'est qui, ce Clinton ? demande Bébert.

— C'est le président des États-Unis, répond le chef.

— Je vois. Alors, à quoi il bouffe, ton Clinton ? Au Coca ?

— Non.

— Tu vas pas me dire qu'il bouffe au pinard ?

— Non.

— À la bière, alors ?

— Non.

— Ben, à quoi il bouffe, le Ricain ?

— Eh bien, il bouffe à l'eau, Bill...

• • •

ANDRÉ SANTINI

*Saint Louis rendait la justice sous un chêne. Arpaillange la rend comme un gland.*

• • •

Le président Chirac appelle son Premier ministre.

— Alors ! Comment va le pays !

— Mais, très bien, monsieur le Président. Très très bien !

— Je vois, vous êtes avec des journalistes. Bon, je rappelle plus tard.

• • •

Une histoire vraie :

En Grande-Bretagne, lors d'un débat particulièrement enflammé à la Chambre des communes, une femme députée travailliste interpella le Premier ministre, Winston Churchill :

— Si j'étais votre femme, je mettrais du poison dans votre potage !

Et Churchill répondit :

— Et moi, madame, si j'étais votre mari, je le boirais !

• • •

Raymond Barre se trouve à bord d'un avion lorsque le pilote, catastrophé, vient annoncer que les moteurs sont en flammes et qu'il faut sauter. L'ancien ministre jette un coup d'œil par un hublot et, effectivement, les moteurs sont en flammes... Il s'équipe tant bien que mal et saute dans le vide.

Il tire la poignée du parachute... Rien.

Il tire la poignée du ventral... Rien.

C'est alors qu'un ange lui apparaît.

— Raymond ! Raymond ! N'aie pas peur, je suis ton ange gardien ! Je vais te sauver, mais à une condition.

— Laquelle ! hurle Raymond Barre, qui chute comme une pierre.

— Il faut que tu cries très fort « Vive le communisme ! ».

Raymond Barre n'hésite pas et hurle à pleins poumons « Vive le communisme ! ».

À ce moment-là, Valéry Giscard d'Estaing lui donne un coup de coude dans les côtes.

— Cette fois, Raymond, ça suffit ! Non seulement tu dors à l'Assemblée, mais en plus tu gueules des conneries !

• • •

GUY BEDOS

*Raymond Barre, il se prend pour de Gaulle. Malheureusement pour lui, en politique comme au théâtre, il y a des emplois : il voudrait jouer don Quichotte, et c'est Sancho Pança.*

• • •

Staline vient de mourir et il se présente à la porte du Ciel.

— Vous plaisantez ? lui dit saint Pierre. Vous prétendez entrer au Paradis ? Allez, ouste ! En Enfer !

Le lendemain, saint Pierre est réveillé par un brouhaha, à la porte du Paradis. Il ouvre, et tombe nez à nez avec une foule de démons, damnés et diablotins.

— Mais qu'est-ce que vous fichez là ? s'exclame-t-il. Pourquoi n'êtes-vous pas en Enfer ?

— On vient demander asile ! explique un diable. On a quitté l'Enfer tant qu'on pouvait encore le faire !

• • •

Pendant la Terreur, trois aristocrates sont condamnés à la guillotine. Le premier, le comte de Montalembert, s'installe sur la planche sans dire un mot. Le bourreau libère le couperet qui tombe, tombe... et s'arrête à quelques centimètres du cou de l'aristocrate.

— Ça alors ! dit le bourreau, après avoir vérifié le mécanisme. Bon... Eh bien ! tu as de la chance, ci-devant Montalembert. Selon l'usage, tu es libre !

Le deuxième condamné, le marquis de la Pâte-Feuilletée, est à son tour ligoté sur la planche. Le bourreau officie et, une nouvelle fois, la lame se bloque inexplicablement à quelques centimètres de son cou.

— Incroyable ! dit le bourreau. Bon, ça va, l'aristo ! Toi aussi tu es libre !

Il vérifie à nouveau tout le mécanisme et installe le troisième condamné, le baron belge Jef Van de Velde.

— Dites, je pourrais être ligoté la tête vers le haut, une fois ?

— Pourquoi, vous voulez voir la lame tomber ?

— Eh bien, ça est une belle machine, la guillotine, et moi j'adore le bricolage. Ça m'intéresse de voir comment elle marche, sais-tu !

Le bourreau hausse les épaules et installe le baron Van de Velde selon ses désirs. Il se prépare à libérer le couperet une troisième fois en croisant les doigts pour que ça marche, lorsque Van de Velde s'écrie :

— Attendez ! Attendez ! Je vois pourquoi ça bloque ! Il y a une petite vis qui est à moitié dévissée, dans la glissière !

• • •

Un député, un docteur et un prêtre arrivent ensemble au Paradis et sont accueillis par saint Pierre.

— Suivez-moi, leur dit-il. Je vais vous montrer vos résidences ! Et pour commencer, celle de monsieur le curé !

Le prêtre sourit modestement, tandis que saint Pierre le prend amicalement par l'épaule et l'entraîne jusqu'à un charmant petit pavillon fleuri, avec un beau jardin et une belle vue.

— Oh, merci, saint Pierre, dit le prêtre. C'est magnifique... Comme je vais être heureux, ici !

— Je vous en prie, dit saint Pierre. Nous sommes toujours ravis d'accueillir un nouveau prêtre... Maintenant, docteur, à vous !

— Euh, puis-je vous accompagner ? demande le curé. J'aimerais voir où vont habiter mes amis !

— Mais bien sûr, dit saint Pierre.

Un moment après, le docteur découvre sa résidence : un superbe manoir au bord d'un étang poissonneux, avec un parc immense peuplé d'arbres magnifiques et de chants d'oiseaux. Le curé tique un peu, mais ne dit rien.

Puis saint Pierre emmène le député jusqu'à un palais en marbre incrusté d'or et de diamants, avec une magnifique piscine, une salle de cinéma, un gymnase et une foule de jeunes femmes à peine vêtues qui courent vers le député pour se mettre à son service. Cette fois, le brave ecclésiastique est estomaqué.

— Alors là, saint Pierre, je ne comprends pas ! Je ne voudrais pas avoir l'air de rechigner, mais enfin pourquoi le docteur et surtout le député ont-ils mérité une telle récompense, alors que moi, après une vie entière de prière et de dévouement, je n'ai qu'un petit pavillon !

— Oh, je vous comprends, allez ! soupire saint Pierre. Mais vous voyez, des prêtres, ici, on en a des centaines de milliers... Des docteurs, on en a quelques-uns... Mais c'est la première fois qu'on a un député !

• • •

Quelles ont été les dernière paroles de Jeanne d'Arc sur le bûcher ? « Vous ne m'avez pas crue, vous m'aurez cuite ! »

• • •

Rectification : les dernières paroles de Jeanne d'Arc ont été : « Je veux descendre !... » Le malheur, c'est que l'évêque Cauchon, qui se tenait justement à côté du bûcher avec une torche enflammée à la main, comprit : « Je veux des cendres. » Tragique méprise...

• • •

François Mitterrand arrive au Paradis.

— J'aimerais bien revoir mes vieux copains, demande-t-il à saint Pierre.

— Rien de plus facile. Qui voulez-vous voir ?

— Oh, je ne sais pas, dit Mitterrand. Helmut Kohl, par exemple. Ou George Bush...

— C'est facile. Vous voyez la maison en construction, là-bas, sur le troisième nuage à gauche ?

— Oui...

— Eh bien allez-y et demandez les décorateurs d'intérieur.

— Comment ? Ils sont devenus décorateurs ?

— Eh oui. Helmut colle et George bouche.

• • •

Vous connaissez la différence entre Jane Birkin et une église ?

— Dans une église, les saints sont à l'intérieur. Eh bien ! Jane Birkin, c'est pareil...

• • •

En Russie communiste, les intellectuels avaient une maxime :

— Ne pense pas.

— Si tu penses, ne parle de rien.

— Si tu parles, n'écris rien.

— Si tu écris, ne signe rien.

— Si tu signes... ne t'étonne plus de rien.

• • •

Le président Chirac cherche un nouveau conseiller pour l'Élysée. Trois candidats sont retenus, un homme et deux femmes. À chacun d'eux, Chirac pose la même question : « Combien font un et un ? »

— Deux ! dit l'homme.

— Pas mal, se dit Chirac. Ce type est net, précis, direct, ça peut servir.

La première femme, elle, répond « Un ».

— Original, se dit Chirac. Et puis s'il faut faire des économies de budget, ça peut être un bon conseil...

La seconde femme répond « Trois ».

— Pas mal non plus, se dit Chirac. En période d'inflation, ça peut être précieux...

À votre avis, quel candidat a été pris ?

— La fille de Chirac.

• • •

VALÉRY GISCARD D'ESTAING

*Au Ciel, le policier est Britannique, le cuisinier Français, l'amant Italien, le mécanicien Allemand et l'administrateur Suisse.*

*En Enfer, le policier est Allemand, le cuisinier Anglais, l'amant Suisse, le mécanicien Français et l'administrateur Italien.*

• • •

Pendant la guerre, Goebbels rend visite à une école allemande.

— Les enfants, trouvez-moi un nouveau slogan percutant ! dit le ministre de la Propagande.

— *Deutschland über alles !* dit un enfant.

— Oui, c'est bien, mais c'est déjà connu, dit Goebbels. Un autre !

— *Heil Hitler !* dit un autre élève.

— On connaît, on connaît !

— Notre peuple est immortel ! dit un troisième enfant.

— Excellent ! s'écrie Goebbels. Je le prends ! Quel est ton nom, mon petit ?

— Samuel Lévy, m'sieur.

• • •

Pendant l'Occupation, une famille française israélite tente de passer en zone libre et fait appel au commandant Martin, le chef local de la Résistance.

— Ne vous en faites pas, je m'occupe de tout ! dit le résistant. On va vous cacher pendant un mois, et quand vous serez prêts, on passera en zone libre !

— Mais pourquoi un mois ? demande le père.

— Pour préparer vos papiers et pour vous préparer vous-mêmes, explique le commandant Martin. Vous devez perdre toutes vos habitudes, toutes vos expressions, tout ce qui peut vous faire identifier comme Juifs... Vous allez donc endosser de nouvelles identités !

Un mois plus tard, la famille est fin prête, et elle tente le passage. À la frontière, un feldgendarme les arrête :

— Votre nom ?

— Durand, dit le père.

— Prénom ?

— Marcel.

— Et eux ? demande l'Allemand en montrant le reste de la famille.

— Voici ma femme Sylvette et mes enfants Gérard et Simone...

— Profession ?

— Je suis charcutier, répond le père. Je vais en zone libre pour affaires...

— *Gut, gut...* Vous n'êtes pas juifs, n'est-ce pas ?

— Oh non, non ! dit le père.

— Quelle est votre religion ? demande le feldgendarme, soupçonneux.

— Goy !

• • •

Catastrophe aérienne : l'avion qui transportait le président Chirac, le Premier ministre, le ministre de l'Intérieur et le président du Sénat, s'écrase en mer. Tout le monde est sauf, mais les malheureux dérivent pendant des semaines à bord d'un canot pneumatique. Au bout d'un mois, par miracle, ils croisent un cargo, mais celui-ci refuse de se dérouter et les emmène jusqu'à Marseille où, enfin, après des mois d'absence, ils peuvent se faire reconnaître.

— On vous croyait mort, monsieur le Président ! dit le commissaire de police qui les a recueillis.

— Oui, oui, dit Chirac. Mais comment ça se passe, dans le pays ?

— Oh, peuchère, ça va, dit prudemment le commissaire. En votre absence, c'est Jacques Toubon qui s'est occupé de tout...

— Ah ! dit Chirac. Et... tout va bien ?

— Oui, euh... Ça va.

— Bon ! dit Chirac. Je vais l'appeler. Où est le téléphone ?

— Il y a une cabine, là, pour le personnel du commissariat. Ça marche avec des pièces...

— Bon, bon... Au fait, combien ça coûte de téléphoner à Paris ?

— Oh, dit le commissaire. Deux ou trois marks...

• • •

Un type téléphone au bureau central de SOS Racisme et tombe sur un standardiste noir.

— Allô, négro ? dit-il. Passe-moi le bougnoule en chef !

— Quoi ? dit le standardiste, fou de rage. Comment osez-vous employer de telles expressions ! C'est une honte !

— Ta gueule, le négro, dit le type. J'appelle pour faire don d'un million nouveau à votre organisation, alors passe-moi le bougnoule en chef, je te dis !

— Oui, oui, missié, répond le standardiste. Un moment, missié, moi voir si bwana pouvoir parler à missié blanc.

• • •

Le ministre des Finances donne une conférence de presse.

— Je suis très optimiste en ce qui concerne le nouveau budget ! déclare-t-il. Je pense qu'il nous permettra de juguler à la fois le chômage et l'inflation !

— Alors, pourquoi faites-vous une tête pareille ? demande un journaliste.

— Parce que je crains bien que mon optimisme soit absolument injustifié...

• • •

En réunifiant l'Allemagne, les chefs de gouvernement de l'Ouest et de l'Est avaient prévu de réunifier également le Mark. Ils lui avaient même trouvé un nom : le Mark brother.

• • •

PIERRE DESPROGES

*Même Lecanuet est une créature de Dieu, sauf les dents qui sont de Paul Beuscher.*

• • •

Un soir d'élections présidentielles, un homme arrive hors d'haleine dans le bureau de vote, à 19 heures moins quelques secondes.

— Il est trop tard pour voter ? demande-t-il aux responsables du bureau.

— Ça dépend... Vous voulez voter pour qui ?

• • •

Après avoir joué une partie de tennis contre Yannick Noah, Jacques Chirac va prendre une douche avec lui, et ne peut s'empêcher de remarquer la taille impressionnante de son sexe.

— Eh ben ! dit Chirac. Comment faites-vous pour avoir un engin pareil !

— Oh, dit Yannick Noah, c'est tout simple... Tous les soirs, avant de me coucher, je me la prends à deux mains et vlan ! vlan ! vlan ! je la tape trois fois contre le montant du lit.

— Ah bon ? dit Chirac. Intéressant...

Le soir même, le président va se coucher très tard, et Bernadette Chirac est déjà endormie. Du coup, le président se dit que c'est le moment ou jamais et vlan ! vlan ! vlan ! il se la cogne contre le montant du lit.

Du coup, à moitié réveillée, Bernadette Chirac murmure :

— C'est toi, Yannick ?

• • •

Jospin, Fabius, Rocard, Delors, Mauroy, Cresson, Chevènement et tous les autres dignitaires du parti socialiste se rendent en avion à un congrès pour préparer la prochaine échéance électorale. L'avion s'écrase au sol.

Qui est sauvé ?

Le socialisme.

• • •

## 4

# SALVES D'OBUS, ÉCLATS DE RIRE

PIERRE DESPROGES

*L'ennemi n'est pas contagieux, d'accord, mais il est héréditaire.*

• • •

Pendant la guerre du Golfe, un Scud irakien s'abat sur une maison israélienne, qui est entièrement détruite. Aussitôt, l'armée et les pompiers interviennent pour tenter de porter secours aux victimes prisonnières des décombres. Soudain, ils entendent des chocs répétés sur une conduite métallique.

— Il y a quelqu'un ? dit le chef des pompiers.

— Oui, il y a moi ! répond une faible voix.

— Ne vous en faites pas, nous allons vous sortir de là. Où êtes-vous ?

— Je suis au troisième ! La porte à droite, au fond du couloir !

• • •

À l'école de parachutistes de Pau, un groupe de jeunes recrues s'apprêtent à sauter, pour l'obtention de leur brevet.

— Attention ! crie l'instructeur. On va y aller. La portière est ouverte, mettez-vous en ligne et accrochez vos sangles !

— Chef ! Chef !

— Qu'est-ce qu'il y a ?

— C'est Dugommeau, chef ! Il vient de sauter sans parachute !

— Encore ?

• • •

Barbe-Rousse est un terrible pirate, mais il souffre d'un défaut d'élocution : il est bègue. Seulement comme il est vraiment terrible, personne n'ose lui en faire la remarque. Mieux, tous les marins de son équipage se sont mis à bégayer, comme lui, pour éviter ses foudres.

— Ba... Ba... Barbe-Rousse ! s'écrie la vigie. Ba... Ba... Bateau ennemi en vue !

— Bran... Bran... Branle-bas de combat ! hurle le pirate. À vos po... po... postes !

Les canons jaillissent des écoutilles, les mèches sont allumées et Barbe-Rousse abaisse le bras.

— Fe... fe... feu !

Et les canons font : « Bou... bou... boum ! »

• • •

Un adjudant de paras s'adresse à de jeunes recrues :

— Vous savez quelle est la différence entre un parachute et une paire de valseuses ?

Silence général...

— Aucune. Si vous n'en avez pas, vous vous écrasez.

• • •

Monsieur Dugommeau déjeune au restaurant. Il a commandé un pigeon aux petits pois, mais il ne parvient absolument pas à entamer l'animal.

— Vous pouvez me changer ce couteau, s'il vous plaît ? Il ne coupe pas du tout !

On lui apporte un nouveau couteau : pas plus de résultat.

— Alors c'est votre pigeon qui est trop dur ! s'exclame monsieur Dugommeau. Appelez-moi le patron !

Celui-ci arrive, proteste.

— Monsieur, ce pigeon est de première jeunesse, il tétait encore sa mère ce matin !

— Permettez ?

Dugommeau vient de voir une bague, à la patte du volatile. Il la saisit, la dégage, et découvre que la bague renferme un message.

— Ah, ah ! Un pigon voyageur, on dirait ! Voyons cela !

Alors il déroule le papier et lit : « Attaquons demain à l'aube. Signé : Foch. »

• • •

Toujours pendant la guerre du Golfe, un légionnaire va voir son sergent.

— Dites, sergent, voilà plus d'un mois qu'on attend dans ce désert sans rien faire... Et pour les femmes, il y a quelque chose de prévu ?

— Oui, je vois ce que tu veux dire, répond le sergent. Eh bien, une fois par semaine, on rassemble les chameaux dans un enclos, et...

— Assez ! Quelle horreur ! s'exclame le légionnaire, dégoûté. Je refuse d'en entendre davantage !

À la fin de la semaine, pourtant, l'idée a fait son chemin. Il commence à regarder les chameaux d'un œil tendre et a remarqué en particulier une jeune chamelle particulièrement séduisante.

Aussi, dès que les animaux sont rassemblés dans l'enclos, il bouscule les autres légionnaires et fonce droit sur elle, tout en baissant déjà son pantalon de treillis.

— Qu'est-ce qui te prend ! hurle le sergent alors que le type est déjà en train de s'activer. Tu es sensé utiliser le chameau pour aller jusqu'au bordel du village !

• • •

Le jeune Dugommeau se présente aux « trois jours ».

— Quelle arme choisis-tu ? lui demande un adjudant. L'armée de Terre, l'armée de l'Air, la Marine ?

— Oh, tiens, la Marine, ça me plairait bien, dit le jeune Dugommeau.

— Bon, dit l'adjudant. On va remplir le formulaire.

Et il commence à poser les questions habituelles : nom, prénom, études, etc. Jusqu'à la question : « Savez-vous nager ? »

Alors le jeune Dugommeau le regarde avec horreur.

— Pourquoi vous me demandez ça ? On n'a plus de bateaux ?

• • •

Deux anciens combattants font connaissance, lors d'une réunion, justement, d'anciens combattants.

— Pendant la guerre, dit le premier, j'étais prisonnier au stalag 14.

— Pas possible ! dit l'autre. Moi aussi !

— Et je me suis évadé !

— Ça... Moi j'ai essayé, mais ça n'a pas marché. Comment tu t'y es pris, toi ?

— Eh bien je travaillais à l'atelier de menuiserie, alors j'ai volé un marteau et des tenailles. La nuit venue, j'ai rampé jusqu'aux barbelés... Il y avait une sentinelle allemande : je l'ai assommée d'un coup de marteau, puis j'ai coupé les fils avec les tenailles et j'ai filé... Voilà. Et toi, qu'est-ce qui n'a pas marché, dans ton évasion ?

— Moi, dit l'autre d'un ton sombre, j'avais réussi à voler un uniforme allemand. Mais juste au moment où j'allais passer les barbelés, il y a une espèce de crétin qui m'a donné un grand coup de marteau sur la tête !

• • •

OLIVIER LEJEUNE

*Guerre du Golfe : une heure avant le cessez-le-feu, un vautour en rut a littéralement explosé. Il avait pris un missile Scud pour une femelle...*

• • •

Le ministre de la Défense donne une conférence de presse relative au nouveau programme nucléaire.

— Dorénavant, dit-il, nous pourrons frapper l'ennemi où qu'il se présente : à Lille, à Brest ou à Marseille !

— Et ils pourraient frapper un objectif russe ?

— Oh, sans problème ! Évidemment, il faudrait que les Russes soient stationnés à Lille, Brest ou Marseille...

• • •

Un seigneur est parti pour les Croisades depuis de longues années, et enfin il revient sur ses terres, pour retrouver son château, ses gens et la belle Guenièvre, son épouse.

— Et tu ne crains pas qu'elle t'ait trahi, après toutes ces années ? lui demande un compagnon d'armes.

— Ça, je le saurai tout de suite ! répond le croisé. Avant de partir, j'ai installé sur ma belle Guenièvre une ceinture de chasteté d'un genre un peu particulier : elle n'empêche pas d'entrer, mais dès qu'on veut ressortir, crac ! un couperet tranchant s'abat !

Quelques heures plus tard, dès qu'il arrive chez lui, le croisé fait aligner dans la cour tous les hommes du château, sans distinction d'âge ou de rang, et leur fait baisser culotte. Horreur ! Tous, sans exception, ont le bout du sexe coupé ! Tous, sauf un... Un jeune garde de belle prestance, tout au bout de la file.

— Eh bien, il y en aura eu un, au moins, qui n'aura pas trahi son seigneur... C'est réconfortant. Garde ! Pour te récompenser, je te fais chevalier ! Tu es content ?... Eh bien, parle !... Qu'est-ce qu'il y a, tu as perdu ta langue ?

• • •

Un sous-officier des marines de la vieille école prend en main une escouade de nouvelles recrues, dans une caserne américaine.

— Et toi, minus, d'où tu viens ?

— Je viens de Harvard, sergent.

— Harvard, vraiment ? Un pauvre type comme toi ! T'y faisais le ménage, ou quoi ?

— Non, sergent. Pour le ménage, il y a un vieux con de sergent à la retraite.

• • •

Attila a dévasté toute la Gaule, et il s'est arrêté cinq minutes pour se reposer à l'ombre d'un pommier. Soudain, l'un de ses hommes galope jusqu'à lui à bride abattue :

— Attila ! Attila ! Viens vite ! On vient de découvrir un couvent rempli de jeunes vierges ! On va les violer !

— Des vierges, des vierges, murmure Attila. Tu ne trouves pas qu'il y a déjà eu assez de sang comme ça ?

• • •

En 2004, l'Europe s'est dotée d'une armée commune. Un sergent instructeur de parachutistes français est chargé d'instruire une section composée de Belges, de Suisses, d'Allemands, d'Anglais...

— Vous avez bien compris ? dit le sergent dans l'avion, avant le premier saut libre. Vous comptez jusqu'à trois et vous tirez sur la poignée pour ouvrir le parachute !

— Oui, sergent !

— Allez, sautez !

Le premier, un Anglais, saute hors de l'avion, compte jusqu'à trois et son parachute s'ouvre. Puis c'est un Belge : pas de problème. Puis un Luxembourgeois, un Allemand, un Italien,... Tout va bien. Vient le tour d'un Suisse qui saute, tombe et s'écrase au sol.

Horrifié, l'instructeur saute à son tour et, dès qu'il a mis le pied à terre, se défait de son parachute, se précipite vers le soldat suisse. C'est à ce moment-là qu'il l'entend bredouiller :

— ... Et... Tr...Trois !

• • •

Greta, une courtisane comptant quelques milliers d'heures de vol, échoue dans un bordel militaire à Calvi, près d'une caserne de la Légion. C'est là qu'elle rencontre Lucienne, une vieille professionnelle qui était déjà là du temps de l'Indo.

— Ça te fait encore quelque chose, à toi ? lui demande Greta.

— Oh, ça arrive, dit Lucienne. Le truc, c'est de choisir les types les mieux montés.

— Mais comment savoir s'ils sont bien montés ?

— Tu n'a qu'à regarder leurs rangers... Plus un légionnaire a de grands pieds, plus il a un grand bazar.

Le lendemain, une fournée de légionnaires débarque dans la « Maison », et Greta passe aussitôt en revue leurs chaussures.

— Celui-là, il ne dépasse pas le quarante... Celui-là, tout juste un quarante-deux... Celui-là... Juste Ciel ! Il fait au moins du quarante-huit !

Et elle se jette sur un petit légionnaire bâti comme un cube et dont les pieds ressemblent effectivement à des péniches.

— Allez viens, mon grand loup, dit Greta en se déshabillant en un tournemain. Dépêche-toi !

— J'arrive, j'arrive ! dit le légionnaire. C'est mon bouton de col qui coince !... Ah, c'est tout la Légion, ça. Ils vous refilent des chemises trois fois trop petites et des chaussures dix fois trop grandes !

• • •

Après la chute du Mur de Berlin, une vieille religieuse polonaise raconte sa vie à un reporter américain.

— Le pire, dit-elle, ç'a été la guerre. D'abord on a eu les Allemands, ils ont mis le feu puis ils ont violé tout le monde dans le couvent, excepté sœur Olga. Ensuite il y a eu des partisans, ils ont tout pillé, puis ils ont violé tout le monde, excepté sœur Olga. Enfin, en 45, il y a eu les Russes. Ils ont détruit le couvent à coups de canon, puis ils ont violé tout le monde, sauf bien sûr sœur Olga...

Alors le journaliste pose la question qui lui brûle les lèvres :

— Mais pourquoi cette sœur Olga ne se faisait-elle jamais violer ?

— Oh, répond la nonne, c'est parce qu'elle n'aimait pas trop ça...

• • •

Barbe-Noire le pirate revient chez lui après de longues années en mer.

— Oh, mon chéri, tu as bien changé ! dit sa femme. Tu as une jambe de bois !

— Oui, c'est un boulet espagnol, au large de Carthagène...

— Et tu as un crochet à la place de la main droite !

— Oui, c'est un coup de sabre anglais, quand on a pillé Gibraltar.

— Et tu portes un bandeau sur l'œil, tu es borgne ! Encore une bataille ?

— Non, là c'était une mouette.

— Une mouette ?

— Ben oui, j'étais sur la dunette, j'ai levé la tête pour regarder le ciel et cette maudite mouette m'a lâché une fiente dans l'œil. Alors j'ai voulu m'essuyer, mais j'avais oublié mon crochet !

• • •

Un colonel passe en revue les jeunes recrues de son régiment après leurs trois mois de classes, en compagnie de leur adjudant.

— Alors, messieurs, que pensez-vous de l'armée ? dit le colonel.

— L'armée, c'est comme les poils, lance un titi dans les rangs. On en a déjà plein le cul !

Tout le monde rigole, sauf le colonel et sauf l'adjudant, qui hurle :

— Eh bien, mes gaillards, vos permissions, elles sont comme mes couilles ! Elles sont suspendues !

• • •

ALPHONSE ALLAIS

*Je ne comprend pas les Anglais ! Tandis qu'en France nous donnons à nos rues des noms de victoires : Wagram, Austerlitz... là-bas, on leur colle des noms de défaites : Trafalgar Square, Waterloo Place...*

• • •

Dans son bunker, à Berlin, Hitler croise un SS avachi dans un couloir.

— Eh bien ! crie Hitler. Qu'est-ce qui te prend ! Au garde-à-vous devant ton Führer !

— Oh, bof, le Führer, ricane le SS. Les Russes sont à quelques centaines de mètres d'ici, on est tous foutus. Alors, hein, le Führer...

— Tu vas crier *Heil Hitler* ou tu seras fusillé ! hurle Adolf, fou de rage.

— Oh, bof, fusillé, pourquoi pas ? dit le SS. De toute façon on est tous foutus, alors...

— Tu ne veux pas crier *Heil Hitler* ? On va voir ça.

Et Hitler bondit sur le SS, lui arrache son pantalon et le sodomise d'un seul coup. Et, aussitôt, le SS hurle :

— Aïe, Hitler !

• • •

Après la débâcle de 40, un soldat belge qui a réussi à s'embarquer avec les Anglais est enrôlé dans l'armée britannique.

— Quel est votre nom ? lui demande un officier.

— Jef Vandevelde, fieu, répond le Belge.

— Lorsque vous vous adressez à un officier britannique, il faut dire « sir ». Alors, quel est votre nom ?

— Sir Jef Vandevelde, fieu...

• • •

Une blague pas trop gentille qu'on raconte du côté de Genève :

— Vous savez pourquoi il y a des platanes sur les Champs-Élysées ?

— Pour que les Allemands puissent défiler à l'ombre.

• • •

Pendant la guerre, un titi parisien se retrouve enrôlé dans une unité spéciale de commandos. Churchill lui-même passe les troupes en revue, avant un raid particulièrement audacieux.

— Comment vous appelez-vous ? demande Churchill à un premier soldat.

— John Pilgrim, sir !

— Et pourquoi êtes-vous dans les commandos ?

— Pour tuer des Boches, sir !

Puis Churchill s'approche d'un deuxième soldat.

— Comment vous appelez-vous ?

— Stephen MacMillan, sir !

— Et pourquoi êtes-vous dans les commandos ?

— Pour tuer des Boches, sir !

Churchill s'approche alors du titi parisien.

— Et vous, mon brave, comment vous appelez-vous ?
— Raymond Duchemin, m'sieur.
— Et pourquoi êtes-vous dans les commandos ?
— Ah ouais, c'est vrai ça... Qu'est-ce que je fous dans les commandos, moi ?

• • •

L'épouse d'un officier de marine prend le thé avec une amie.
— Mon mari reste en mer onze mois par an et il n'a qu'un mois de permission en France...
— Eh bien ! dit son amie. Vous devez trouver le temps long !
— Oh, non, pas tellement. Sur le mois, il passe quand même dix jours chez sa mère...

• • •

Une section de jeunes parachutistes russes vient d'embarquer pour son premier saut, et c'est Youri qui a l'honneur de franchir en tête la portière de l'avion...
— Ne t'en fais pas ! lui crie son instructeur, dans le bruit assourdissant du vent et des moteurs. Tu comptes jusqu'à dix et tu tires la poignée. Si ça ne marche pas, tu tires l'autre poignée, celle du ventral. Une fois en bas, tu attends, un camion viendra vous chercher !
Youri saute, compte jusqu'à dix... et le parachute ne s'ouvre pas.
« L'Armée russe n'est plus ce qu'elle était », pense Youri, qui tire la poignée du ventral.
Hélas ! le ventral non plus ne s'ouvre pas.
« Et voilà ! se dit Youri en tombant comme une pierre. Rien ne marche, dans cette foutue armée. Tiens, je parie que le camion ne sera même pas au rendez-vous ! »

• • •

Un jeune légionnaire vient d'être affecté à un poste avancé en Guyane, au cœur de la jungle, loin de tout. Au bout de quelques jours, il va trouver des anciens, après le service.
— Dites, les gars, on s'ennuie à mourir, ici. Il n'y a pas de bar, pas de cinéma, pas de femmes... Qu'est-ce que vous faites pour vous distraire ?
— Nous, mon gars, on chasse et on baise, répond un vieux légionnaire.

— Ah bon ? Et vous chassez quoi ?
— N'importe quoi, pourvu qu'on puisse le baiser...

• • •

Pendant l'Occupation, un officier allemand va au cinéma. La salle est bondée, et il s'assied à côté d'un couple de Français. Quelques minutes après le début du film, on entend la femme crier « Dégueulasse ! » et une gifle retentit. Puis c'est un homme qui crie « Fumier ! » et on entend un nouveau choc. Enfin, quelqu'un crie « Salopard ! » et on entend un troisième choc, ainsi que les cris de l'officier allemand.

Aussitôt, la lumière se rallume, et des agents en civil de la Gestapo découvrent l'officier inanimé, le visage marqué de coups...

— Que personne ne sorte ! crie un gestapiste. Que s'est-il passé ?

— C'est elle ! dit l'officier allemand en reprenant connaissance. Elle m'a frappé !

— Ach ! Très grave ! Kolossal délit ! *Verboten* frapper officier allemand !

— Mais c'est sa faute ! dit la femme. Il a essayé de me peloter dans le noir ?

— *Was ?* Un officier allemand peloter une femme française ? C'est une honte ! Vous serez muté sur le front de l'Est, *schwein* !

— Mais, monsieur le gestapiste, il y en a un qui m'a donné un coup de poing ! plaide l'officier.

— Oui, monsieur le gestapiste, c'est moi, dit un Français. Vous comprenez, c'est ma femme qu'il pelotait, alors mon sang n'a fait qu'un tour...

— Vous avez bien fait ! Il n'a eu que ce qu'il méritait ! Front de l'Est, *raus* !

— Mais j'ai reçu un troisième coup !

— Ach, oui, c'est vrai... Bon, qui a donné le troisième coup ?

— Ben, c'est moi, répond un titi parisien. Vous comprenez, m'sieur le SS, quand j'ai vu les deux autres commencer à lui taper dessus, eh ben j'ai cru que la guerre était finie, quoi !

• • •

Pendant la guerre, Himmler rend visite aux gestapistes de la rue Lauriston. Les sinistres policiers sont alignés sur une file, bombant le torse.

— Comment tu t'appelles ? demande-t-il au premier homme.

— Raoul Lambert, gestapiste ! répond le type.
— Et toi ?
— André Martin, gestapiste ! répond le deuxième.
Puis il aperçoit au bout de la file un petit gars fluet et maniéré.
— Et toi, comment tu t'appelles ? demande Himmler.
— Jean-Mi, monsieur Himmler. Gestapette, pour vous servir !

• • •

Pendant la guerre des Six-Jours, deux soldats israéliens ont été capturés par les Égyptiens et vont être fusillés.

— Je vais leur demander de me bander les yeux, dit le premier israélien.

— Écoute, répond l'autre. On est déjà mal barrés, alors complique pas les choses !

• • •

Toujours pendant la guerre des Six-Jours, Nasser envoie son meilleur homme à Jérusalem, pour contacter un espion infiltré depuis de nombreuses années en Israël, sous le pseudonyme de « Lévy ».

L'Égyptien arrive sans encombre à Jérusalem, se rend à l'adresse indiquée, regarde sur la boîte aux lettres l'étage où habite Lévy et monte. Il y a deux portes. Il frappe à la porte de droite. Un homme ouvre et l'Égyptien lance son mot de passe :

— Rahat-loukoum !
— Pardon ?
— Rahat-loukoum !
— Ah, je vois ce que c'est : vous cherchez Lévy, l'espion ! Porte en face...

• • •

Pendant la Seconde Guerre mondiale, deux résistants ont appris que Hitler allait visiter Paris et ils ont préparé une embuscade pour le liquider, lors de sa visite du Sacré-Cœur, prévue à dix heures.

Les deux hommes se dissimulent derrière un confessionnal et attendent. Dix heures, personne... Dix heures et quart, personne... Dix heures et demie, toujours pas de Hitler.

— Bon sang, murmure alors l'un des résistants à son copain. J'espère qu'il ne lui est rien arrivé !

• • •

Pendant la guerre du Golfe, un légionnaire français reçoit l'ordre d'aller espionner les lignes arrière irakiennes.

— Pour passer inaperçu, nous allons te camoufler en palmier ! annonce son adjudant. Il y a une oasis, de l'autre côté, personne ne te verra !

Le légionnaire part en mission et revient, quelques heures plus tard, en sang.

— Bon Dieu, qu'est-ce qui s'est passé ! crie l'adjudant. Ils t'ont repéré ? Ils t'ont torturé ?

— Non, non, murmure péniblement le légionnaire. C'est un couple, dans l'oasis...

— Un couple ?

— Oui... J'étais camouflé en palmier, vous vous souvenez ?

— Oui, eh bien ?

— Eh bien ils ont gravé leurs noms sur ma poitrine !

• • •

Un Tchétchène en piteux état se présente à un poste de la police militaire russe.

— Je viens porter plainte, dit-il. J'ai été agressé par deux soldats suisses qui m'ont volé ma montre russe !

— Vous êtes sûr ? dit l'officier qui reçoit sa plainte. Deux soldats suisses ? Vous devez vous tromper ! Ce ne sont pas plutôt deux soldats russes qui vous ont volé votre montre suisse ?

— Ah ? répond le Tchétchène. Peut-être bien, après tout, si vous le dites...

• • •

Au centre de sélection des « trois jours », un médecin psychiatre de l'armée fait passer des tests à un conscrit.

— Quand je vous montre ce dessin, dit-il en tendant une feuille où figure un carré barré d'un trait, à quoi ça vous fait penser ?

— À une fille à poil, répond le conscrit.

Un peu surpris, le psychiatre montre un deuxième dessin, représentant trois traits ondulés.

— Et celui-là, à quoi il vous fait penser ?

— À une fille à poil en train de faire l'amour avec un âne !

— Et celui-là ? dit-il en montrant un simple cercle.

— À un groupe de filles à poil en train de partouzer !

— Eh bien, mon vieux, j'ai rarement vu quelqu'un d'aussi obsédé par le sexe que vous !

— Ben non, docteur ! répond le conscrit. C'est de votre faute, vous n'arrêtez pas de me montrer des dessins cochons !

• • •

Pendant « la drôle de guerre », un soldat français va voir son lieutenant.

— Dites voir, mon lieutenant, je peux avoir une permission ?

— Pas question, Martin ! Les permissions ne sont accordées qu'en récompense d'un acte de bravoure exceptionnel !

Deux jours plus tard, à la stupeur générale, Martin a capturé un tank allemand. Il reçoit une permission, revient, disparaît derrière les lignes et capture un second tank allemand. On le décore, il part en permission, revient, disparaît derrière les lignes et capture un troisième tank allemand. On le nomme lieutenant, mais, dès le lendemain, les Allemands passent à l'offensive. C'est la débâcle. Martin s'embarque pour l'Angleterre, rejoint la 2e DB, est nommé capitaine puis colonel, revient en France en 1944 et, un jour, devant les lignes allemandes près de Strasbourg, il voit arriver dans son QG son ancien lieutenant.

— Mon colonel, vous vous souvenez de moi ?

— Très bien ! dit Martin. Alors, toujours lieutenant ?

— Toujours... Je n'ai pas eu la chance de m'illustrer, comme vous. Mon colonel, puis-je avoir une permision ?

— Eh bien, mon vieux, la règle n'a pas changé : pour partir en perm, il faut faire une action héroïque.

— Mais, mon colonel, je n'ai pas votre courage !

Martin le dévisage un moment, puis ferme la porte de son abri et se penche vers lui.

— Écoutez, lieutenant, ce n'est pas si dur que vous le croyez... Prenez l'un de nos tanks et partez dans le no man's land pendant la nuit. Au bout d'un moment, vous devriez rencontrer un tankiste allemand... Eux aussi, ils ont envie de partir en permission.

• • •

Pendant l'Occupation, un officier allemand particulièrement arrogant interpelle un Français qui vient de le croiser.

— Eh, vous ! Vous avez été insolent ! Vos papiers !

— Insolent, moi ? dit le Français.

— Vous n'avez pas ôté votre chapeau pour me saluer ! C'est intolérable ! D'où êtes-vous ?

— De Saint-Étienne...
— Et alors ! Et votre chapeau !
— Ben... Il vient de Saint-Étienne, lui aussi.

• • •

MARIE-FRANCE GARAUD
*Ce qu'il y a de plus performant dans notre armée, ce sont les jumelles.*

• • •

Dans une ville de garnison, un vieil adjudant de la Légion, qui a tout vu et tout connu, est accosté par une professionnelle.
— Tu montes, beau militaire ?
— Bof, qu'est-ce que tu vas me proposer ? La brouette tonkinoise ? Le tramway de Shanghai ? La toupie moldave ? Je connais, tout ça, je connais...
— Et la radio, tu connais ?
— Ah non...
Le lendemain, il parle de son expérience au mess des sous-officiers.
— Alors ! lui demande un autre adjudant. Et cette « radio », c'était bien ?
— Affirmatif ! Enfin, au début... Quand elle parlait dans le micro, c'était génial. Mais là où ça c'est compliqué, c'est quand elle s'est mis les écouteurs sur les oreilles.

• • •

Dans un café de Brest, trois vieilles filles ont pris l'habitude de jouer à la belote avec un vieux capitaine de marine à la retraite dont, malheureusement, le langage est plutôt vert. Ce jour-là, elles ont pris la décision de le sanctionner en quittant la partie dès la première grossièreté, afin de lui apprendre à tenir sa langue.
— Vous avez vu, mesdames, l'*Indomptable* vient de rentrer au port, dit le vieux marin au début de la partie. Un fier équipage ! Vous verriez ça... Des gars solides, avec des bras d'airain, des cuisses de fer... Bon Dieu, si tout le reste est aussi dur, ça va y aller, ce soir, à Brest !
À ces mots, les trois vieilles filles se lèvent et sortent.
— Eh, mesdemoiselles ! crie le capitaine. Il n'y a rien qui presse ! Ils sont là pour trois jours !

• • •

Durant la Seconde Guerre mondiale, le mitrailleur de queue d'un bombardier allié passe en cour martiale.

— Vous êtes le seul survivant de votre avion, dit le juge. Vous avez été descendu par un chasseur allemand qui a attaqué par-derrière. Comment se fait-il que vous ne l'ayez pas vu ?

— Mais je l'ai vu ! dit le mitrailleur. Mais au moment où j'allais tirer, j'ai entendu le commandant dire dans les écouteurs : « Chasseur à cinq heures ! »

— Et alors ?

— Alors il était cinq heures moins dix ! J'ai attendu !

• • •

Un capitaine de l'armée équatorienne a été chargé de surveiller la frontière du Pérou, dans l'attente d'une attaque aérienne.

— Ramon, dit-il, tu vas grimper en haut de cette montagne et me signaler par radio toute activité ennemie suspecte.

— À vos ordres ! dit Ramon.

Cinq minutes plus tard, il appelle le capitaine.

— Je vois une escadrille de bombardiers ! dit-il.

— Amis ou ennemis ? demande le capitaine.

Ramon lève ses jumelles et inspecte la formation avant de répondre.

— Je pense qu'ils sont amis, capitaine ! Ils volent serrés les uns contre les autres !

• • •

Dans les premiers temps de la conquête de l'Ouest, trois trappeurs, un Français, un Anglais et un Américain, sont capturés par les Iroquois.

— Vous allez mourir, et votre peau nous servira à faire des canoës ! dit le chef des Iroquois. Cependant, je vous laisse le choix de votre mort...

L'Anglais demande qu'on lui rende son pistolet, crie « God Save the King ! » et se tire une balle dans la tête. Puis, sous les yeux horrifiés de ses compagnons, il est écorché vif et sa peau est tendue sur un canoë.

Le Français, à son tour, demande qu'on lui rende son sabre, crie « Vive la France ! » et se plonge la lame dans le cœur, avant de subir le même sort que son compagnon.

— Et toi, l'Américain ? demande le chef. Que choisis-tu ?

— La fourchette ! dit-il en sortant l'objet de son sac.

Puis il l'empoigne à deux mains et se larde de coups de fourchette en criant : « Essayez donc de faire un canoë, avec ça ! »

• • •

Pendant les Croisades, un chevalier fait irruption dans une salle de garde.

— Je vous y prends ! Vous jouiez aux dés au lieu de surveiller les prisonniers sarrasins !

— Mais pas du tout, proteste le premier templier. Nous étions réunis pour prier Dieu, voilà tout...

— Vous êtes prêt à le jurer ?

— Je vous le jure, dit le templier.

— Et toi ? demande le chevalier à un deuxième templier. Tu ne jouais pas non plus ?

— Mais non, sire. Je priais...

— Tu le jures ?

Le templier hésite un peu, mais après tout...

— Oui, je le jure.

— Et toi ? hurle le chevalier au dernier templier. Tu ne jouais pas non plus, peut-être ?

— Moi ? dit le garde avec un sourire innocent. Mais avec qui voulez-vous que je joue ?

• • •

Après un violent incendie qui a dévasté un entrepôt, le capitaine des pompiers fait l'appel.

— Il manque Martin ! s'exclame-t-il. Un volontaire pour aller chercher Martin !

Le jeune Chautard se présente en bombant le torse.

— Moi, capitaine ! J'y vais !

Et il s'élance dans les ruines fumantes...

Un quart d'heure plus tard, il n'est toujours pas revenu. Mort d'inquiétude, le capitaine des pompiers part lui-même à leur recherche. Tout est calciné à l'intérieur de l'entrepôt, qui ne tient plus debout que par miracle.

— Pourvu qu'il ne leur soit rien arrivé de grave ! se dit le capitaine.

Enfin, au détour d'un pan de mur, il découvre ses deux hommes, tout nus, en train de se livrer à des pratiques inhabituelles sur un lieu d'incendie.

— Mais qu'est-ce que vous foutez, bon Dieu ! hurle le capitaine.

— Je peux tout vous expliquer ! bredouille le jeune Chautard. Quand j'ai retrouvé Martin, il était évanoui, alors j'ai dû lui faire la respiration artificielle...

— C'est ça que vous appelez la respiration artificielle ? Vous n'avez jamais entendu parler du bouche-à-bouche ?

— Si, justement, mon capitaine, dit Martin en se tortillant. C'est même comme ça qu'il a commencé.

• • •

Après la troisième guerre mondiale, il ne reste plus sur la Terre que des ruines. Des ruines et un seul homme, l'unique survivant de l'holocauste final...

Pendant un an, l'homme cherche d'autres rescapés puis, désespéré, incapable de supporter cette atroce solitude, il décide de mettre fin à ses jours. Alors il monte tout en haut de l'Empire State Building et se jette dans le vide.

Et en passant devant le trente-huitième étage, il entend le téléphone sonner...

• • •

5

## NOS CHARMANTES TÊTES BLONDES

Papa et maman Nuage se promènent en famille dans le ciel. Tout à coup, maman Nuage se rend compte que le petit dernier traîne en arrière.

— Qu'est-ce que tu fais, petit Nuage ?

— Je fais pluie-pluie, maman !

• • •

La famille Cyclope est réunie pour le repas du soir.

— Papa, dit Cyclope junior. Pourquoi on n'a qu'un œil ?

— Tais-toi et mange, fils.

— Pourquoi on n'a qu'un œil, papa ?

— Parce que c'est comme ça. Allez, mange !

— Oui, mais pourquoi on n'a qu'un œil, papa ?

Excédé, papa Cyclope quitte la table, au moment où maman Cyclope amenait le dessert.

— Qu'est-ce qui se passe ? dit-elle.

— C'est ton fils ! répond papa Cyclope. Il n'arrête pas de me casser la couille, avec ses questions !

• • •

Un inspecteur d'académie en tournée d'inspection fait irruption pendant le cours d'anglais, donné par une toute jeune enseignante, belle comme un cœur.

— Ne vous occupez pas de moi, dit-il en allant s'asseoir au fond de la classe, à côté de l'affreux Thomas Dugommeau, le cancre de la classe.

La jeune maîtresse, un peu tendue, poursuit son cours et écrit au tableau la phrase suivante : « *John is drinking water* », révélant ainsi une minijupe particulièrement courte.

— Qui peut me traduire ça ? demande-t-elle à la cantonade.

Aussitôt, le jeune Dugommeau lève le doigt, à la grande stupeur de la jeune femme.

— Oui, Thomas ?

— Ça veut dire : « Quel beau cul, je me la ferais bien ! »

Rouge de confusion, d'autant que l'affreux Thomas est assis juste à côté de l'inspecteur, la maîtresse l'expulse immédiatement de sa classe.

Thomas ramasse ses affaires et, avant de prendre la porte, murmure à l'inspecteur :

— Quand on ne sait pas, on ne souffle pas !

• • •

Une bonne à tout faire se présente pour une nouvelle place.

— J'aimerais que vous vous occupiez du ménage, de la cuisine et de nos trois enfants, dit la maîtresse de maison.

— Pas de problème, Madame.

— Combien voulez-vous, comme gages ?

— Eh bien, Madame, disons deux mille francs pour le ménage, deux mille francs pour la cuisine et mille francs pour les enfants... Mais en ce qui concerne les enfants, je peux vous faire un extra.

— Lequel ?

— Si vous rajoutez mille francs, non seulement je m'en occupe, mais en plus... je les aime.

• • •

Le jour où son grand garçon lui annonce qu'il a trouvé la femme de sa vie, sa mère fond en larmes.

— Tu deviens un homme, mon grand. Bientôt, tu ne penseras plus à ta maman !

— Mais si, maman.

— Et si elle ne m'aime pas, ta fiancée, est-ce que tu viendras toujours me voir ?

— Bien sûr, maman.

— Et si elle t'interdit de venir me voir, est-ce que tu viendras quand même ?

— Bien sûr, maman.

— Tu es gentil, mon grand. Mais, tout de même...

— Oui, maman ?

— Pourquoi as-tu choisi une fille qui est si méchante avec moi, alors que je ne lui ai rien fait ?

• • •

Monsieur Dugommeau et son fils Thomas prennent un taxi et, en chemin, ils passent dans une rue chaude remplie de sex-shops et de prostituées.

— Dis papa, c'est quoi ces magasins rigolos ? demande Thomas.

— C'est rien, c'est rien...

— Ce sont des sex-shops ! dit le chauffeur, hilare.

— Et les dames, papa ? Elles sont marrantes, les dames ! Qu'est-ce qu'elles font ?

— Je ne sais pas, Thomas...

— Ce sont des putes, petit ! lance le chauffeur en rigolant.

— Et qu'est-ce qu'elles font, les putes, papa ?

— Elles font le tapin ! répond le taxi.

— C'est quoi le tapin, papa ?

— C'est rien, Thomas. Elles attendent leur mari, c'est tout...

— Comme maman, alors ! dit Thomas. Et elles ont des petits garçons, les putes ?

— Bien sûr ! répond le père avec un sourire revanchard. Et tu sais ce qu'ils deviennent quand ils sont grands, les fils de putes ?

— Non, papa...

— Des chauffeurs de taxi !

• • •

C'est le premier jour de classe et le nouveau professeur fait connaissance avec ses élèves.

— Et toi, comment t'appelles-tu ?

— Dugommeau.

— Quand tu me parle, tu dois dire « monsieur ».

— Ah, d'accord...

— Bien, reprenons. Comment t'appelles-tu ?

— Monsieur Dugommeau.

• • •

En rentrant du bureau, monsieur Dugommeau découvre sa femme, enceinte de huit mois, en train de tricoter.

— C'est joli ce que tu fais ! dit-il gentiment. Qu'est-ce que c'est ?

— Une brassière, répond sa femme dans un murmure.
— Elle est vraiment très jolie, cette brassière, et...
— Chut ! Ne parle pas si fort, il pourrait t'entendre ! dit-elle en désignant son ventre. C'est une surprise...

• • •

Une mère a emmené son petit garçon à la plage, pendant les vacances. Elle s'installe confortablement et le cherche des yeux :
— Martin ! Ne va pas dans l'eau, tu viens de manger !
— Martin ! Garde ta casquette, il y a du soleil !
— Martin ! Fais attention avec ton ballon ! Tu embêtes les gens !
Puis elle se tourne vers son mari :
— Holà... Qu'est-ce qu'il est nerveux, ce gosse !

• • •

On l'ignore trop souvent, mais Mozart avait un frère aîné, encore plus précoce que lui. Il était tellement avancé pour son âge qu'il était mort-né.

• • •

Une mère a dû accompagner son infernal enfant chez le psychologue. Celui-ci la prend à part à l'issue de l'entretien pour lui expliquer le cas.
— Madame, si votre fils est à ce point infernal, c'est qu'il souffre du complexe d'Œdipe.
— De qui ?
— D'Œdipe...
— Oh, tant pis, c'est pas grave. Tant qu'il aime sa maman...

• • •

Le jeune Dugommeau vient de recevoir une bicyclette pour Noël. Malgré le verglas, il insiste tellement pour l'essayer que ses parents acceptent de lui laisser faire le tour du pâté de maisons.
— Regardez, regardez ! crie-t-il au premier tour. Sans les pieds !
— Regardez, regardez ! crie-t-il au deuxième tour. Sans les mains !
Puis plus rien. Les parents s'inquiètent un peu, lorsqu'ils voient arriver leur fils sur un vélo en piteux état.

— Regardez, regardez, parvient-il à articuler. Sans les dents !

• • •

Une petite fille très sage va se faire couper les cheveux, accompagnée de sa maman. Comme elle est vraiment adorable (et pour qu'elle le reste), le coiffeur lui offre un berlingot. Dès qu'elle l'a mis en bouche, la petite fille devient toute rouge et se met à tousser.

— Qu'est-ce qui se passe ? s'écrie le coiffeur, affolé. Tu as des poils sur ton berlingot ?

Alors sa mère, choquée :

— Enfin voyons, monsieur. Elle n'a que cinq ans !

• • •

Un petit scout s'est égaré en forêt, et la nuit commence à tomber.

— Mon Dieu, aidez-moi ! dit-il en levant le regard au ciel. Aidez-moi à retrouver mon chemin !

À cet instant, un oiseau passe dans le ciel et lâche une fiente qui lui tombe en plein dans les yeux.

— Mon Dieu, je ne plaisante pas ! dit le petit scout en s'essuyant. Je suis vraiment perdu, vous savez !

• • •

Vous savez comment on appelle un bébé qui n'est pas circoncis, en Israël ?

— Une fille.

• • •

Au Sénégal, le tout jeune Mamadou part en pirogue pour pêcher dans la mer mais, malheureusement, une tempête se lève et la fragile embarcation chavire. Mamadou s'accroche à une rame et dérive pendant des jours, poussé par les vents. À demi mort de faim et de soif, il aperçoit enfin une terre au loin, et brûle ses dernières forces pour rejoindre le rivage. C'est un véritable miracle : il est arrivé jusqu'à Nice, et il y a là des dizaines d'enfants de son âge, des petits Français d'une colonie de vacances. Une monitrice s'avance vers le groupe d'enfants et demande :

— Qui n'a pas mangé ?

Aussitôt, Mamadou lève le doigt, plein d'espoir.

— Moi, madame, moi !
— C'est bien, dit la monitrice. Tu peux aller te baigner.

• • •

Monsieur et madame Biensucé ont un fils, comment l'appellent-ils ?
— Humphrey.

• • •

Monsieur et madame Biensucé ont également une fille. Comment l'appellent-ils ?
— Emma.

• • •

Deux enfants qui s'aiment sont bien tristes.
— Je ne pourrai jamais t'épouser, dit le petit garçon à sa copine.
— Mais pourquoi ? pleurniche la petite fille.
— Parce que dans la famille, on se marie entre nous : mon père a épousé ma mère, mon grand-père a épousé ma grand-mère...

• • •

Un petit garçon écrit au Père Noël, et sa lettre arrive au service de la Poste spécialisé pour ce genre de missive. La lettre est tragique : le petit garçon est malade, son père est au chômage, sa mère est alcoolique et il demande 500 francs au Père Noël pour s'acheter un vélo. Émus, les postiers font une collecte. Ils ne recueillent que 250 francs, qu'ils envoient tout de même au petit garçon.
Quelque temps plus tard, ils reçoivent à nouveau une lettre :
« Cher Père Noël,
Merci de m'avoir envoyé l'argent du vélo. Mais tu sais quoi ? Ces salauds de postiers en ont gardé la moitié ! »

• • •

Madame Dugommeau est persuadée d'être la mère d'un petit génie. Pour convaincre son amie Sylvie, elle appelle son fils chéri :

— Écoute bien, Jérôme. Si tu devines quel fruit j'ai acheté au marché, je t'en donnerai une grappe.
— Du raisin ! s'écrie le petit Jérôme.
— Tu vois, Sylvie ? Qu'est-ce que je t'avais dit ! Il est génial !

• • •

Le même Jérôme n'a pas révisé sa leçon de géographie, et il griffonne des antisèches sur sa manche. Évidemment, ça ne rate pas, il est appelé au tableau pour être interrogé.
— Quelle est la plus haute montagne de France ? demande le maître.
Jérôme jette discrètement un coup d'œil sur sa manche et répond :
— Le mont Blanc, m'sieu.
— Bien. Comment s'appelle le massif montagneux où on trouve le mont Blanc ?
Nouveau coup d'œil.
— Les Alpes !
— Très bien, Jérôme. Maintenant, peux-tu me dire quelle est la hauteur du mont Blanc ?
— Cent pour cent coton, m'sieu !

• • •

Monsieur et madame Marolex ont une fille. Comment l'appellent-ils ?
— Eleonor.

• • •

Monsieur et madame Surlabanquettearrièredelavoitureàcausedespoilsduchien ont un fils. Comment l'appellent-ils ?
— Amadeus.

• • •

Julien, le fils aîné des Dugommeau, se présente aux épreuves orales du bac. Inutile de dire que c'est un cancre et qu'il est mort de peur à l'idée d'affronter ses examinateurs.
— Quel est votre nom ? demande le professeur.
— Dugommeau ! s'écrie Julien avec un immense sourire.

— Bien, bien... Mais enfin ce n'est pas la peine de vous exciter à ce point, mon garçon...

— Oui, oui, m'sieu, mais enfin je suis tellement content d'avoir eu bon à la première question !

• • •

Monsieur et madame Estmort ont deux fils. Comment les appellent-ils ?

— Claude — François.

• • •

Un petit garçon est en train de pleurnicher sous une porte cochère lorsque passe un agent de police.

— Eh bien, mon bonhomme, qu'est-ce que tu as ? dit l'agent. Tu es perdu ?

— Non, m'sieu... Je suis parti de chez moi.

— Mais pourquoi ?

— C'est à cause de maman.

— Qu'est-ce qu'elle a fait, ta maman ? Elle te bat ?

— Non, m'sieu... Elle me peigne.

• • •

Lors d'une réunion de famille chez les Dugommeau, chacun y va de son histoire drôle, de son tour de cartes ou de son petit talent de société.

— Eh bien moi, dit l'affreux Dugommeau junior, je connais un tour formidable : vous allez voir mémé faire le loup !

Et, avant que quiconque n'ait eu le temps d'intervenir, il crie dans l'oreille de l'aïeule :

— Dis, mémé, il y a combien de temps que tu n'as plus fait l'amour ?

Et la malheureuse vieille dame fait :

— Houuuu ! Houuuu !

• • •

À Marseille, deux petits garçons parlent de l'avenir.

— Et toi, qu'est-ce que tu feras plus tard ?

— Vé ! J'ouvrirai un restaurant de hamburgers, un Mes-couilles-Mickey !

— Un Mes-couilles-Mickey ? Mais qu'est-ce que c'est que ça, un Mes-couilles-Mickey ?

— Eh, tu sors jamais, toi ! Tu as jamais été au Ma-queue-Donald ?

• • •

Papa et maman Dugommeau regardent la télé en famille, mais le film comporte certaines scènes déconseillées aux enfants et qui émoustillent ce cher monsieur Dugommeau.

— Chérie, dit-il en se penchant vers sa femme. Si tu mettais les E-N-F-A-N-T-S au lit pour qu'on puisse baiser ?

• • •

Un matin, pendant que le petit Thomas est à l'école, Baba, le chien de la famille se fait écraser par une voiture. La mère, très embêtée, sachant combien le petit Thomas était attaché à l'animal, prend des gants pour lui annoncer la triste nouvelle...

— Tu sais, Thomas, Baba est parti.

Pas de réaction.

— Baba est mort, mais il n'a pas souffert. Nous ne le reverrons plus... Tu as compris ?

— Oui, oui, maman.

La mère est un peu étonnée du manque de réaction de son enfant, mais enfin la journée se passe et, au soir, elle le met au lit.

— Où est Baba ? demande alors le petit Thomas. Il ne vient pas dormir sur mon lit ?

— Ben... Je t'ai expliqué ce matin qu'il était mort, Thomas. Ton petit chien Baba est mort !

Le petit Thomas se met alors à pleurer à chaudes larmes.

— Mais, Thomas, dit la mère bouleversée, tu n'avais pas compris ?

— Nooon ! pleurniche Thomas, je croyais que tu avais dit « papa » !

• • •

Monsieur Dugommeau est tranquillement en train de regarder la télé, un samedi après-midi, lorsqu'on sonne à la porte.

— Tu veux bien aller voir ce que c'est ? demande-t-il à son fils.

— Oui, papa.

Le jeune Dugommeau va voir et revient :
— C'est un monsieur avec une grosse moustache, papa...
— Dis-lui que j'en ai déjà une.

• • •

Un petit garçon regarde sa grande sœur se maquiller avant d'aller danser avec des amis.
— Qu'est-ce que tu fait ? demande-t-il.
— Tu le vois bien, idiot, je me maquille !
— Pour quoi faire ?
— Pour être belle, tiens !
— Alors pourquoi t'es pas belle ?

• • •

Deux mères juives parlent enfants.
— Et à propos, quel âge ils ont, vos petits ?
— Attendez voir... Le chirurgien a dix ans et le prix Nobel a sept ans...

• • •

— Papa, papa, tu peux m'aider à faire mes devoirs ?
— Mais bien sûr, ma petite chérie.
— C'est un devoir de français. On nous demande d'illustrer par un exemple la différence entre « exciter » et « énerver »...
— Bon. Eh bien écoute, ce n'est pas compliqué : ta mère, il y a dix ans elle m'excitait, aujourd'hui elle m'énerve !

• • •

Dans une ville pauvre, pauvre, pauvre, une famille pauvre, pauvre, pauvre attend le retour du père avec sa misérable paie.
— Voilà, les enfants, dit-il en s'asseyant dans sa masure. Cette semaine, j'ai prélevé de mon salaire cinq francs pour jouer au Loto...
— Oh, quelle bonne idée ! dit la mère. Comme ça, si on gagne, tu pourras acheter une maison !
— Oui, et une voiture ! dit le père.
— Tu nous emmèneras au bord de la mer ? demande la fille.
— Oui, tous les week-ends. Je serai au volant, ta mère à côté de moi, et vous, les enfants, à l'arrière...
— Non, dit le fils cadet. Moi, j'irai à l'avant, avec papa !

— Toi, tu iras où on te dira ! dit la fille.
— Je veux aller à l'avant ! Je veux aller à l'avant !
— File derrière ou c'est ma main sur la figure !
— Non ! Je veux aller devant !
— Ah, ça suffit comme ça ! Et pour commencer, descends de la voiture !

• • •

Le jeune Dugommeau va voir son père, à la sortie de l'école, le samedi matin.
— Papa, mon premier a les cheveux roux. Mon deuxième a un pull rouge...
— Ah, c'est une charade... Bon, vas-y, fils, je t'écoute.
— Mon troisième a une petite sœur. Mon quatrième est fort en gym. Mon cinquième s'est cassé le bras, cet hiver. Mon sixième...
— Ça va durer encore longtemps ?
Effectivement, ça dure longtemps. Au bout de cinq minutes, enfin, le jeune Dugommeau arrive au bout de sa charade.
— Mon vingt-septième a des taches de rousseur, mon vingt-huitième a un ballon de basket et moi, je suis vingt-neuvième sur trente, papa. Voilà mon carnet !

• • •

Le jeune Dugommeau revient de l'école en pleurnichant.
— Qu'est-ce qui s'est passé ? lui demande sa mère.
— C'est la maîtresse ! Elle arrête pas de m'embêter !
— Non, mon chéri, ce n'est pas possible... Les maîtresses n'embêtent pas leurs élèves. Tout ce qu'elle fait, c'est pour ton bien !
— Si, elle m'embête ! Elle fait rien qu'à me poser des questions très dures pour me ridiculiser devant toute la classe !
Au bout d'un moment, madame Dugommeau finit par avoir des doutes et, le lendemain matin, elle va voir la maîtresse en compagnie de son fils.
— Excusez-moi de vous déranger, mais mon garçon me dit que vous vous acharnez contre lui, que vous lui posez des questions pièges...
— Des questions pièges ! s'écrie la maîtresse. Mais enfin, madame, je vous garantis que je n'interroge votre fils que sur le programme !
— Il dit que vous en avez particulièrement après lui...
— Non, franchement, je ne comprends pas. Écoutez, je me

souviens de la dernière question que je lui ai posée. On peut recommencer, si vous voulez ?

— Volontiers.

— Bien. Élève Dugommeau, concentrez-vous : combien font deux et deux ?

Alors le jeune Dugommeau se tourne vers sa mère et dit :

— Tu vois, maman ? Elle recommence !

• • •

À la sortie de l'école, une mère poule vient chercher son petit garçon après sa première journée de classe.

— Alors, mon biquet, ça c'est bien passé ? Personne ne t'a embêté, mon lapin ? Et tu as bien mangé, à la cantine, mon petit chéri ? Est-ce que tu as appris quelque chose, mon canard en sucre ?

— Oui, dit le petit garçon, j'ai appris quelque chose. J'ai appris que mon nom, c'était Nicolas.

• • •

Un fermier fait visiter ses terres à un couple de touristes.

— Belle rivière, que vous avez là ! dit le mari, passionné de pêche. Ça doit mordre, non ?

— Ça oui, dit le fermier. Ça mord même tellement que j'ai interdit à mes fils de pêcher à cet endroit-là ! Les poissons sont si gros, par ici, qu'ils sont incapables de les retenir. Tiens, hier encore j'en ai perdu un de près d'un mètre vingt de long ! Et il y a quinze jours, on en a perdu un autre d'un mètre quarante !

— Eh ben ! Ça doit faire mal au cœur de perdre des poissons de cette taille !

— Quels poissons ? Ce sont mes fils que j'ai perdus !

• • •

Le jeune Dugommeau revient à la maison en pleurant toutes les larmes de son corps.

— Eh bien, eh bien, qu'est-ce qui se passe ? lui demande sa mère.

— J'ai été à la pêche avec papa et on a attrapé un très gros poisson, explique le petit garçon entre deux hoquets. Et au moment où papa le ramenait, la ligne a cassé et il est parti !

— C'est pour ça que tu pleures ? dit la mère. Mais un grand

garçon comme toi devrait rire, au contraire, d'une histoire pareille !

Alors le jeune Dugommeau, redoublant de pleurs :

— Ben c'est ce que j'ai fait ! Et papa m'a donné une gifle !

• • •

GROUCHO MARX

*Ma mère aimait les enfants. Elle m'aurait tout donné, si j'en avais été un.*

• • •

Un petit garçon revient de sa première journée d'école.

— Alors, mon grand, qu'est-ce que tu a appris en classe ? demande sa mère.

— J'ai appris à écrire, maman !

— C'est pas possible ! Mon fils est un génie, je l'ai toujours su... Et qu'est-ce que tu as écrit, mon grand ?

— Je sais pas, maman. J'ai pas encore appris à lire !

• • •

Le même petit garçon, quelques jours plus tard, va voir son père commerçant.

— Papa, c'est quoi, le sens moral ?

— Eh bien... Il vaut mieux que je prenne un exemple. Suppose qu'une dame vienne faire des courses dans la boutique et qu'elle me paie avec un billet de cinq cents francs. Je vais à la caisse et là je découvre qu'il y a en fait *deux* billets de cinq cents francs collés ensemble. On en arrive à la question du sens moral : est-ce que je vais partager avec mon associé ?

• • •

À la stupeur générale, papy Dugommeau vient de se remarier. Aussitôt, son fils lui passe un coup de fil :

— Mais enfin, papa, tu as quatre-vingt-deux ans ! Pourquoi diable t'es-tu marié ?

— Eh bien, pour avoir de la compagnie... Marthe est une fille adorable, tu verras. Et puis elle est toute jeune, elle n'a que soixante et onze ans ! On est amoureux comme des jouvenceaux !

— Oui, eh bien excuse-moi, papa, mais je doute qu'à ton âge tu puisse encore lui faire grand mal, à ta Marthe.

— Détrompe-toi, mon fils ! Depuis une semaine qu'on est mariés, on a fait l'amour presque tous les soirs !
— C'est pas possible !
— Si, si... On a presque fait l'amour lundi, presque mardi, presque mercredi..

• • •

Le jeune Dugommeau rentre de classe.
— Maman, maman ! Tu sais ce que j'ai appris à l'école ? La terre va exploser dans dix millions d'années !
— Oh, mon Dieu ! C'est affreux !
— Ben, pourquoi, maman ? Dix millions d'années, c'est beaucoup, tu sais...
— Ah, *dix* millions ! Tu me rassures, j'avais compris *deux* millions.

• • •

Madame Dugommeau rencontre une voisine.
— Dites-moi, madame Chautard. La friteuse que je vous ai prêtée, elle ne marche plus ! Vous allez m'en payer une neuve !
— Comment ? répond madame Chautard. Premièrement, elle était en parfait état quand je vous l'ai rendue. Deuxièmement, elle était déjà cassée quand vous me l'avez prêtée et troisièmement, je ne vous ai jamais emprunté de friteuse !

• • •

— Maman, maman ! crie une petite fille. C'est drôle, j'ai donné un petit bout de gâteau à ce chien, et depuis il me suit partout en remuant la queue !
— Donne-moi ce gâteau, dit la mère. Je vais en donner à ton père.

• • •

— Dis, mémé, demande l'affreux Dugommeau junior, c'est vrai que tu n'as plus de dents ?
— Eh oui, mon petit, c'est vrai... Tu vois, je ne peux plus manger que du potage.
— Bon alors, mémé, tu peux me garder mon nougat pendant que je vais faire un tour de manège ?

• • •

Madame Dugommeau a acheté deux cravates pour l'anniversaire de son grand fils. Une cravate bleue à rayures rouges et une cravate verte à pois jaunes.

— Oh, merci, maman ! dit le jeune Dugommeau. Elles sont magnifiques !

— De rien, mon petit... Tu es sûr que tu les aimes ?

— Oui, maman.

— Si tu n'en aimes pas une, on peut la changer, tu sais !

— Non, non, maman. Je les adore toutes les deux.

— Sûr-sûr ?

— Ouiiiii !

— Bien. Alors tu sais ce qui me ferait plaisir ?

— Non, maman...

— C'est que tu en mettes une, la prochaine fois que tu viendras nous voir.

Le dimanche suivant, le jeune Dugommeau arrive avec la cravate à rayures.

— Oh, tu es magnifique, comme ça ! dit madame Dugommeau en ouvrant la porte.

Et puis son sourire se crispe.

— Je m'en doutais...

— Tu te doutais de quoi, maman ?

— Tu as mis la cravate à rayures.

— Ben, oui...

— Et voilà ! Tu n'aimes pas la cravate verte à pois jaunes ! J'en étais sûre !

• • •

— Allô maman ? C'est moi... Comment ça va ?

— Très bien, mon grand. Merci...

— Ah, excusez-moi, madame. Je vois que je me suis trompé de numéro.

• • •

— Maman ! Maman ! s'écrie le jeune Dugommeau en rentrant de l'école. Ça y est, on a appris à compter sur nos doigts !

— Oh, formidable ! dit la mère. Fais-moi voir ça...

— Alors voilà : un doigt, et puis un doigt, et puis ici encore un doigt...

• • •

— Martine ! Tu es prête ? crie madame Dugommeau. On nous attend au vernissage de monsieur Chauveau !

— Non, vraiment, maman, je ne veux pas y aller, répond la jeune et charmante Martine Dugommeau.

— Si, si. C'est le meilleur ami de ton père, il faut absolument aller voir ses peintures, sinon ça va faire des histoires...

Une heure plus tard, madame Dugommeau et sa fille parcourent la galerie de peinture dans laquelle expose Chauveau, lorsque la brave dame tombe en arrêt devant une toile, représentant un nu féminin très réaliste.

— Mais, mais... Ces yeux, ces cheveux, cette bouche... C'est toi, Martine ! Ne me dis pas que tu as posé nue pour Chauveau, le meilleur ami de ton père !

— Non, non, maman ! s'écrie la jeune fille. Il a peint ça de mémoire !

• • •

Une petite fille va voir sa mère qui est en train de préparer le dîner.

— Maman, maman ! Tu sais, le vase du salon ?

— Oui, eh bien qu'est-ce qu'il y a ?

— Tu m'as bien dit qu'il était dans la famille depuis très longtemps ?

— Oui, oui...

— Et que vous vous l'étiez transmis de génération en génération ?

— Oui, et alors ?

— Alors la nouvelle génération vient de le flanquer par terre !

• • •

Papa Iceberg fait les cent pas dans la maternité où accouche maman Iceberg. Soudain, la sage-femme apparaît, radieuse :

— Monsieur Iceberg ?

— Oui, oui !

— C'est un glaçon !

• • •

Monsieur Dugommeau se promène dans la rue, lorsqu'il tombe tout à coup en arrêt devant un passant :

— Martin !

— Pardon ? dit l'autre.

— Martin, c'est moi, Dugommeau ! Tu ne me reconnais pas ? Eh bien moi, je t'ai reconnu. Pourtant, qu'est-ce que tu as changé ! Tu portes la barbe, maintenant ! Et qu'est-ce que tu as maigri, c'est dingue ! Un autre homme ! Qu'est-ce qui t'es arrivé, mon pauvre Martin, pour changer à ce point ?

— Mais enfin, monsieur, vous vous trompez ! Je ne m'appelle pas Martin, mais Duval !

— C'est pas possible ! dit monsieur Dugommeau. Alors comme ça tu as même changé de nom ?

• • •

Lulu Capone, le jeune fils d'Al Capone, rédige sa lettre au Petit Jésus, la veille de Noël.

— « Petit Jésus, pour Noël je veux un train électrique... » Non, ce n'est pas assez ferme. « Jésus, mon petit, tu as intérêt à m'offrir pour Noël... » Non, non !

Le jeune Lulu relève la tête et voit une statue de la Vierge Marie. Il saute dessus et la cache sous son lit puis, avec un ricanement diabolique, reprend sa lettre : « Petit Jésus, si tu veux revoir ta mère, dépose un train électrique sous le sapin, à Noël ! »

• • •

Une grand-mère promène fièrement sa petite fille en landau.

— Oh, le beau bébé ! s'exclame une de ses amies.

— Et encore là, c'est rien ! dit la grand-mère. Si vous voyiez les photos !

• • •

En Corse, un grand-père confortablement installé sous un châtaignier discute avec son petit-fils.

— Tu sais quel est le secret du bonheur, Doumé ?

— Non, papy...

— C'est d'avoir un bon travail et une bonne santé !

— Et toi tu as eu tout ça, papy ?

— Eh oui ! Tu vois, moi j'ai toujours eu une bonne santé. Et ta grand-mère, la pauvre, elle avait un bon travail !

• • •

Une maîtresse d'école a du mal à faire comprendre à sa classe le mot « certainement ». Elle demande à ses élèves de former des phrases comprenant ce mot.

— Les pommes sont certainement rouges ! dit le petit Hugo.

— Oui, dit la maîtresse, mais elles peuvent aussi être jaunes, ou vertes... Un autre exemple.

— Les bananes sont certainement jaunes ! dit la petite Violette.

— Oui, oui, mais elles peuvent aussi être vertes ! dit la maîtresse.

— Madame ! Madame ! crie l'affreux Dugommeau junior.

— Oui ?

— Est-ce que les prouts font des grumeaux ?

— Quelle horreur ! Pourquoi faut-il toujours que tu dises des grossièretés ! Bien sûr que non, ils ne font pas de grumeaux !

— Dans ce cas, dit Dugommeau junior d'un ton triomphal, j'ai certainement fait caca dans ma culotte !

• • •

La maîtresse interroge un nouvel élève qui vient d'arriver en ville.

— Bien, mon garçon je vais tester ton niveau. Combien font 12 plus 14 ?

— 32, madame !

— Ah... Bon, plus facile : 10 et 7 ?

— 19 !

— 4 et 5 ?

— 12 !

— Mais enfin, ce n'est pas croyable ! Tu as appris à compter tout seul, ou quoi ?

— Non, m'dame. C'est mon père qui m'a appris...

— Et qu'est-ce qu'il fait dans la vie, ton père ?

— Il est garçon de café m'dame.

• • •

C'est la première journée à l'école, et la nouvelle maîtresse du jeune Dugommeau inscrit son nom au tableau, pour que toute la classe s'en souvienne.

— Voilà, dit-elle. Rappelez-vous bien de mon nom, je suis mademoiselle Nibrard.

Toute la journée, le jeune Dugommeau se répète le nom dans sa tête pour ne pas l'oublier : « Nibrard, Nibrard, Nibrard... »

Le soir, il le répète encore : « Nibrard, Nibrard, Nibrard... »

— C'est quoi, ce nom ? lui demande son grand frère, agacé.
— C'est ma nouvelle maîtresse, madame Nibrard. Il faut se souvenir de son nom !
— Eh bien c'est facile ! dit le grand frère en rigolant. Tu n'as qu'à penser à des nibards et rajouter un « r » !
Le lendemain, le jeune Dugommeau est interrogé par la maîtresse.
— Élève Dugommeau, nous allons voir si vous avez bien suivi, hier. Dites à la classe comment je m'appelle !
Paniqué, perdant tous ses moyens, le jeune Dugommeau se souvient du petit truc donné par son grand frère, et il lance :
— Nichron ! Vous vous appelez mademoiselle Nichron !

• • •

Dans un grand magasin, une dame affolée se rue au comptoir des objets perdus, vêtue d'une veste de tailleur et d'un slip.
— Monsieur, monsieur ! On ne vous aurait pas ramené deux enfants accrochés à une jupe ?

• • •

Le fils aîné des Dugommeau est parti en voyage en Afrique, ce qui plonge sa mère dans la terreur. Pendant un mois, elle ne vit plus, persuadée qu'il va être mangé par un lion, ou par un cannibale, ou par des amibes... Enfin, au bout d'un mois, il lui téléphone.
— Maman ? C'est moi !
— Ah, tu appelles enfin ! J'étais morte d'inquiétude ! Comment ça va, mon grand ?
— Tout va bien, maman. D'ailleurs je rentre ! Mais, euh, il y a un détail... Je me suis marié !
— Ah bon ? Tu aurais pu nous demander, quand même... Enfin, je suis contente pour toi. C'est une touriste ?
— Non, maman, c'est une Zaïroise.
— Elle est noire, alors ?
— Ben, oui... Et puis...
— Qu'est-ce qu'il y a ?
— Elle a deux enfants.
— Ah bon ? Bon... Deux enfants, ce n'est pas beaucoup. Et puis comme ça c'est fait... Alors tu viens quand ?
— La semaine prochaine ! On ira à l'hôtel pour ne pas vous déranger.
— Mais non ! Toi et ta femme, vous vous mettrez dans notre

lit, les enfants iront dans ta petite chambre et papa dormira sur le canapé du salon...

— Et toi, maman ?

— Moi ? Je raccroche et je meurs !

• • •

La jeune madame Dugommeau appelle sa mère.

— Allô, maman ? C'est moi.

— Ma chérie ? Qu'est-ce qui se passe ? Tu as une drôle de voix ?

— Oh, maman, rien ne va ! dit la jeune femme. Les enfants ont la grippe, le frigo vient de tomber en panne, la femme de ménage a appelé pour dire qu'elle ne viendrait pas et l'appartement est sens dessus dessous, alors que je dois encore aller faire des courses et que j'ai invité trois amies pour le thé !

— Ce n'est pas grave, ma chérie. Je saute dans ma voiture et j'arrive. Je m'occuperai des enfants, je te ferai ton ménage et je préparerai même le dîner pour Georges, quand il rentrera du bureau.

— Georges ? Quel Georges ?

— Eh bien Georges ! s'écrie la mère. Ton mari !

— Comment ça, mon mari ? Mais, maman, mon mari s'appelle Bernard !... Oh, un instant... Je suis bien au 60 24 32 32 ?

— Non, ici, c'est le 60 24 32 33...

— Alors vous n'êtes pas madame Dugommeau ?

— Non...

— Alors, dit la jeune femme d'un ton désespéré, ça veut dire que vous ne venez pas ?

• • •

Un petit garçon va voir sa mère.

— Maman ! Justine et moi, on va se marier !

— Ah bon ? dit la mère, amusée. Et comment allez-vous gagner votre vie ?

— Eh bien papa et toi vous me donnerez de l'argent, et le papa et la maman de Justine lui donneront de l'argent.

— Bon, d'accord, dit la mère. Mais quand un garçon et une fille se marient, ils ont des enfants, tu sais. Alors comment ferez-vous avec vos enfants ?

— Oh, dit le petit garçon en haussant les épaules. Jusqu'à présent, Justine et moi on n'a pas eu de problème...

• • •

Le jeune Dugommeau, toujours lui, est en train de dormir au fond de la classe, lorsque la maîtresse rugit :

— Dugommeau ! Vous dormez !

— Non, m'dame, balbutie l'affreux jojo.

— Alors répétez ce que je viens de dire !

— Oui m'dame. « Alors répétez ce que je viens de dire. » Voilà...

• • •

Un jeune père, en rentrant du bureau, est accueilli par son épouse enthousiaste :

— Chéri ! Chéri ! Bébé vient de dire son premier mot !

— Oh, formidable, chérie...

— Et tu sais ce qu'il a dit ? Il a dit « papa » !

— Oh, formidable, chérie... Ça c'est passé quand ?

— Au zoo, devant la cage aux singes.

• • •

Cours de sciences naturelles à l'école, chez les CM 1.

— Qui peut me dire ce qu'est une framboise ? demande la maîtresse. Oui, Matthieu ?

— Une framboise, m'dame, c'est une fraise qui a la chair de poule !

• • •

— Maman ! Maman ! pleurniche une petite fille. Ma tortue est morte !

— C'est bien triste, ma chérie, dit la mère en l'embrassant. Tu sais ce qu'on va faire ? On va l'envelopper dans du coton, puis la mettre dans une boîte à chaussures et l'enterrer dans le jardin. Après, on ira manger une glace et je t'achèterai un nouveau petit compagnon. Mais surtout, je...

À cet instant, la mère s'interrompt, voyant que la tortue vient de bouger.

— Regarde, ma chérie ! dit-elle joyeusement. Ta tortue n'est pas morte !

— Oh, zut ! dit la petite fille. Attends, je vais la tuer...

• • •

Un zéro rencontre un huit.
— Tiens ? Tu as une nouvelle ceinture ?

• • •

Un professeur interroge l'un de ses élèves :
— Nono ! Peux-tu me dire ce qu'est une « autobiographie » ?
— Euh... C'est l'histoire d'une voiture ?

• • •

ALPHONSE ALLAIS
*Il y a des moments où l'absence d'ogres se fait cruellement sentir.*

• • •

Une assistante sociale remplit un dossier pour les allocations familiales :
— Alors, madame, combien avez-vous d'enfants ?
— Sept.
— Quel âge ont-ils ?
— Douze, onze, dix, neuf, huit, sept et six ans. Après, on a eu la télé...

• • •

Monsieur et madame Bombard ont un fils. Avec le temps, ils se rendent compte que l'enfant n'émet pas un son. Ils le font examiner et les spécialistes s'accordent à estimer que tout est normal chez l'enfant et qu'il ne devrait pas être muet, mais toujours est-il que celui-ci reste coi.

Bien des années plus tard, alors que l'enfant va sur ses huit ans et que la famille mange de la soupe devant la télé, le garçon tend la main et dit :
— Je peux avoir du sel ?
Ses parents sursautent et le regardent avec des yeux ronds.
— Quoi ? Comment ? Mais tu parles !
— Eh bien oui, dit l'enfant. Pourquoi cette question ?
— Mais enfin, jusqu'à présent tu n'avais encore rien dit !
— Oui, dit le petit garçon. Parce que jusqu'à présent, tout était parfait.

• • •

6

# EN VOYAGE

Un Boeing 747 de la compagnie belge Sabena est en approche au-dessus de Roissy - Charles-de-Gaulle. La tour de contrôle appelle le commandant de bord et demande :

— Quelle est votre position ?

— Eh ben, fieu, répond le pilote belge, je suis actuellement assis à l'avant de l'appareil.

• • •

Une jeune femme fait de l'auto-stop depuis des heures... en vain. Il faut dire que sa silhouette, vue de loin, n'a rien d'attirant, et que, vue de près, elle est franchement tarte.

La malheureuse est sur le point de désespérer lorsque enfin un poids lourd s'arrête à sa hauteur.

— Allez, montez, mademoiselle, fait le camionneur en ouvrant la portière. Il ne sera pas dit que les routiers ne prennent que des jolies filles !

• • •

Un touriste suisse s'est offert un safari au Kenya. Les paysages sont magnifiques, les animaux superbes, mais rien ne parvient à faire sortir le paisible Helvète de son calme. Piqué au vif, son guide kenyan l'emmène alors à un point d'eau, en dehors des circuits habituels.

— Bwana, tu vas voir quelque chose d'extraordinaire !

— Eh bien, quoi ? dit le Suisse. C'est une mare, pas très propre, d'ailleurs, avec de vieux troncs d'arbres qui flottent dedans...

— Ce ne sont pas des arbres, bwana. Ce sont des crocodiles ! Attends, tu va voir...

Le guide ramasse une pierre, la jette sur l'une des formes flottantes, qui se révèle effectivement être un énorme crocodile. Furieux, le monstre fonce vers eux, à la grande frayeur du Kenyan qui court se réfugier en haut d'un arbre.

— Venez vite ! crie-t-il au touriste suisse qui n'a pas bronché. Il est enragé, c'est très dangereux !

— Pourquoi ? dit le Suisse. Ce n'est pas moi qui ai lancé la pierre...

• • •

Un paquebot vogue sur les mers polaires, dans une brume à couper au couteau. Mort de peur, un passager apostrophe le commandant :

— Dites, on devrait pas s'arrêter ? Naviguer comme ça à pleine vitesse, avec tous ces icebergs !

— Oh, ne vous en faites pas ! répond le commandant. Je suis un vieux loup de mer ! Les icebergs, je les connais tous par leur prénom depuis des années !

À cet instant, un choc brutal projette tout le monde à terre. Le bateau prend aussitôt de la gîte, alors que l'eau jaillit dans ses cales éventrées.

— Tiens, vous voyez, dit le commandant. Ça, c'est Gustav, justement.

• • •

Vous savez pourquoi les avions d'Air Écosse sont toujours pleins à cent pour cent ?

— Parce qu'ils ne décollent que lorsqu'ils sont pleins à cent pour cent.

• • •

Le fils aîné des Dugommeau est allé passer ses vacances d'été dans un camp de nudistes, sans rien dire à sa famille. De retour chez lui, sa mère lui demande s'il n'aurait pas une photo de ses vacances et, bien embêté, le jeune Dugommeau trouve une astuce : il prend une paire de ciseaux, coupe en deux une photo où on le voit de face et donne la moitié supérieure à sa mère.

Quelque temps plus tard, celle-ci l'appelle au téléphone.

— Merci pour ta photo, mon chéri, elle est très bien. À ce

propos, ta grand-mère m'a elle aussi demandé une photo de tes vacances. Je compte sur toi pour lui en envoyer une !

Le jeune Dugommeau est encore plus embêté, car toutes les autres photos sont vraiment trop explicites. C'est alors qu'il se souvient que sa grand-mère est myope comme une taupe, et il lui envoie la partie inférieure de la photo coupée.

Quelque temps plus tard, il reçoit un coup de fil de la grand-mère.

— Merci pour ta photo, mon grand. Elle est très bien. Cela dit, je trouve que ta nouvelle coiffure te fait un grand nez...

• • •

Dans l'avion effectuant la liaison Paris-Dakar, un homme est assis à côté d'une splendide créature.

— Vous allez en Afrique pour le plaisir, ou pour affaires ? demande-t-il pour engager la conversation.

— Un peu des deux, répond la jeune femme d'une voix douce et sensuelle. Voyez-vous, j'étudie les hommes du monde entier, sexuellement parlant. Et là, je vais étudier les Sénégalais...

— Ah bon ? Et selon vous, qui sont les plus performants ?

— Oh, je dois dire que les Indiens d'Amérique du Nord sont remarquables, dit la fille. Mais les Israéliens ne sont pas mal non plus...

— Au fait, dit le type avec un grand sourire. Je ne me suis pas présenté : Geronimo Lévy !

• • •

Le même avion repart du Sénégal le lendemain, emportant à son bord Fabrice M'Bala. Avant d'atterrir à Paris, l'hôtesse distribue des cartes de débarquement. Fabrice sort son stylo et commence à remplir la fiche.

Nom : M'Bala.

Prénom : Fabrice.

Sexe : Énorme.

• • •

C'est un véritable champ de bataille. Une voiture folle a dévasté un petit village, qui n'est plus que ruines...

— Mais enfin, comment ça c'est passé ! demande le brigadier de gendarmerie au chauffard.

— Eh bien voilà : en entrant dans le village, j'ai voulu éviter un chien qui traversait la rue, alors je suis monté sur le trottoir. Malheureusement, c'était jour de marché, et j'ai percuté l'étal d'un marchand de quatre-saisons. Mes roues ont alors patiné sur les fruits et légumes qui jonchaient le sol, et je suis parti en vrille à travers la grand-place. C'est là où j'ai buté contre un platane et ricoché sur la fontaine municipale avant de rouler en tonneaux à travers le Café du Commerce. En fuyant, un type a projeté son café sur mon pare-brise, et c'est à ce moment-là que j'ai perdu le contrôle de mon véhicule...

• • •

Une Mini Austin conduite par une ravissante jeune femme dévale à toute allure une route de montagne. En bas, dans la plaine, un poids lourd de vingt tonnes avance inexorablement vers le carrefour. La jeune femme accélère encore, prend les virages à la corde, s'amuse comme une folle. Le poids lourd, paisible, n'est plus qu'à cinq cents mètres du carrefour. L'Austin négocie un dernier virage en dérapage contrôlé et fonce elle aussi vers le carrefour. Le camion n'est plus qu'à cent mètres. L'Austin accélère toujours. Le camion est à cinquante mètres ! L'Austin fonce tout droit ! Va-t-elle passer ?

Non ! Au beau milieu de ce maudit carrefour, l'Austin s'écrase contre le poids lourd.

Le camionneur descend, constate les dégâts et se tourne vers la jeune femme, miraculeusement indemne.

— Dites voir, ma jolie. Comment vous faites pour vous arrêter, quand je suis pas là ?

• • •

— Jef, demande voir un peu à la gare des trams à quelle heure passe le tram trentre-trois...

Jef va voir le préposé, pose la question et revient vers Léon.

— Léon, le tram trente-trois passe dans un quart d'heure.

— Jef, demande seulement un peu à quelle heure passe le septante-deux ?

Jef va à la gare, demande et revient.

— Léon, le tram septante-deux sera là dans sept minutes.

— C'est bien, Jef. Tu vas maintenant une fois demander à quelle heure passe le nonante et un ?

Jef retourne à la gare, pose la question au préposé passablement excédé, et annonce :

— Léon, il sera là dans vingt minutes, sais-tu.

— Parfait. Alors viens, Jef, on peut traverser.

• • •

Monsieur Dugommeau, en vacances en Écosse, passe la nuit dans un vieux manoir. Au beau milieu de la nuit, il est réveillé par un bruit de chaînes dans le couloir et ouvre sa porte pour découvrir un fantôme.

— Monsieur ! dit-il, une fois la surprise passée. Vous avez laissé tomber votre mouchoir !

— Ah non, dit le fantôme. Ça, c'est mon plus jeune fils qui a voulu m'accompagner dans ma tournée...

• • •

Un automobiliste un peu éméché fonce à travers la ville, brûle un feu rouge et renverse un vieil homme qui passait malencontreusement par là. Bouleversé, le chauffard jaillit de sa voiture et l'aide à se relever. Heureusement, le vieil homme n'a rien. Rassuré, le chauffard lui glisse dans la main un billet de 500 francs en guise de dédommagement.

Le vieil homme regarde le billet, puis le chauffard, puis le billet et dit :

— Vous passez souvent par ici ?

• • •

À la frontière espagnole, côté français, un douanier arrête une voiture de touristes.

— Gin ? Vodka ? Whisky ? Martini ? demande le douanier.

— Non merci, répond le chauffeur. Avec cette chaleur je préférerais une petite bière, si vous avez.

• • •

Un bègue a pris place à bord d'un avion pour un vol de nuit Paris-Los Angeles. Tout le monde dort à bord, sauf lui, et tout à coup il s'aperçoit avec horreur qu'un réacteur est en feu !

— Le... le... le réré... le rréré... !

Rien à faire. Paralysé par l'angoisse, il ne parvient pas à aligner un mot. Tout juste est-il parvenu à réveiller ses voisins... Heureusement, il se souvient d'un conseil donné par un médecin : au lieu de parler, il peut chanter, l'élocution est alors plus facile. Et c'est sur l'air de *Janeton prend sa faucille* qu'il annonce : « Le réacteur est en feu... »

Et tous les passagers répondent :

— Larirette, larirette...

• • •

« Attention au départ, le train va partir ! »

Le chef de gare remonte le long du train et claque les portières une à une, jusqu'à un wagon dont la portière ne ferme pas. Il la claque à nouveau, en vain. Il la claque encore une fois, deux fois, trois fois, puis crie à un voyageur :

— Mais enfin bon sang, vous aller la retirer votre main, oui ou non ?

• • •

Trois Hell's Angels arrêtent leurs motos devant un coffee-shop, au cœur du Texas, où déjeune paisiblement un chauffeur de poids lourd. Les motards le dévisagent, puis l'un d'eux s'avance jusqu'à sa table et crache dans son café. Le camionneur ne réagit pas. L'autre motard prend une carafe d'eau et la lui renverse sur la tête, pas de réaction. Le troisième le saisit par le col et le jette par terre. Le chauffeur routier se relève, s'époussette et sort du coffee-shop sans dire un mot, sous les quolibets des Hell's Angels.

— Quel trouillard ! s'esclaffe le premier motard. On disait que le camionneurs étaient des durs, mais vous avez vu ce type ! Il ne sait pas se battre, ou quoi ?

— En tout cas, murmure le patron du bar en regardant dehors, il ne sait pas conduire. En repartant avec son camion, il vient d'écraser trois motos !

• • •

OLIVIER LEJEUNE

*Catastrophe : les trois morceaux de l'Airbus 421 qui a explosé en plein vol sont retombés sur le sol. Par chance, ils ont fait 421 du premier coup.*

• • •

Un auto-stoppeur fait le pied de grue depuis des heures sur le bord de la nationale lorsque enfin un véhicule s'arrête à sa hauteur. C'est une moto équipée d'un side-car.

— Montez ! dit le motard. Installez-vous confortablement !

Aussitôt dit, il démarre en trombe. Au bout d'un kilomètre, il jette un coup d'œil à son passager, et voit que celui-ci est tout rouge.

— Mince, se dit le motard, il ne se sent pas bien. Je vais accélérer, le vent lui fera du bien...

Et il pousse son engin à 100 à l'heure. Alors il regarde à nouveau l'auto-stoppeur et voit que maintenant il est violacé !

— Ça ne va vraiment pas bien, se dit-il. J'accélère encore !

Et il pousse la moto à 120 km/h. Mais le type dans le side cette fois est carrément bleu !

Un peu inquiet, tout de même, le motard s'arrête et se penche vers son passager.

— Ça ne va pas ? Qu'est-ce qui vous arrive ?

— Votre... side, murmure dans un souffle agonisant l'auto-stoppeur.

— Oui, qu'est-ce qu'il a, mon side ?

— Il... n'a... pas... de... fond !

• • •

Vous connaissez la différence entre les routiers français et leurs collègues anglais ?

— Les Français ont le bras gauche bronzé. Les Anglais, le droit.

• • •

Un bateau chargé de fromages heurte un récif. Vous savez ce que disent les camemberts ?

— Ça y est ! Nous coulons !

• • •

Au beau milieu de la jungle africaine, deux cannibales viennent de capturer un couple d'explorateurs, un vieil Anglais et sa ravissante assistante. Le premier cannibale s'empare de l'homme, le déshabille et le jette dans une marmite d'eau bouillante. Le deuxième cannibale s'empare de la femme, la déshabille... et tombe en arrêt.

— Eh ben, qu'est-ce que tu fais ? dit le premier cannibale à son compagnon. Mets-la dans la marmite, avec l'autre !

— Non, non, vas-y, répond le second cannibale. Celle-là, je vais la manger toute crue...

• • •

Monsieur et madame Dugommeau se sont payé un safari. Alors qu'ils se baignent dans une rivière, en bordure de la jungle, madame Dugommeau voit un crocodile foncer droit sur son mari, la gueule grande ouverte.

— Oh, regarde, chéri, c'est amusant ! Je ne savais pas qu'ils faisaient des bateaux, chez Lacoste !

• • •

Vous saviez que la compagnie aérienne Air Algérie allait changer de nom ? Dorénavant, elle va s'appeler aéro-bic.

• • •

Le soir du 31 décembre, un automobiliste crève un pneu en rase campagne, en se rendant à un réveillon. Il ouvre son coffre, sort sa roue de secours, mais ne trouve pas son cric.

— Ça y est, je me rappelle, dit-il. Je l'ai prêté à Martin et j'ai oublié de le reprendre... Bon, c'est pas grave. Je vois les lumières d'un village, il y aura sûrement là-bas un garagiste qui pourra me prêter un cric.

Et le type se met en marche dans la nuit. Au bout d'un kilomètre, il voit un panneau publicitaire indiquant qu'effectivement, il y a un garagiste dans le village, à deux kilomètres de là.

— Formidable, se dit-il. J'y serai dans une demi-heure... Un garagiste, ça a forcément un cric. Il me le prêtera, j'en aurai pour trois quarts d'heure à revenir, et je serai à temps au réveillon...

Mais, au fur et à mesure qu'il avance, l'automobiliste commence à avoir des doutes.

— Si je dérange un garagiste un soir de Saint-Sylvestre, il y a peu de chance qu'il se contente de me prêter un cric... Non, il va sortir la dépanneuse, ça va me coûter un maximum...

Un peu plus tard, il grommelle toujours :

— Et puis je parie que quand il aura ramené ma voiture dans son garage, il en profitera pour changer le carburateur, les freins et Dieu sait quoi... Ça, tu penses bien qu'il ne va pas se gêner ! Tous ces garagistes, c'est voleur et compagnie !

C'est à ce moment-là qu'il arrive enfin devant le garage. Excédé, il cogne contre le rideau de fer et hurle :

— Ton sale cric, tu peux te le foutre au cul, salaud !

• • •

Après avoir rôdé dans le Bois de Boulogne, un voyeur est embouti, Porte de la Muette, par une jeune femme en Austin. Il jaillit de sa voiture, ouvre la portière de l'autre voiture et, en découvrant la jolie conductrice, se jette sur elle, fou de désir.

Quelques instants plus tard, un car de police s'arrête à la hauteur des deux véhicules accidentés. Deux policiers descendent et découvrent le spectacle.

— Eh ben, murmure l'un des agents, pour un constat à l'amiable, c'est un constat à l'amiable !

• • •

Un couple de paysan ardéchois a accepté de laisser un campeur installer sa tente dans leur champ. Au beau milieu de la nuit, alors qu'un orage terrible dévaste le pays, le campeur, trempé comme une souche et grelottant de froid, frappe à leur porte.

— Vous ne pouvez pas me laisser entrer ? dit-il d'un ton désespéré. C'est terrible, dehors...

— Va, laisse-le rentrer, le pauvre, dit la paysanne — une belle femme d'une quarantaine d'années — à son mari.

— Bon, d'accord.

Le campeur entre, s'installe devant le feu.

— Vous n'auriez pas quelque chose à manger ? dit-il en lorgnant une marmite de soupe qui mijote dans la cheminée en répandant une merveilleuse odeur dans la pièce.

— Va, donne-lui quelque chose, le pauvre, dit la paysanne à son mari.

— Bon, d'accord.

Et il lui donne un morceau de pain.

Le campeur grignote son pain en silence, puis se tourne à nouveau vers le paysan :

— Je ne pourrais pas avoir un peu de soupe ?

— Ah ça, non ! C'est MA soupe, elle mijote depuis une semaine, pas question !

Au bout d'un moment, et alors que la tempête redouble au-dehors, le campeur hasarde une nouvelle question :

— Je ne pourrais pas dormir ici, cette nuit ? Parce que avec cet orage...

— Va, laissons-le dormir avec nous, le pauvre, dit la paysanne. On n'aura qu'à le mettre entre nous, dans le grand lit, il y a bien la place...

— Bon, d'accord.

Finalement ils se couchent et s'endorment, mais voilà qu'au beau milieu de la nuit le paysan est réveillé en sursaut par les beuglements de ses vaches, affolées par l'orage. Il se lève, s'habille et fonce dans l'étable pour les calmer.

La belle paysanne se rapproche alors du campeur et, d'une voix câline, lui murmure :

— Vas-y maintenant, grand fou !

— C'est vrai ? Je peux ? Mais... s'il revient ?

— Pas de danger, il en a pour un bon bout de temps. Vas-y je te dis !

— Oh, merci, madame ! dit le campeur.

Et il se lève pour aller se servir un bol de soupe.

• • •

Un type tout étonné arrive à la porte du Paradis.

— Bienvenue, cher monsieur, lui dit saint Pierre. Dites-moi, vous êtes dans un drôle d'état ! Qu'est-ce qui vous est arrivé ?

— Franchement, saint Pierre, je n'en sais rien ! Tout ce dont je me rappelle, c'est qu'on était sur la route des vacances. À un moment donné, ma femme m'a dit : « Passe-moi le volant, chéri. Tu seras un ange. »

• • •

Deux Corses, anciens pêcheurs, ont décidé de modifier leur bateau pour en faire une embarcation de plaisance et pour proposer des mini-croisières autour de l'île aux touristes.

— Il va falloir te surveiller, Doumé, dit le capitaine. La semaine prochaine, on embarque un groupe de dames, alors attention à ton langage !

— Mais, capitaine, il n'y a pas de chiottes à bord. Comment vont-elles faire ? Et comment va-t-on le leur expliquer ?

— Eh bien ! c'est une affaire de vocabulaire, Doumé. Tout d'abord, on ne dit pas « chiottes », mais « toilettes ». Et puis on peut dire « faire ses besoins », tu vois ?

— Ouais, ouais...

La semaine suivante, le capitaine et son matelot accueillent les passagères, et leur font les honneurs du bateau.

— Une dernière chose ! dit Doumé à la fin de la visite. Il n'y a pas de toilettes à bord, alors si l'une d'entre vous, mesdames, veut faire ses besoins, elle devra se cramponner au bord pour chier dans la mer !

• • •

Sur le bord d'une autoroute, un Japonais est agenouillé à côté de sa voiture, grimaçant de douleur et se tenant le ventre. Affolé, un automobiliste s'arrête sur le bas-côté et se précipite vers lui :

— Hara-kiri ? demande-t-il.

— Non ! gémit le Japonais. Restoroute !

• • •

À bord d'un 747, une hôtesse s'approche du passager Dugommeau.

— Excusez-moi, monsieur... Je ne sais pas trop comment vous annoncer cela, mais il semblerait que nous ayons oublié votre femme, lors de notre dernière escale, il y a un quart d'heure.

— Eh bien, vous me rassurez ! dit monsieur Dugommeau. Ça fait un quart d'heure que j'ai l'impression d'être devenu sourd !

• • •

— C'était bien, tes vacances ? demande un collègue de bureau à monsieur Dugommeau.

— Pas mal, sauf que ma femme n'a pas arrêté de parler pendant tout le séjour. Et blablabla, et blablabla... Épuisant.

— Tu exagères !

— J'exagère ? Écoute, elle parlait tellement qu'elle a attrapé un coup de soleil à la langue !

• • •

Vous savez pourquoi les femmes sont incapables de faire correctement un créneau en voiture ?

— Parce que leurs maris ne cessent de leur répéter que leur pénis mesure vingt centimètres. Alors comment voulez-vous, après ça, qu'elles aient le sens des distances ?

• • •

Une jeune et jolie femme qui traverse la France en voiture le 1er août ne trouve nulle part où se loger. Tout est complet partout. Lorsque, dans un petit village de la Drôme, le patron d'un hôtel modeste lui annonce qu'il est lui aussi complet, c'en est trop pour elle.

— Écoutez, je suis épuisée, il faut que je dorme ! Je suis prête à payer le double du prix ! Je suis prête à partager ma chambre ! N'importe quoi, mais il me faut un lit pour la nuit !

— Dans ce cas, dit l'hôtelier, je vais demander à ces deux touristes belges qui dînent, là-bas, s'ils seraient prêts à partager leur chambre... Je les ai mis à la 4, il y a un grand lit...

Les deux Belges, deux quadragénaires, acceptent avec enthousiasme d'héberger une aussi jolie fille. Ils l'invitent même à dîner, puis ils montent tous les trois.

À voir la lueur de concupiscence qui brille au fond de leurs yeux, la jeune femme se doute de ce qui va se passer, et elle préfère prendre les devants.

— Bon, écoutez, je ne veux prendre aucun risque, avec ces histoires de sida et tout ça... En plus je ne prends pas la pilule, et je n'ai pas envie d'avoir un bébé. Alors tenez, voilà deux préservatifs.

Après une nuit torride, la jeune femme repart.

Un mois plus tard, l'un des Belges dit à son copain :

— Dis, fieu, ça t'embêterait vraiment qu'elle ait un bébé, cette petite qu'on a rencontrée sur la route ?

— Franchement, Jef, je m'en fiche, sais-tu...

— Dans ce cas, fieu, si on retirait ces fichus préservatifs, maintenant ?

• • •

Au cours d'un voyage en Écosse, un touriste participe à une fête folklorique au cours de laquelle il danse avec entrain, au son d'un orchestre typique. Ce n'est qu'en allant boire une bière à la buvette qu'il réalise avoir perdu son portefeuille en dansant. Aussitôt, il fonce vers l'estrade où jouent les musiciens, s'empare du micro et fait une annonce :

— Écoutez tous ! Je viens de perdre sur la piste de danse un portefeuille contenant cent livres sterling ! J'offre cinq livres à qui me le ramènera !

À cet instant, l'un des musiciens écossais le pousse du micro et crie :

— J'offre dix livres !

• • •

Une maman prend le train avec son jeune fils. Ils s'assoient l'un en face de l'autre dans un compartiment et, quelques minutes après le départ, la maman se penche vers l'enfant :

— Tu es bien installé, mon chéri ?

— Oui, maman.

— Tu n'as pas trop d'air ?

— Non, maman.
— Les cahots ne te donnent pas mal au cœur ?
— Non, maman.
— Alors donne-moi ta place.

• • •

Un couple de touristes belges prend le bus à Paris. Ils passent près de l'Arc de triomphe et, lorsque le bus s'arrête, le conducteur annonce « Charles-de-Gaulle ». Un homme descend et deux femmes montent. Plus loin, le bus s'arrête à nouveau et le conducteur dit « George-V ». Une nouvelle fois, un homme descend, et cette fois c'est toute une famille qui monte. Encore un peu plus loin, à un nouvel arrêt, le conducteur dit « Franklin-Roosevelt » et un type descend.

Alors la dame se penche vers son mari et lui dit :

— Tu vois, Jef, il ne va jamais s'arrêter pour nous ! On aurait dû donner nos noms au conducteur !

• • •

Dans un autobus bondé, une femme attire discrètement l'attention d'une autre passagère.

— Dites, madame, chuchote-t-elle. Vous voyez le monsieur, derrière moi ?

— Oui, je le vois.

— Est-ce qu'il est beau ?

— Ben... Il est jeune.

— Oui, bon, ben ça, je le sens bien ! Mais est-ce qu'il est beau ?

• • •

Jean-Mi, au volant de sa Coccinelle rose parme, vient de caler à un feu, bloquant toute la circulation derrière lui. Le feu passe au vert, à l'orange puis revient au rouge sans que Jean-Mi ne parvienne à redémarrer.

Alors un policier s'approche de lui et se penche à sa portière.

— Qu'est-ce qui se passe, jeune homme ? dit le policier. Il n'y a aucune couleur qui vous convienne ?

• • •

Monsieur Dugommeau, au volant de sa nouvelle voiture, rencontre un ami dans un embouteillage.
— Dis donc ! s'exclame ce dernier. Elle est chouette, ta bagnole !
— Oui, je viens de l'acheter ! dit monsieur Dugommeau. Et tu sais quoi ? L'autre jour on est montés à deux cents !
— Eh ben... Mais vous deviez être serrés, quand même.

• • •

Dans un métro bondé, une ravissante jeune femme se tourne brusquement vers l'homme qui se presse contre elle.
— Vous pourriez arrêter de me fourrer ce truc dans le derrière !
— Mais enfin, madame, je n'y peux rien ! répond l'homme. Et puis d'abord vous vous méprenez ! Il s'agit de billets de banque en rouleaux. C'est ma paie !
— Eh bien vous avez de la chance ! dit la jeune femme. Parce que, manifestement, c'est la quatrième fois qu'on vous augmente depuis cinq minutes !

• • •

Deux jolies jeunes filles discutent à une terrasse.
— Oh, dit Caroline, tu ne sais pas ce qui m'est arrivé, l'autre jour, dans le train ?
— Non, dit Véronique.
— J'étais toute seule dans le compartiment avec un type. Pas mal... Brun, grand, l'air intelligent, tu vois... Bon, eh bien au bout d'un moment, il a engagé la conversation. Il était à la fois drôle et passionnant ! Et puis il a posé sa main sur ma cuisse et il s'est mis à remonter...
— Et alors ?
— Alors il est venu s'asseoir à côté de moi et il m'a embrassée dans le cou, puis il a glissé sa main dans ma blouse et il a commencé à me caresser les seins, puis il a défait ma robe et il a tiré les rideaux du compartiment...
— Et alors ?
— Alors il m'a mise toute nue et il m'a couchée sur la banquette, et c'est là qu'il a défait son pantalon !
— Et alors ?
— Pour qui me prends-tu ? s'écrie Caroline. Quand j'ai compris qu'il voulait coucher avec moi, j'ai tiré le signal d'alarme, bien sûr !

• • •

Un couple de touristes remonte l'autoroute du Sud, à la fin des vacances. En quittant une aire de repos, la passagère s'écrie :

— Regarde, mon chéri ! Il y a des gens qui ont laissé un barbecue !

— Super ! dit le mari. On l'embarque !

Vingt kilomètres plus loin, ils sont arrêtés par un barrage de police.

— Descendez et ouvrez le coffre ! dit un motard.

— Mais pourquoi ? On roulait tranquilles et...

— Ouvrez le coffre, s'il vous plaît.

Le conducteur obtempère et le motard ouvre des yeux ronds en découvrant ce qui se trouve dedans.

— Et ça, qu'est-ce que c'est ! dit-il.

— Ben, c'est un barbecue qu'on a trouvé sur une aire de repos, pas loin d'ici...

Le motard retourne à sa moto, branche sa radio et dit :

— Ça y est, chef, je les tiens, ceux qui ont piqué le radar !

• • •

Un Parisien est venu s'installer en grande banlieue et, s'il goûte aux joies de l'air pur et des espaces verts, il découvre également celles des trains de banlieue. Le premier jour, il est en retard, le deuxième aussi. Le troisième jour, il va voir un paysan dont le champ se trouve entre la gare et sa résidence, ce qui l'oblige à un énorme détour.

— Écoutez, monsieur, pouvez-vous m'autoriser à traverser votre champ, tous les matins ? Ça me permettrait d'attraper le train de 7 h 12...

— Pas d'problème, mon gars ! répond le paysan. Et même, j'vas vous dire : si mon taureau vous voit, vous pourriez même avoir celui de 6 h 55 !

• • •

Une jeune fille visite un musée à Florence avec son école.

— Et voici une très belle Vierge du XVe ! annonce le guide.

— Eh bien, ça nous fait un point commun ! dit la jeune fille.

— Pourquoi ? demande le guide en roulant déjà des yeux de velours. Vous êtes vierge ?

— Non, je suis du même arrondissement.

• • •

Monsieur et madame Dugommeau prennent l'avion pour la première fois. Tout excitée, madame Dugommeau se penche vers un hublot et s'écrie :

— Oh, regarde là en bas, comme tout est si petit ! Regarde ces voitures, sur l'autoroute ! On dirait des fourmis !

Monsieur Dugommeau se penche à son tour vers le hublot, puis se rassied et déplie son journal.

— Chérie, ce sont vraiment des fourmis. Je te rappelle que l'avion n'a pas encore décollé.

• • •

Une vieille dame prend le train avec son chien et découvre qu'elle doit également prendre un billet pour l'animal.

— C'est scandaleux ! dit-elle. Mais puisque je dois payer pour mon chien, j'imagine qu'il pourra lui aussi occuper une place, comme tout le monde ?

— Mais certainement, madame, répond le guichetier. À condition bien sûr qu'il ne mette pas les pieds sur les sièges...

• • •

Monsieur et madame Dugommeau sont en vacances au Mexique au moment d'une secousse tellurique de grande importance.

— Tu as eu peur ? demande monsieur Dugommeau à sa femme dès que le séisme a cessé.

— Oh oui ! Mais la terre tremblait encore plus que moi !

• • •

Si un jeune homme referme doucement la portière de sa voiture après que sa petite amie s'est installée, c'est qu'il vient de faire sa connaissance.

Si un homme d'âge mûr referme doucement la portière après que sa femme s'est installée, c'est qu'il vient d'acheter sa voiture.

• • •

Dans un autobus, un passager, extraordinairement aguiché par la jeune femme qui est assise en face de lui, se penche et lui murmure :

— Vous me rendez fou... Cent francs pour vous si vous écartez un peu les cuisses...

— Cent francs ? dit la femme d'un air méprisant. Tenez, pour cinq cents francs, je vous montre où je me suis fais faire ma césarienne !

Le type lui donne aussitôt cinq cents francs, mais il ne se passe rien.

— Alors ? dit-il au bout d'un moment.

— Un peu de patience, grand fou...

Le type, de plus en plus excité, n'en peut plus. Il se penche à nouveau vers la jeune femme mais, à cet instant, l'autobus passe devant un hôpital et elle s'exclame :

— Voilà ! C'est là !

• • •

Dans le Midi, un touriste s'approche de deux gendarmes.

— *Excuse me*, dit-il. *Do you know the way to Saint-Tropez ?*

Les deux gendarmes ne bronchent pas.

— *Parlate italiano ?* insiste le touriste.

Aucune réponse.

— *Deutsch ?*

Les gendarmes restent impassibles.

Du coup, le touriste hausse les épaules et s'en va.

— T'as vu ? dit le premier gendarme. Qu'est-ce qu'il parlait comme langues, celui-là !

— Ouais ! dit l'autre. Mais nous on sait où est Saint-Tropez...

• • •

Dans un taxi, deux touristes anglais parlent de leurs femmes.

— Suzan est vraiment terrible ! dit le premier. Je ne parviens pas à lui faire entrer dans la tête qu'on ne doit pas couper sa salade avec un couteau !

— C'est comme moi, dit l'autre. Elizabeth a mis des serviettes en papier pour le *Five o'clock tea ! Shocking !*

À ce moment-là, le chauffeur de taxi, un titi parisien, se retourne vers les deux Anglais.

— Scusez, les milords, mais vous ne m'en voudrez pas si je vous tourne le dos ?

• • •

Le pilote d'un 747 s'adresse à ses passagers :

— Mesdames, messieurs, j'ai une bonne et une mauvaise nouvelle à vous annoncer. La mauvaise, c'est que nous venons d'être pris en otages par un pirate de l'air. La bonne, c'est qu'il exige que nous nous posions à Tahiti !

• • •

Vous savez quelle est la station de métro préférée des mères juives ?

— La station Monge. Parce que : « Monge, mon fils, monge ! ».

• • •

Vous savez comment on reconnaît un avion de l'Alitalia dans un aéroport ?

— C'est le seul qui ait du poil sous les ailes.

• • •

En septembre, un nain rencontre un autre nain qui rentre de vacances.

— Alors ? demande-t-il. Ce séjour chez les nudistes, c'était bien ?

— Plus ou moins, dit l'autre. Pour tout dire, pendant la première semaine j'étais persuadé que notre avion avait été détourné sur Cuba. De là où j'étais, tout le monde ressemblait à Fidel Castro...

• • •

Un passager d'un tout nouvel avion de ligne doit aller aux toilettes, mais celles des hommes sont occupées. Comme il ne peut plus attendre, il demande à l'hôtesse l'autorisation d'utiliser celles des femmes.

— Bon, d'accord, dit l'hôtesse, mais surtout ne touchez pas aux boutons EC, AC, PT et CAT.

Le passager opine, puis s'enferme dans les toilettes. Évidemment, une fois ses besoins naturels satisfaits, il ne peut s'empêcher d'appuyer sur le bouton EC.

Aussitôt, un jet d'eau chaude vient lui caresser les fesses. « Marrant », se dit-il. Et il appuie sur AC. Un souffle d'air chaud vient lui sécher les fesses. « Eh bien, elles ne se refusent rien, les femmes ! » se dit-il en appuyant sur le troisième bouton, où est marqué PT. Et il sent qu'on lui applique de la poudre talquée.

Enfin, il appuie sur le bouton CAT...

Un peu plus tard, il se réveille à l'hôpital.

— Que s'est-il passé ? murmure-t-il.

L'hôtesse, qui était à son chevet, se penche vers lui.

— Vous vous souvenez de moi ? dit-elle. Je vous avais dit de ne pas appuyer sur ces boutons !

— Oui, oui, murmure le malheureux.

— Mais vous vous êtes servi du bouton CAT... Changeur Automatique de Tampon... Au fait, votre pénis est conservé dans du formol, au laboratoire...

• • •

Vous savez quelle est la première chose que remarque un homme quand il va à la plage avec sa femme ?

— Toutes les autres femmes.

• • •

Pour le vol inaugural du Boeing Titan 797, une hôtesse fait son annonce au micro :

— Mesdames, mesdemoiselles, messieurs, bienvenue à bord du Titan 797 à destination de Tokyo, que nous atteindrons dans une heure et demie. Durant le vol, vous trouverez une salle de cinéma et une patinoire dans l'aile droite, huit courts de tennis et une piscine dans l'aile gauche, un restaurant panoramique au troisième étage, un parcours de golf au deuxième, un centre commercial au premier étage et un salon de détente au rez-de-chaussée pour ceux qui souhaiteraient s'asseoir pendant le trajet.

« Le commandant Dugommeau et tout son équipage vous souhaitent un bon voyage... Et maintenant nous allons essayer de faire décoller cette espèce de saloperie d'appareil à la noix !

• • •

Un Écossais prend le Glasgow-Londres et s'installe dans un compartiment de première classe. Arrive un contrôleur.

— Comment ? Vous voyagez en première avec un billet de seconde, demi-tarif en plus ? Il va falloir régler la différence...

Comme l'Écossais refuse et se cramponne à son siège, le contrôleur, à bout de nerfs, balance sa valise par la fenêtre.

— Ça va pas ? hurle l'Écossais. Non seulement vous m'empêchez de voyager tranquille et vous me demandez de l'argent, mais en plus vous jetez mon fils par la fenêtre !

• • •

Un Belge, un Américain et un Français traversent le désert. Au bout de plusieurs jours de route, ils arrivent dans une oasis merveilleusement belle, qui n'est signalée par aucune carte. Au milieu de l'oasis, ils voient un lac d'un beau vert turquoise, au bord duquel est aménagé un plongeoir. Comme ils s'en approchent, un djinn apparaît devant eux.

— Bonjour ! Je suis le génie de l'oasis ! Ce lac est magique. Si vous sautez du haut du plongeoir, il contiendra ce que vous voulez !

Et le génie disparaît.

Les trois hommes commencent par boire et se baigner, puis décident d'essayer le lac magique.

L'Américain monte en premier :

— Je veux plonger dans un lac de dollars ! crie-t-il.

Il saute et, effectivement, atterrit dans un lac de billets verts.

— À moi ! À moi ! crie le Français en grimpant au plongeoir. Je veux un lac de femmes nues !

Et il atterrit dans un monceau de créatures pulpeuses...

— C'est à mon tour ! dit le Belge.

Et en grimpant, il se dit qu'il y a bien longtemps qu'il n'a plus mangé de frites. Un lac de frites, ne serait-ce pas le rêve ? Le Belge s'élance, crie « Je veux un lac de... » et se prend le pied dans le revêtement en corde du plongeoir.

Alors il tombe en criant « Merde ! ».

• • •

## 7

## HISTOIRES D'ARGENT

Une dame entre dans un magasin de prêt-à-porter et s'avance vers une vendeuse :

— Est-ce que je pourrais essayer cette robe, là, dans la vitrine ?

— Mais enfin, madame, certainement pas ! s'écrie la vendeuse, outrée. Nous avons des cabines d'essayage !

• • •

Après avoir fini ses études de droit, un jeune Parisien répond à une petite annonce qui propose du travail dans le nord de la France. Très excitée, sa fiancée vient l'attendre à la gare, après son rendez-vous.

— Alors ? dit-elle après l'avoir embrassé.

— Eh bien on m'a offert une place dans une étude de notaire, à Maubeuge.

— Ah bon, et c'est une grosse étude ?

— Je pense bien ! Rends-toi compte, il n'y a que deux études de notaire à Maubeuge, et moi je serai le clerc de l'une !

• • •

Dans le petit village de Saint-Bled, un jeune garçon n'a qu'une ambition : devenir bedeau du curé. Dès que l'ancien bedeau meurt, il sollicite la place mais quand le curé s'aperçoit qu'il ne sait ni lire ni écrire, il lui refuse le poste.

Déprimé, le jeune garçon part pour la ville, où il trouve un emploi dans une usine et s'y montre si doué qu'il gravit rapidement tous les échelons de la hiérarchie. Vingt ans plus tard, il en est le patron.

Un beau jour, alors qu'il conclut une affaire importante, son banquier le voit signer d'une croix.

— Comment... Vous ne savez pas écrire ? demande-t-il, éberlué.

— Eh non... Ni lire ni écrire.

— C'est incroyable ! Et dire que, malgré cet handicap, vous êtes parvenu à diriger l'une des plus importantes usines de la région ! Mais c'est fabuleux ! Dieu seul sait ce que vous auriez pu devenir si vous aviez su lire et écrire !

— Oh, ça, je le sais, dit le patron. Je serais devenu bedeau à Saint-Bled...

• • •

Un représentant en lessive sonne chez madame Dugommeau.

— Bonjour, chère petite madame ! Connaissez-vous la lessive Propnet ? Non ? Eh bien, je vais vous faire une petite démonstration. Vous avez des choses à laver ?

— Euh, oui, répond madame Dugommeau, un peu dépassée. J'ai un chemisier, un soutien-gorge et une petite culotte...

— Eh bien je vais avoir le plaisir de vous montrer l'incroyable efficacité de la lessive Propnet ! Regardez !

Le représentant fait couler de l'eau chaude dans un évier, de l'eau froide dans l'autre et commence à laver les vêtements que lui tend la brave dame.

— Voilà. Je prends le chemisier, je lave, lave, lave dans l'évier, je rince, rince, rince dans la belle eau claire, je passe devant la lumière, c'est merveilleux. Je passe sous le nez, ça sent la rosée... Puis je prends le soutien-gorge, je lave, lave, lave dans l'évier, je rince, rince, rince dans la belle eau claire, je passe devant la lumière, c'est merveilleux. Je passe sous le nez, ça sent la rosée... Et enfin je prends la petite culotte, je lave, lave, lave dans l'évier, je rince, rince, rince dans la belle eau claire, je passe devant la lumière, c'est merveilleux. Je passe sous le nez, ça sent... Euh, je lave, lave, lave dans la belle eau claire...

• • •

Un étudiant sénégalais en voyage en France fait les vendanges en Alsace. Le premier jour, il part au travail avec les autres vendangeurs, plein de bonne volonté.

— Alors, dit-il. Qu'est-ce qu'on coupe, aujourd'hui ? La sylvaner ?

— Non, on dit *le* sylvaner...

— Ah bon, d'accord.

Le lendemain, le brave Sénégalais repart au travail, avec toujours autant d'entrain.

— Qu'est-ce qu'on coupe, aujourd'hui ? dit-il à ses collègues. La gewurztraminer ?

— Oui, mon gars. Mais on dit *le* gewurztraminer...

Le troisième jour, pas de trace du Sénégalais. On le cherche partout, puis on le trouve enfin, terrifié, caché dans sa chambre.

— Mais enfin, qu'est-ce qui se passe ? demande un vendangeur.

— Ne m'approchez pas ! hurle le Sénégalais. Je vous ai entendu, hier soir ! Vous avez dit qu'aujourd'hui vous alliez couper la pinot noir !

• • •

Dans un petit village, un facteur vient apporter une lettre exceptionnelle à une vieille dame.

— Madame Dugommeau ! Madame Dugommeau ! Regardez, c'est une lettre qui vient d'arriver pour vous d'Amérique, par avion !

— Ce n'est pas bien de se moquer d'une vieille dame, répond mammy Dugommeau. J'ai bien vu que vous êtes venu en vélo...

• • •

Un type au physique de brute entre dans une banque, bouscule des clients qui faisaient la queue au guichet et s'adresse à la caissière.

— Eh, toi, morue ! Je veux ouvrir un compte, alors magnetoi !

— Mais enfin, monsieur, où vous croyez-vous ? proteste la caissière. Attendez votre tour !

— Fais pas chier et magne-toi, je te dis, morue !

Outrée, l'employée de banque quitte son guichet et va voir son directeur, qui revient avec elle quelques instants plus tard.

— Alors, monsieur, que se passe-t-il ? demande-t-il d'une voix ferme au grossier personnage.

— Il se passe que j'ai gagné dix millions au Loto. Tout ce que je veux, c'est ouvrir un compte chez vous !

Alors, le directeur s'exclame :

— Et cette morue vous emmerde ?

• • •

Dans un grand restaurant, un client hèle le garçon.

— Veuillez m'appeler le chef, je vous prie.

Un peu inquiet, le chef, un maître réputé mondialement, s'approche de la table du client.

— Il y a un problème, monsieur ?

— Effectivement, oui. Pouvez-vous goûter ce potage ?

— Monsieur, je suis confus, dit le chef. Nous n'avons jamais eu de problème avec ce potage, mais je vais vous le changer...

— Non, non, dit le client. Je voudrais simplement que vous le goûtiez.

— Écoutez monsieur, je vais vous présenter la carte, choisissez ce que vous voulez à la place...

— Pas question ! Tout ce que je veux, c'est que vous goûtiez ce potage !

Pour calmer son client, le chef s'installe à sa table, se saisit prudemment de l'assiette de potage et la pose devant lui. Puis il jette un coup d'œil sur la table et lève les yeux vers le client.

— Je m'excuse, il n'y a pas de cuiller...

— Ah ! s'écrie le client. Vous avez remarqué, vous aussi !

• • •

Un producteur appelle son régisseur.

— Mon vieux, pour la scène de demain, il me faut une bergère Louis XV. Tu peux me trouver ça ?

— Alors là, c'est un coup de chance, je viens d'en voir une à vendre ! Vous disposez de quel budget ?

— Cinq mille francs...

— Quoi ? Cinq mille francs pour une bergère Louis XV ? Mais vous rigolez ! En tirant les prix au maximum, je pourrai l'avoir pour vingt mille, mais c'est un minimum !

— D'accord, d'accord, dit le producteur. Va pour vingt mille. Mais il me la faut pour demain !

— Sans problème, patron ! dit le régisseur en raccrochant.

— C'était qui ? demande sa femme.

— Le producteur, répond pensivement le régisseur. À propos, dis donc, tu sais ce que c'est qu'une bergère Louis XV ?

• • •

Un jeune homme postule un emploi dans une grande société et, préalablement à l'entretien d'embauche, on lui fait remplir un questionnaire. Arrive la ligne « salaire désiré ». Il hésite longuement, puis écrit timidement : « Oui. »

• • •

À Hollywood, un scénariste recoit un coup de téléphone de son agent :

— Steve, mon vieux, j'ai une bonne et une mauvaise nouvelle à vous annoncer... Par laquelle voulez-vous que je commence ?

— Par la bonne, répond le scénariste, un peu inquiet.

— La Fox adore votre nouveau scénario.

— C'est pas possible...

— Si, si ! Elle l'a littéralement dévoré !

— Formidable ! Et la mauvaise nouvelle, c'est quoi ?

— C'est que, cher ami, quand je vous parle de la Fox, c'est de ma petite chienne que je veux parler...

• • •

Monsieur Dugommeau appelle son meilleur ami.

— Bonjour, Jean. Tu pourrais me prêter mille francs ?

— Ah, non, désolé. J'ai la grippe.

— Mais je ne vois pas le rapport !

— Moi non plus. Mais pour refuser de prêter de l'argent, tous les prétextes sont bons.

• • •

Le tout jeune directeur d'une société qui vient de se monter est averti par sa secrétaire que quelqu'un demande à le voir.

— Faites-le entrer, dit le jeune homme en ouvrant précipitamment des dossiers pour avoir l'air affairé.

Quand le visiteur pénètre dans le bureau, le directeur est au téléphone avec un correspondant imaginaire.

— Cent mille dollars ? Mais c'est pour rien, Smith. Achetez, mon vieux. Achetez. Mes amitiés à Bill Gates, n'est-ce pas ?

Il raccroche, serre la main du visiteur, décroche à nouveau le combiné :

— Excusez-moi, un coup de fil urgent... Allô, monsieur Nakasima ? Quel temps fait-il à Tokyo ?... Bien sûr, cher ami, bien sûr. Dites-moi, Nakasima, où en est l'indice Nikkei chez vous ?... C'est ça, rappelez-moi.

Le jeune directeur raccroche.

— Voilà, dit-il en se tournant vers son vis-à-vis. Les affaires, vous savez ce que c'est...

— Non.

— Pardon ?

— Non, je ne sais pas ce que c'est, les affaires.

— Mais alors, pourquoi êtes-vous venu me voir ? Qui êtes-vous ?

— Je suis le préposé des PTT. Je suis venu brancher la ligne de téléphone.

• • •

Un jeune cadre répond à une offre d'emploi et est reçu par le chef du personnel.

— Monsieur, dit-il d'emblée, vous recherchez un diplômé des grandes écoles, sachez que je suis diplômé d'HEC, de l'ESSEC, de Polytechnique et de Sciences Po.

— Ah, très bien...

— Vous voulez quelqu'un qui parle plusieurs langues ? Eh bien je parle anglais, allemand, russe, chinois, espagnol, arabe et serbo-croate. Plus, bien sûr, quelques rudiments d'italien et de turc.

— Formidable...

— Vous demandez de l'expérience ? J'ai été directeur financier de la BNP, directeur commercial des Galeries Lafayette, directeur littéraire de France Loisirs...

— Épatant ! Eh bien, vous me semblez convenir parfaitement pour ce poste... Vous n'avez vraiment aucun défaut ?

— Si, fait le jeune cadre. Tout de même...

— Ah bon ? Lequel ?

— Parfois, je raconte des conneries...

• • •

Monsieur Dugommeau, après quinze ans de bons et loyaux services dans la même société, pénètre en trombe dans le bureau de son chef de service.

— Monsieur Vlandieu, j'ai trois choses à vous dire ! crie-t-il. Deuxièmement, je démissionne de cette boîte de crétins ! Et troisièmement, vous êtes un abruti, Vlandieu !

— Et... Et le premièrement ? demande le chef de service, abasourdi.

— Ah oui, excusez-moi, j'aurais dû commencer par ça. Premièrement, je viens de gagner dix millions au Loto.

• • •

Un imprésario de music-hall recoit une jeune femme dans son bureau :

— Alors, c'est quoi, votre numéro ?

— Je joue de la trompette avec mon cul, répond la fille sans se démonter.

— Vraiment ? Eh bien voyons ça...

La jeune femme se déshabille entièrement, sort une trompette de son étui et la cale minutieusement entre ses fesses. Elle se concentre deux ou trois secondes, puis commence à interpréter avec beaucoup de talent un air de Louis Armstrong.

— Formidable ! s'écrie l'imprésario. J'appelle tout de suite Mulligan, à New York ! Il va adorer votre numéro !

L'imprésario décroche son téléphone, compose le numéro et s'écrie avec enthousiasme :

— Mulligan ? Ici c'est Martin ! Oui, Martin, de Paris ! Dites, mon vieux, j'ai un truc épatant pour vous. Écoutez ça !

Et il tend le combiné vers la jeune femme qui, docilement, recommence son air.

— Alors ? fait l'imprésario au bout de quelques mesures. Qu'est-ce que vous en pensez ? C'est du tonnerre, non ?

— Dites, Martin, tonne au bout du fil le terrible Mulligan, vous savez l'heure qu'il est, à New York ? Deux heures du matin ! Je dormais, moi, Martin ! Et c'est pour me faire écouter je ne sais quel trou-du-cul jouer de la trompette que vous me réveillez ?

• • •

Le patron des chaussures Badré décide de se changer les idées et part en voyage en Italie. Mais ni à Venise, ni à Florence, ni à Rome, ni même au Vatican il ne parvient à oublier ses affaires...

— Et alors ? lui demande l'un de ses collaborateurs. Au Vatican, vous avez vu le pape ?

— Oui, oui, répond distraitement le patron.

— Eh bien ? Qu'est-ce que vous en pensez ?

— Je pense qu'il chausse du 42.

• • •

Monsieur Samuel Goldstein, de la société Goldstein et Goldstein, a emmené son équipe en séminaire à Deauville.

— Tiens, dit l'un de ses cadres en regardant par la fenêtre de l'hôtel, la mer monte...

— Très bien ! s'écrie Samuel Goldstein. Vendez !

• • •

Un laveur de carreaux est en train de travailler tout en haut d'un échafaudage lorsqu'un pilier cède brusquement, l'entraînant dans une chute de plus de vingt mètres...

— Mon Dieu ! s'écrie une bonne dame en venant à son secours. Mais que s'est-il passé ?

— Je ne sais pas, bredouille le laveur de carreaux. Moi, j'arrive...

• • •

Monsieur Dugommeau est allé déjeuner dans un restaurant réputé mais il vient de découvrir un petit bout de ficelle dans sa soupe.

— Qu'est-ce que c'est que ça ! s'écrie-t-il, scandalisé. Appelez-moi le patron !

Le patron s'excuse, propose un autre plat mais, cette fois dans une choucroute, monsieur Dugommeau trouve à nouveau un petit bout de ficelle. Puis c'est dans sa glace, et même dans son café !

— Mais enfin, vous vous fichez du monde !

— Je suis désolé, monsieur, dit le patron, rouge de confusion. Ce doit être notre nouveau cuisinier...

Le patron se précipite en cuisine, saisit le chef par le col et lui hurle :

— Mais qu'est-ce qu'on vous a appris à l'école hôtelière !

— Ah, ça, désolé, monsieur, mais je ne peux pas vous le dire, répond le chef. Vous savez, on a tous nos petites ficelles...

• • •

Un directeur de cirque fait passer des auditions.

— Mon numéro est absolument sensationnel ! lui dit un petit homme chétif en entrant dans sa roulotte-bureau. À l'aide d'une échelle de corde, je monte tout en haut du chapiteau, j'agite un petit drapeau et je plonge jusqu'au beau milieu de la piste où je me reçois en plein sur la tête !

— Incroyable ! dit le directeur de cirque. Vous êtes engagé ! Quand pouvez-vous commencer ?

— Eh bien, ce soir, si vous voulez...

Et le soir même, le petit homme fait ce qu'il dit : il grimpe, il plonge, il se reçoit sur la tête, puis se relève, salue et sort en coulisses.

— Fabuleux ! dit le directeur. Je vous offre mille francs par représentation !

— Non, non, je vous remercie...

— Bon, d'accord, cinq mille francs !

— Non, vraiment...

— Dix mille ! rugit le directeur. Vingt mille !

— Non, vous savez, même pour cent mille francs, je ne le referais plus. C'était mon premier essai, voyez-vous. Mais, vraiment, ça fait hyper mal à la tête !

• • •

Un homme d'affaires est allé prier à l'église.

— Mon Dieu, j'aimerais bien avoir l'éternité devant moi, comme toi... Qu'est-ce que c'est qu'un siècle, pour toi ? Une minute ! Malheureusement, je n'ai que ma pauvre vie d'humain, alors s'il te plaît, Seigneur, aide-moi. Tout ce qu'il me faut pour redresser mon entreprise, c'est un million de francs. Qu'est-ce que c'est pour toi, Seigneur, qu'un million ? Un centime ! Seigneur, donne-le-moi, ce centime !

Et à ce moment-là, la voix du Seigneur répond :

— D'accord. Attends une minute...

• • •

En 1939, un jeune Parisien revient tout juste de chez le cordonnier, où il a porté ses chaussures à ressemeler, lorsqu'il apprend à la radio que la guerre est déclarée et que c'est la mobilisation générale. C'est « la drôle de guerre », puis le désastre de mai 40. Le jeune homme parvient à gagner l'Angleterre où il rejoint la France libre avant d'être incorporé à la 2e DB et de faire toute la guerre à bord d'un char.

En 1945, enfin, il est démobilisé et il rentre chez lui. En passant devant la boutique du cordonnier, mû par une impulsion soudaine, il entre et salue le commerçant.

— Vous me reconnaissez ?

— Non...

— J'étais venu vous porter des chaussures, la veille de la guerre ! Vous vous rendez compte ? Si on m'avait dit que je ne reviendrais pas avant cinq ans ! Au fait, vous les avez toujours, mes chaussures ?

— Je vais voir.

Le cordonnier passe dans l'arrière-boutique, fouille dans ses tiroirs et lance :

— Vos chaussures, elles sont bicolores ?

— Oui !

— Marron et blanc ?

— Oui !

— Il fallait les ressemeler, c'est ça ?

— Oui, oui !

— Elles seront prêtes en début de semaine...

• • •

Un monsieur très digne se présente au guichet des télégrammes et tend son message au préposé, qui le déchiffre avec des yeux ronds :

— « Houga, houga, houga, houga... » C'est bien ce que vous avez écrit, monsieur ?

— Tout à fait.

— Bon... Vous savez que pour le même prix vous pouvez rajouter deux mots ?

— Non, non, répond le monsieur très digne. Envoyez le télégramme tel quel.

— Vous ne voulez pas rajouter un ou deux « Houga » ?

— Mais enfin, vous n'y pensez pas ! Ça ne voudrait plus rien dire !

• • •

LES NULS

*Selon ses déclarations, le sculpteur César coulerait un bronze tous les soirs.*

• • •

Toujours au guichet des Postes, une dame s'adresse au préposé :

— Je voudrais un timbre à deux francs, s'il vous plaît.

— Voilà madame...

— Je vous dois combien ?

• • •

Un type renvoie le formulaire de son tiers provisionnel à son percepteur avec un petit mot :

« Après avoir collé l'enveloppe, je viens de m'apercevoir que j'ai oublié d'y glisser mon chèque. Je vous prie de m'excuser de cette erreur. »

• • •

Madame Dugommeau entre dans une charcuterie et demande du jambon.

— Je vous mets combien de tranches, madame ? demande le charcutier.

— Allez-y, allez-y, je vous arrêterai...

Le charcutier s'exécute et débite une bonne vingtaine de tranches lorsque, tout à coup, madame Dugommeau s'exclame :

— Stop ! C'est celle-là que je veux !

• • •

Un homme d'affaires corse cherche un nouveau comptable pour son entreprise. Mais comme il en a assez d'être victime des agissements frauduleux des professionnels de la comptabilité, il passe une annonce où il demande seulement aux candidats d'être habitués aux chiffres.

Le premier candidat est un militaire de la Légion, récemment démobilisé.

— Vous vous y connaissez en chiffres ?

— Je pense bien ! dit le légionnaire. Toute ma vie je les ai hurlés à pleins poumons : « Un-deux, un-deux ! »

— Merci, on vous écrira.

Le deuxième candidat est un musicien.

— Vous vous y connaissez en chiffres ?

— Je pense bien ! Toute ma vie je les ai comptés mentalement : « Un-deux-trois-quatre, un-deux-trois-quatre... »

— Merci, on vous écrira.

Le troisième candidat est un fonctionnaire.

— Vous vous y connaissez en chiffres ?

— Je pense bien ! Toute ma vie je n'ai pas cessé de les utiliser, dans le cadre de mon travail : « Un, deux, trois, quatre, cinq, six, sept, huit, neuf, dix... »

— Formidable ! s'écrie l'homme d'affaires. Et, bien sûr, vous savez compter après dix !

— Bien sûr ! Valet, dame, roi, as !

• • •

Une entreprise a fait passer une petite annonce : « Recherche jeune homme dynamique, motivé et travailleur. » Le lendemain, le directeur du personnel reçoit les candidats.

Le premier est un homme d'une cinquantaine d'années.

— Vous n'êtes plus tout jeune, lui dit le directeur du personnel.

— Eh non...

— Enfin, c'est pas grave. Vous êtes dynamique ?

— En fait, non, pas vraiment...

— Ah bon ? Mais vous êtes motivé, quand même ?

— Bof...

— Bien... Au moins êtes-vous travailleur ?

— Ah, non, pas du tout. Un vrai fainéant...

— Dans ces conditions, pourquoi vous êtes-vous déplacé ?

— Pour vous dire qu'il ne fallait pas compter sur moi, pour ce job.

• • •

Un romancier minable reçoit par retour de courrier son dernier manuscrit qu'il avait envoyé à une maison d'édition.

— Alors ? lui demande son épouse. Qu'est-ce qu'ils disent ? C'est une lettre de refus, comme d'habitude ?

— Même pas. Cette fois-ci, ils ont écrit : « Ouvert par erreur. »

• • •

Un client entre chez un traiteur-charcutier spécialisé dans les plats exotiques.

— Vous avez du Dubitchusofiskatilitchvak aux champignons ?

— Pardon ? dit le vendeur. Du Dubitchusofiskatilitchvak aux quoi ?

• • •

— Savez-vous comment, au Portugal, on détermine quel sera le métier futur des enfants ?

— Non.

— Eh bien, c'est simple : on les jette contre le mur, dès leur naissance. Ceux qui s'agrippent seront plâtriers, ceux qui tombent par terre deviendront carreleurs.

• • •

— Dites-moi, ma petite, murmure le patron à sa secrétaire

juchée sur ses genoux. Qu'est-ce que vous feriez si vous tombiez enceinte de moi, que je refuse de reconnaître l'enfant et que je vous licencie ?

— Oh, monsieur, dit la jeune femme, ce serait trop horrible. Je crois que je me suiciderais !

— Bonne petite, murmure le patron.

• • •

Un orchestre a été engagé pour animer une soirée, mais malheureusement il est tombé sur un public amateur de mambo, qui ne prétend pas entendre autre chose que du mambo. Bon, l'orchestre en connaît bien deux ou trois, mais à force de les jouer et de les rejouer, vraiment ils en ont assez...

— Vous voulez encore un mambo ? demande le chef d'orchestre.

— Ouiiiii ! répondent les danseurs.

— Alors c'est reparti. Nous allons jouer *Mambo sapin* !

• • •

Un employé au salaire modeste vient tenter sa chance auprès de son patron.

— Monsieur, ça fait trois ans que je travaille ici et que je ne vous ai pas demandé la moindre augmentation.

— Mon cher ami, je vais vous expliquer une bonne chose : si vous travaillez encore ici, c'est justement parce que vous n'avez pas demandé d'augmentation depuis trois ans.

• • •

Le même employé, un peu plus tard, revient voir le même patron :

— Monsieur, je comprends parfaitement la situation. Vous ne voulez pas augmenter mon salaire ? Très bien. Mais est-ce que vous ne pourriez pas me le donner un peu plus souvent ?

• • •

Le directeur d'un cirque a un problème : comme par le fait d'une malédiction, tous ses trapézistes, les uns après les autres, sont victimes de chutes mortelles. Désespéré, il est sur le point de renoncer définitivement à présenter des numéros de trapèze lorsqu'un tout jeune débutant vient proposer ses services.

— Voyons ce que vous savez faire, dit le directeur.

Le numéro est époustouflant : le jeune homme grimpe tout en haut du portique, lance son trapèze, se jette dans le vide et, après un triple saut périlleux, se rattrape in extremis au trapèze par la nuque !

— Inouï ! Incroyable ! s'exclame le directeur. Mais c'est trop dangereux. S'il vous arrivait quelque chose...

— Aucun risque, dit le jeune homme. Je me suis entraîné des années et je n'ai jamais eu le moindre pépin.

À force d'insister, le trapéziste obtient sa chance, et vient le grand soir où, pour la première fois il présente son numéro en public. Le directeur retient son souffle, la salle est pétrifiée d'angoisse devant la témérité de l'artiste, mais tout se déroule impeccablement. Dès qu'il se réceptionne sur la nuque, c'est le délire. La foule est debout et l'ovationne.

Alors le trapéziste, ivre de bonheur, salue...

• • •

Une représentante en parfums est montée dans l'ascenseur d'un building après avoir rendu visite à une cliente qui habite le dix-septième étage. Pendant le trajet, elle se sent prise d'un besoin irrépressible de lâcher un pet, et elle profite du fait qu'elle est seule dans la cabine pour se laisser aller. L'odeur est cependant si forte que la brave dame fouille dans son sac et en retire un échantillon de désodorisant « Senteur des pins des Landes » dont elle vaporise copieusement l'atmosphère.

Au douzième étage, l'ascenseur s'immobilise et un type monte à son tour dans la cabine. Il fronce le nez, prend un air dégoûté et regarde la brave dame d'un air suspicieux.

— Qu'est-ce qu'il y a ? dit-elle d'un air aussi nonchalant que possible. Vous avez un problème ?

— Eh bien, je ne sais pas ce que vous en pensez, madame, répond le type. Mais il y a une drôle d'odeur dans cet ascenseur. On dirait que quelqu'un a chié sur un arbre de Noël !

• • •

Un comédien de seconde zone qui ne se voit offrir que de rares petits rôles reçoit un beau matin un télégramme, qu'il ouvre fébrilement : « Vous propose premier rôle dans mon nouveau film — Stop — Partenaires : Isabelle Adjani et Jean Reno — Stop — Sauf coup de fil contraire dans la soirée, êtes engagé — Stop — Luc Besson. »

— Regarde, ma chérie ! crie-t-il à sa femme. Luc Besson m'offre un grand rôle dans son prochain film ! S'il ne me rappelle pas avant ce soir, c'est dans la poche !

Toute la journée, le type se ronge les sangs en attendant que le soleil se couche. À sept heures, il n'a rien reçu. À huit heures, toujours rien. À neuf heures, encore rien.

— Je n'en peux plus, gémit-il. Je suis sûr qu'il va appeler !

— Détends-toi, lui dit sa femme. Il fait presque nuit, plus que quelques minutes de patience et c'est gagné !

Hélas, à neuf heures et demie pétantes quelqu'un sonne à la porte. C'est un autre télégramme.

— Voilà, c'est fini. Je savais bien que ça ne marcherait pas...

— Ouvre-le tout de même, dit sa femme, on ne sait jamais !

Le comédien déchire l'enveloppe d'un geste las, promène un regard morne sur les lignes qui lui sont adressées et, soudain, son visage s'éclaire de bonheur :

— Chérie, c'est formidable ! Ce n'est pas un télégramme de Besson ! C'est ta mère ! Elle nous annonce que ton père est mort !

• • •

Un type sonne à la porte de l'appartement des Dugommeau.

— Madame Dugommeau ? Bonsoir, je m'appelle Martin, je suis un collègue de votre mari. Il va rentrer tard du travail, il m'a dit de venir vous tenir compagnie. Vous me servez un whisky ?

— Hein ?

— Oh, je paierai, bien entendu. Tenez, cinquante francs.

Madame Dugommeau n'hésite pas et lui sert son verre.

— Dites-moi, chère madame, vous êtes drôlement appétissante, dans cette petite robe. Si je vous donnais cinq cents francs, vous accepteriez de me montrer vos seins ?

Cette fois, madame Dugommeau est un peu choquée, mais enfin cinq cents francs, juste pour montrer ses seins... Elle accepte.

— Magnifique ! Chère madame, vous êtes magnifique ! Allez, pour deux mille francs, vous retirez votre robe ?

Encore une fois elle hésite, puis finit par accepter...

— Superbe, vraiment superbe... Pour cinq mille francs, vous me laissez toucher ?

Au point où elle en est, elle accepte.

— Pour dix mille francs, on couche ensemble ?

Encore d'accord.

Deux heures plus tard, après que Martin est parti, monsieur Dugommeau rentre enfin chez lui.

— Bonsoir, ma chérie. Monsieur Martin est passé te prévenir que je serais en retard ?
— Oui, oui.
— Et il t'a bien donné ma paie, comme je le lui avais demandé ?

• • •

Trois hommes d'affaires, un Américain, un Allemand et un Belge, sont en réunion. Tout à coup, on entend une sonnerie de téléphone. L'Américain, impassible, tend le pouce et le petit doigt, place son pouce contre son oreille et son petit doigt contre sa bouche, et commence à parler.
— *Yes, it's me... Oh, hello, George. Yes... Yes... OK, bye !*
Et il replie la main sous les regards stupéfaits de ses collègues.
— Je vois que vous avez l'air surpris, dit-il fièrement. Ce n'est rien. Technologie américaine. Je me suis fait greffer un micro dans le petit doigt et un haut-parleur-antenne dans le pouce. Comme ça, on peut m'appeler n'importe où...
À ce moment-là, on entend à nouveau une sonnerie de téléphone. L'Allemand, bras croisés, commence à parler.
— *Ya ? Gut... Gut... Auf wiedersehen, Karl !*
Et il regarde ses compagnons avec un sourire hautain.
— Je vois que vous avez l'air surpris... Ce n'est rien. Technologie allemande. Je me suis fait greffer un micro dans la dent et un haut-parleur-antenne dans l'oreille...
Et c'est alors que le Belge laisse échapper un formidable pet.
— Excusez-moi, dit-il en se levant. On m'envoie un fax.

• • •

Sur un chantier, on vient de sonner la pause déjeuner. Un ouvrier déballe son panier-repas, regarde ses sandwiches et commence à râler.
— Encore du pâté ? Je déteste le pâté !
Et il balance ses sandwiches au loin.
Le lendemain, à l'heure du déjeuner, la même scène se reproduit.
— Encore des sandwiches au pâté ! Je déteste le pâté !
Et il les jette au loin.
Le surlendemain, l'ouvrier ne prend même pas la peine de déballer ses sandwiches et les jette tout de suite en râlant.
— Eh, mais tu es fou ! crie l'un de ses amis. C'est peut-être pas du pâté, cette fois ! Ouvre-les, au moins !

— Écoute, dit l'ouvrier d'un ton las. C'est moi qui me les prépare chaque jour, ces sandwiches. Alors je sais ce qu'il y a dedans, quand même !

• • •

Un vampire entre dans un magasin de prêt-à-porter et demande à essayer un costume. La jeune et ravissante vendeuse le conduit jusqu'à une cabine d'essayage, où le vampire se jette sur elle et la mord au cou.

Quelques instants plus tard, après s'être rassasié de sang, il réveille la jeune femme, achète le costume et s'en va.

Le lendemain, il revient à nouveau dans la boutique et va voir la même vendeuse, qui ne se souvient de rien.

— Vous voulez essayer un autre costume ? Un autre tissu ? Une autre couleur ?

— Non, non, dit le vampire d'un air gourmand. Je vais reprendre quelque chose dans la même veine...

• • •

Le jeune Dugommeau se présente pour un poste.

— Ce que nous cherchons, jeune homme, c'est quelqu'un de responsable ! lui dit le directeur des ressources humaines.

— Alors là, vous pouvez pas mieux tomber ! répond le jeune Dugommeau. Dans tous mes précédents postes, chaque fois qu'il se passait quelque chose, on a dit que c'était moi le responsable !

• • •

Le brave M'Bala, travailleur immigré clandestin, a été arrêté par la police à la sortie d'un chantier. Seulement il y a un problème : il ne parle pas un mot de français.

Une assistante sociale spécialisée vient le voir dans sa cellule :

— Monsieur M'Bala, il y a longtemps que vous travaillez en France ?

— N'Golo wala wala.

— Oui... Et combien gagnez-vous par mois ?

— N'Golo wala wala.

— Je vois... Vous avez une famille à charge ?

— N'Golo wala wala.

— Vous voyez ! dit le commissaire qui assiste à l'entretien. Pas moyen d'en tirer autre chose !

— Oui, dit l'assistante sociale. C'est dommage, j'aurais peut-être pu lui obtenir une allocation...

— Ah oui ? dit le brave M'Bala. Et ça me ferait dans les combien, par mois ?

• • •

— Garçon !

— Oui, monsieur ?

— Vous avez des cuisses de poulet ?

— Non, monsieur, c'est juste mon pantalon qui a rétréci au lavage.

• • •

Monsieur et madame Dugommeau vont au restaurant à Deauville. On leur présente une carte et le chef en personne vient prendre leur commande.

— Vous avez choisi ?

— Oui... Deux steaks, saignants s'il vous plaît.

— Écoutez, dit le chef d'un air gêné, je peux vous faire des steaks, mais enfin mon restaurant s'appelle *Aux Délices de la Mer*, nous sommes juste à côté du port et nos poissons sont frais de la matinée. Vous ne voulez pas goûter une de nos spécialités ?

— Vous avez raison ! dit monsieur Dugommeau. Venir juste à côté de la mer pour manger un steak ! Ridicule, non ? Bien... Donnez-nous deux carpes.

• • •

Un week-end, une dame très snob entre dans une épicerie de campagne pour faire des courses.

— Bonjour, je reçois dix personnes ce soir pour l'apéritif et, vous allez rire, je n'ai rien à leur offrir. Vous avez du guacamole ?

— Non, madame, dit l'épicier en toussant.

— Bon... Et vous avez du tarama ?

— Du quoi ? dit l'épicier en toussant toujours. Non, non...

— Bien, bien, bien... Alors je vais vous prendre des petites saucisses cocktail. Vous avez des saucisses cocktail, tout de même !

— Non, dit l'épicier qui tousse toujours. Pas de saucisses cocktail.

— Mais enfin, qu'est-ce que vous avez !

— J'ai de l'asthme, madame.

• • •

Un vieux représentant d'une firme d'électroménager passe la main et emmène pour sa dernière tournée son jeune successeur. Le jeune homme s'aperçoit vite que son aîné à écumé toute la région, qu'il connaît tout le monde et qu'il a vendu des appareils à chaque famille du coin.

— Tout de même, dit le vieux représentant, j'aurai un regret : c'est de ne pas avoir réussi à fourguer un aspirateur à la mère Ménardeau...

— La mère Ménardeau ? Qui c'est ça, la mère Ménardeau ?

— Oh, une vieille dame qui vit dans ce patelin. J'ai tout essayé avec elle, sans succès...

— Eh bien moi, dit le jeune, je vais lui vendre un aspirateur. Et dès demain !

Le lendemain, le jeune représentant se présente à la porte de la mère Ménardeau avec un sac poubelle à la main. Il frappe et la mère Ménardeau apparaît, armée d'un balai.

— Ah, je vois que vous n'avez pas d'aspirateur, chère madame, ça tombe bien : j'en vends ! Excusez-moi...

Le jeune homme écarte la mère Ménardeau, entre dans la salle principale de la maison et répand le contenu du sac-poubelle sur le sol.

— Qu'est-ce qui vous prend, espèce de voyou ! piaille la vieille dame en brandissant déjà son balai.

— Ne vous faites aucun souci, chère madame. Grâce à notre nouvel aspirateur Aspi 2000, ces immondices seront avalées en moins de dix secondes. Et, tenez, s'il reste encore la moindre épluchure, le moindre papier gras sur le sol d'ici dix secondes, je m'engage à l'avaler moi-même !

— Si tout n'est pas propre dans dix secondes, c'est vous qui mangerez les ordures ? répète la mère Ménardeau.

— Absolument !

— Bon, alors faites votre démonstration, jeune homme.

— Vous allez voir, dit le représentant en déballant l'aspirateur, vous allez être convaincue. Bien... Où est l'électricité ?

— Comment ça, l'électricité ? J'ai jamais eu l'électricité, jeune homme !

• • •

LOUIS JOUVET

*Dans la vie, pour réussir, il faut avoir des couilles au cul. Et de préférence les siennes.*

• • •

Un grand restaurant vient, pour la première fois, d'engager un serveur noir. Affecté plus particulièrement au service des pâtisseries, il donne toute satisfaction, jusqu'au jour où la famille Dugommeau vient déjeuner dans le restaurant.

— Vous avez demandé des pâtisseries ? dit le serveur en proposant un plateau bien garni. Faites votre choix.

— Je voudrais un mille-feuille, dit madame Dugommeau.

— Voilà madame.

— Je voudrais une tarte Tatin, dit monsieur Dugommeau.

— Voilà monsieur.

— Je voudrais une religieuse au café, dit leur fille Juju.

— Voilà, mademoiselle.

— Et moi, dit l'affreux Jojo Dugommeau, je voudrais un éclair au chocolat.

— Ah, désolé, impossible, dit le serveur. Nous n'en avons pas.

— Comment ça, vous n'en avez pas ? s'écrie madame Dugommeau. Et ça, qu'est-ce que c'est ?

— Ça, madame, répond le serveur, c'est mon pouce.

• • •

Une autre histoire de restaurant.

Un critique gastronomique réputé visite un restaurant pour l'attribution d'une nouvelle étoile. Hélas, le patron n'est pas là, et le repas est une catastrophe. Au moment de l'addition, le patron arrive, reconnaît aussitôt le critique gastronomique et lui offre une coupe de champagne.

— C'est la maison qui offre ! dit-il en s'efforçant de sourire.

Le critique accepte, trempe ses lèvres dans la coupe et murmure :

— Ah ! enfin quelque chose de chaud !

• • •

Monsieur Dugommeau se rend au restaurant. On lui présente la carte, qu'il examine longuement. Rien, mais vraiment rien ne le tente.

— Alors ? dit le maître d'hôtel qui s'impatiente. Qu'est-ce que monsieur prendra ?

Monsieur Dugommeau se lève et soupire :

— Un taxi...

• • •

Une entreprise française vient d'être rachetée par une multinationale et subit une réorganisation en profondeur. Après un entretien avec le directeur du personnel de la nouvelle société, un cadre retrouve ses collègues, effondré.

— Alors, qu'est-ce qu'il t'a dit ? demandent-ils.

— Eh ben... Vous vous souvenez de Martin ? Il a été muté à la filiale de Vire, et trois mois plus tard il était viré. Quant à Duplantier, il a été muté à Limoges, et trois mois plus tard il était limogé.

— Et alors ?

— Alors, murmure le cadre sur un ton désespéré, je suis muté à Castres...

• • •

Sidi Mohammed se présente au guichet de l'ANPE.

— Bijour, mamoiselle. Ti as du travail pour moi ?

— Mais bien sûr, monsieur. J'ai là une place de directeur de société à 50 000 F par mois, avec secrétaire et chauffeur...

— Ti t'fous de ma gueule !

— Oui, monsieur, répond l'employée. Mais c'est vous qui avez commencé.

• • •

Monsieur Dugommeau téléphone à son banquier.

— Monsieur Roland ? Ici Dugommeau. Pouvez-vous me dire combien j'ai sur mon compte ?

— Certainement, monsieur Dugommeau. Un instant... Voilà : vous avez un solde créditeur de 12 226 F.

— Merci, cher ami. Au revoir.

Cinq minutes plus tard, le téléphone sonne à nouveau dans l'agence.

— Monsieur Roland ? Oui, excusez-moi, c'est à nouveau Dugommeau. Combien avez-vous dit qu'il me restait, déjà ?

— Attendez, je regarde à nouveau... Voilà : 12 226 F très exactement.

— Merci encore. Au revoir...

— Au revoir, monsieur Dugommeau.

Dix minutes plus tard, nouveau coup de téléphone.

— C'est encore Dugommeau !

— Vous n'allez pas me demander ce qu'il y a sur votre compte, j'espère !

— Eh bien si, justement. C'est bête, hein ?

— Écoutez, notez-le quelque part : 12 226 F. Voilà !

Mais ça continue comme ça toute la journée... Au bout du dix-huitième appel, le directeur de l'agence craque nerveusement.

— Assez ! Foutez-moi la paix, Dugommeau ! J'en ai marre !

— Eh là, eh là, du calme ! répond paisiblement monsieur Dugommeau. C'est vous qui avez commencé !

— Quoi ?

— Oui, quand j'étais à découvert, la semaine dernière, c'est vous qui m'appeliez à longueur de journée...

• • •

À l'occasion du Salon de l'agriculture, un gros paysan est allé déjeuner dans un restaurant parisien plutôt chic. Pendant tout le repas, il mastique bruyamment, éclabousse copieusement la nappe, bref, une horreur. Au moment de l'addition, un serveur dégoûté s'approche de lui :

— Si je vois votre cravate, monsieur, je pense que vous avez pris des œufs mayonnaise en entrée...

— Ben ouais...

— Ensuite, à en juger par les taches de sauce sur votre chemise, vous avez choisi un poulet chasseur sauce grand veneur...

— Ah ouais, ouais !

— Puis un camembert bien fait, dont il vous reste quelques traces sur votre veste...

— Ouais, ouais !

— Et pour finir, de la glace au chocolat, à en voir votre col.

— Eh ouais !

Et à ce moment-là, le gros paysan, tout content, lâche un pet.

— Ah oui, c'est vrai, monsieur, dit le serveur. J'oubliais la bière.

• • •

Vous savez quel est le bois dans lequel on fait les meilleures pipes ?

— Le Bois de Boulogne.

• • •

Monsieur Dugommeau rencontre un ami dans la rue.

— Salut, vieux ! dit l'autre. Tu peux me prêter deux cents francs ?
— Non, répond monsieur Dugommeau. Mais je peux te prêter cent francs, si tu veux...
— D'accord... Mais attends. C'est moi qui te devrai cent francs, ou c'est toi ?

• • •

Madame Dugommeau s'est arrêtée au rayon « Chemiserie » d'un grand magasin et ne parvient pas à fixer son choix.
— Si vous voulez une chemise en coton, prenez-la un peu large, ça diminue toujours un petit peu au lavage, lui dit la vendeuse.
— Ah ben ça, c'est bien vrai, dit madame Dugommeau. L'autre jour j'en ai apporté trois au pressing, eh bien ils ne m'en ont rendu que deux !

• • •

Rouge de colère, un jeune cadre sort de chez le patron en claquant la porte.
— Ce coup-là, dit-il à ses collègues, si le vieux ne retire pas ce qu'il a dit, je m'en vais !
— Qu'est-ce qu'il t'a dit ?
— Il a dit qu'il me fichait à la porte !

• • •

Deux secrétaires discutent à la cantine :
— J'ai bien peur que le patron n'ait des idées à mon sujet, dit la première.
— Ah bon ? Pourquoi ?
— Parce qu'à la dernière visite, il a demandé au médecin du travail de me prescrire la pilule.

• • •

Pour la première fois depuis des années, un patron a décidé de s'accorder quinze jours de vacances.
— Mais alors surtout, s'il vous plaît, ne m'accablez pas de fax pendant mon séjour, dit-il à ses adjoints. Pour une fois, j'ai vraiment besoin de me reposer. Après tout, vous êtes en mesure de vous débrouiller sans moi, non ?

— Oui, oui, patron, n'ayez crainte...

— Bon, alors s'il y a quelque chose d'important, faites-m'en part brièvement, sans entrer dans les détails, d'accord ?

— Oui, oui...

Hélas, à peine arrivé à destination, l'homme d'affaires reçoit déjà un fax :

« Grosse catastrophe survenue le jour même de votre départ. Nous ne vous en disons pas plus. Bonnes vacances, patron ! »

• • •

Voilà déjà plusieurs années que Catherine est employée par la même société, sans jamais avoir obtenu d'augmentation. Prenant son courage à deux mains, elle va voir son patron :

— Excusez-moi, monsieur, mais est-ce que je serai augmentée, un jour ?

— Bien sûr, répond le patron. Le jour où vous ferez correctement votre travail...

— Ah, bon sang ! J'étais sûre qu'il y avait un piège !

• • •

Un homme d'affaires rouge de colère voit arriver sa secrétaire à dix heures moins le quart.

— Vous auriez dû être là à neuf heures ! crie-t-il.

— Pourquoi ? Il s'est passé quelque chose ?

• • •

Sur le coup de onze heures, une secrétaire se lève, enfile son manteau et se prépare à sortir.

— Hep là ! dit son chef. Où allez-vous comme ça ?

— Je vais chez le coiffeur.

— Vous plaisantez ? Vous ne pouvez pas aller vous faire couper les cheveux pendant les horaires de bureau !

— Et pourquoi pas ? Ils ont bien poussé pendant les horaires de bureau, non ?

• • •

Un homme d'affaires réputé a été convié à donner une conférence devant un parterre d'étudiants en économie.

— Mes jeunes amis, commence-t-il, je n'ai pas eu la chance, comme vous, de faire des études. Vous voulez savoir comment j'ai fait fortune ? En fait, j'ai commencé très modestement. Un jour, j'ai trouvé une allumette dans la rue. Je l'ai conservée et, quelque temps plus tard, je suis tombé sur un fumeur qui me l'a achetée cinq francs, cette allumette, tant il avait besoin de fumer... Avec ces cinq francs, je me suis acheté vingt boîtes d'allumettes, que je suis parvenu à revendre dix fois leur prix, en attendant le bon moment et en sélectionnant le bon client. Me voilà donc à la tête de cinquante francs. Avec ces cinquante francs, j'achète deux paquets de cigarettes, et là encore je décuple ma mise en quelques jours... En continuant comme ça, au bout de quelques mois je possédais la somme de mille deux cent cinquante-trois francs... Et c'est à ce moment-là, messieurs, que mon oncle Benjamin est mort en me léguant toute sa fortune.

• • •

Une strip-teaseuse cherche du travail et vient d'exécuter son numéro en audition privée.

— Bravo ! s'exclame son unique spectateur. Formidable ! Cela dit, mademoiselle, vous devriez porter des lunettes.

— Pourquoi ? Vous pensez que ce serait plus sexy ?

— Non, mais ça vous permettrait d'y voir plus clair et de ne pas vous tromper de porte. L'imprésario, c'est la porte d'à côté, mademoiselle. Moi, je suis médecin.

• • •

— Vous avez bien pris note de la lettre que je vous ai dictée, mademoiselle ? demande un patron à sa secrétaire.

— Oui, oui, monsieur. Vous pourriez simplement me répéter ce que vous avez dit entre « Cher monsieur Dugommeau » et « Veuillez agréer... » ?

• • •

Le patron d'un laboratoire de recherche de l'industrie agro-alimentaire arrive, tout excité, dans le bureau de l'un de ses chercheurs.

— Qu'est-ce que j'apprends, Choupard ? Vous avez réussi à fabriquer du chocolat de synthèse à partir de... à partir de...

— À partir de merde, monsieur. Eh oui !

— Formidable ! Faites-moi voir ça !

— Eh bien voici, monsieur. J'introduis ici un étron d'origine humaine, je presse sur ce bouton et, vous voyez, la machine analyse, purifie, recompose et, en moins d'une minute, sort de l'autre côté une tablette de chocolat.

— Incroyable ! C'est tout à fait l'aspect d'une tablette de chocolat ordinaire. Quel bel aspect lisse ! Quelle belle couleur ! Ah, laissez-moi goûter ce chef-d'œuvre !

L'industriel croque à pleines dents une bouchée de « chocolat », la mâche et la recrache en faisant une horrible grimace.

— Pouah ! Mais c'est infect ! C'est... C'est de la merde !

— Ah, ça, évidemment, fait le chercheur, il reste encore à régler la question du goût...

• • •

MICHEL AUDIARD

*Il y a trois méthodes traditionnellement françaises pour ruiner une affaire qui marche : les femmes, le jeu et les technocrates. Les femmes, c'est le plus marrant, le jeu, c'est le plus rapide, les technocrates, c'est le plus sûr !*

• • •

Monsieur Dugommeau rencontre l'un de ses amis dans la rue.

— Tiens, bonjour, vieux ! Tu tombes bien ! Tu pourrais me prêter deux cents francs ?

Monsieur Dugommeau sort son portefeuille et tend à son ami un billet de cent francs.

— Ben, dit ce dernier. Je t'ai demandé deux cents francs, pas cent !

— De quoi te plains-tu ? répond monsieur Dugommeau. Comme ça, les pertes sont partagées. Je perds cent et tu perds cent !

• • •

Madame Dugommeau a acheté une cafetière par correspondance, mais sitôt branchée, la cafetière explose. Elle téléphone aussitôt à la société de VPC pour demander à être remboursée.

— Désolé, madame, nous ne remboursons aucun article, répond son correspondant.

— Mais comment ça ! Sur vos prospectus, vous indiquez que l'argent sera remboursé en cas de non-satisfaction !

— Oui madame. Mais votre argent nous a donné entière satisfaction.

• • •

Un vieux businessman d'origine juive, émigré aux États-Unis sans un sou dans les années trente, est devenu à force de travail l'un des hommes les plus riches et les plus influents du pays. Le jour de son départ en retraite, tous les employés de ses entreprises sont réunis pour un dîner d'adieu, et le vieil homme leur adresse quelques mots :

— Mes amis, il n'y a qu'en Amérique qu'on voit des choses comme ça. Je suis arrivé dans ce pays il y a soixante ans pauvre comme Job et aujourd'hui je suis le cofondateur et président de la Goldstein et O'Rourke Company. Et vous savez le meilleur ? O'Rourke, c'est moi !

• • •

Un menuisier travaille dans une scierie lorsque, tout à coup, il dérape sur une bille de bois, tombe en arrière et se fait trancher net l'oreille sur une scie électrique en marche. Sous le choc, il perd connaissance et se réveille dans l'ambulance qui le conduit, toutes sirènes hurlantes, à l'hôpital.

— Qu'est-ce qui m'est arrivé ? murmure-t-il.

— Vous avez eu l'oreille tranchée, répond un infirmier. Mais vous avez de la chance, vos camarades l'ont retrouvée dans la sciure, on va pouvoir vous la recoudre... Tenez, regardez...

Et l'infirmier déplie un mouchoir blanc dans lequel gît l'oreille coupée net.

— Attendez ! crie le menuisier ! Il y a erreur, ce n'est pas la mienne !

— Comment ça ?

— Eh non, ce n'est pas la mienne ! Sur mon oreille, il y avait mon crayon !

• • •

Voilà des années que papy Dugommeau aurait dû s'acheter un sonotone, mais il a toujours reculé devant l'investissement. Jusqu'au jour où, en se promenant avec son fils dans une rue commercante, il passe devant un magasin d'électronique sur la vitrine duquel est affiché :

LIQUIDATION TOTALE DU STOCK
Radios, téléviseurs, sonotones
75% de réduction !

— C'est l'occasion ou jamais ! s'écrie le vieil homme, qui s'engouffre aussitôt dans la boutique, laissant là son fils.

Deux minutes plus tard, il en sort, arborant triomphalement un sonotone à l'oreille droite.

— Regarde, fils, ça y est ! Bon sang, ça change tout ! Quelle différence ! J'entends à nouveau comme un jeune homme !

— C'est formidable, papa ! dit monsieur Dugommeau. Tu l'as payé cher, ton sonotone ?

Papy Dugommeau regarde sa montre et répond :

— Trois heures moins le quart !

• • •

Un couple entre dans une brasserie, s'installe à une table et fait signe au serveur.

— Deux thés citron, s'il vous plaît.

— Et dans une tasse propre, je vous prie ! ajoute la femme.

Le serveur ne dit rien et revient quelques minutes plus tard avec les deux thés citron :

— La tasse propre, c'est pour qui ?

• • •

Dans un grand restaurant, un jeune cuisinier se présente pour une place, avec des références prestigieuses : *Bocuse*, *La Tour d'Argent*, *Maxim's*... Le patron, ébloui, décide tout de même de passer un coup de fil chez ses confrères.

— Si on se souvient du jeune Lucien ? dit-on chez *Bocuse*. Très bien ! Bon cuisinier, mais voleur comme pas un ! On a dû le flanquer dehors !

— Lucien ? dit-on à *La Tour d'Argent*. Oui, oui, il a travaillé ici. Excellent en cuisine, mais quel sale caractère ! Toujours à se quereller avec les autres cuisiniers !

— Ah, oui, le jeune Lucien, dit-on chez *Maxim's*. Très bon cuisinier, mais c'est une folle furieuse ! Il faisait même du gringue aux clients !

Le patron raccroche et se tourne vers le jeune homme.

— Bon, eh bien tu sembles être un bon cuisinier, alors je t'engage. Mais attention : à la moindre histoire de vol, tu es viré. À la moindre bagarre en cuisine, tu es viré. C'est compris ?

— Oui, monsieur.

— Bien. Alors viens me faire un petit bisou...

• • •

Un comédien noir bègue retrouve un ami devant la Maison de la Radio.

— Alors, ils t'ont pris pour cette nouvelle émission ? demande ce dernier.

— Tu... Tu penses ! Y... Y... Y m'ont mê... même pas laissé m'ex... m'ex... m'exprimer !

— Mais comment ça se fait ?

— Bah ! Le ré... réali... lisateur est ra... rac... raciste, c'est tout !

• • •

Dans un grand restaurant parisien, un client étranger passe commande pour les fromages.

— Vous me donnerez du chèvre, un peu de camembert, du roquefort et du rompit, s'il vous plaît.

— Pardon ?

— Du chèvre, du camembert, du roquefort et du rompit, répète le client.

— Oui, monsieur, dit le garçon. Tout de suite...

Le garçon file voir le maître d'hôtel, à l'autre bout du restaurant.

— J'ai un problème, monsieur René. Il y a là un client étranger qui me demande du rompit !

— Du quoi ?

— Du rompit ! Un fromage, je crois...

— Je vais aller voir ça.

Le maître d'hôtel s'approche de la table, présente au client son assiette de fromages composée selon sa commande, à l'exception, bien sûr, du fameux rompit.

— Voilà, monsieur.

— Et mon rompit ! Il n'y a pas de rompit ! Vous êtes le pays du fromage, oui ou non ? C'est un scandale ! Un restaurant de cette classe !

— Écoutez, monsieur, j'avoue n'avoir jamais entendu parler de ce fromage, répond le maître d'hôtel, rouge de confusion.

— Mais enfin, mon brave, on en parlait déjà dans la Bible !

— Vraiment ?

— Mais oui ! Tenez, c'est Jésus, pendant la Cène. On dit qu'il prit le vin, le pain et le rompit. Alors !

• • •

Un vieux brocanteur juif fait les Puces pour trouver un cadeau à sa femme. Soudain, il aperçoit un magnifique crucifix en bois doré orné d'un christ en marbre.

— Combien, ça ? demande-t-il à son confrère brocanteur.

— Mille francs. C'est une pièce magnifique...

— Mille francs ! Eh ben... Et sans l'acrobate en marbre, vous me le faites à combien ?

• • •

Monsieur Dugommeau va déjeuner dans un restaurant et commande une soupe en entrée. Mais à peine le serveur s'est-il approché de sa table avec sa commande qu'il l'arrête d'un geste :

— Garçon, cette soupe est tiède. Je la veux bien chaude.

Le serveur revient quelques minutes plus tard avec une autre assiette, mais une fois de plus monsieur Dugommeau l'arrête avant même qu'il n'ait atteint sa table.

— Pas assez chaude !

— Mais enfin, monsieur ! dit le serveur. Vous n'y avez même pas goûté ! Comment pouvez-vous savoir qu'elle est tiède ?

— Parce que, si elle était vraiment chaude, vous ne mettriez pas votre pouce dedans !

• • •

Samuel se rend à sa banque pour retirer du liquide. Il va au guichet, remplit un chèque de dix mille francs à l'ordre de lui-même et le tend à la caissière qui, quelques instants plus tard, compte devant lui les liasses de billets qu'elle pose sur le comptoir :

— Six cents, sept cents, huit cents, neuf cents et mille qui font dix mille francs ! Voilà, monsieur. Signez ici...

— Un instant, dit Samuel. Je recompte.

Il prend la première liasse, compte les billets un à un en jetant des regards suspicieux à la caissière, passe à la seconde liasse et continue tranquillement jusqu'au dernier franc.

— Voilà, dit la caissière. Maintenant, si vous voulez bien signer le reçu...

— Holà ! Un instant ! Je recompte...

Et il recommence à compter, alors que, derrière lui, les autres clients commencent à s'impatienter.

— Qu'est-ce qu'il y a, monsieur ? demande le directeur de la banque, alerté par la caissière. Il y a un problème ? Le compte n'est pas juste ?

— Si, il est juste, répond Samuel en terminant la dernière liasse. Mais il est juste-juste, hein ?

• • •

Le directeur d'une boîte de strip-tease cherche un numéro vraiment exceptionnel, et c'est pourquoi il accepte d'engager à l'essai un petit bonhomme qui se fait fort d'honorer chaque soir en public cent femmes d'affilée.

Le premier soir, le petit bonhomme se met à l'œuvre et, vif comme un lapin, avance à grands pas : une femme, deux, cinq, dix... aucun signe de faiblesse. Douze, quinze, vingt, trente... on dirait même qu'il y prend goût. Quarante, cinquante, soixante, soixante-dix !... Le rythme s'accélère ! Quatre-vingts, quatre-vingt-dix, quatre-vingt-quinze... pas de problème. Et puis, à la quatre-vingt-dix-septième, les choses se mettent à tourner mal. La quatre-vingt-dix-huitième est bâclée et, à la quatre-vingt-dix-neuvième, c'est l'échec.

Le petit bonhomme sort sous les huées du public, et se fait happer par le directeur dans les coulisses.

— Alors ! Qu'est-ce qui s'est passé !

— Je ne comprends pas, pleurniche le petit bonhomme. Cet après-midi, tout avait bien marché, à la répétition !

• • •

Dans une société minière du Congo, deux Belges ont été chargés par l'ingénieur d'aller chercher des plans dans son bureau. En fouillant partout, ils découvrent des bâtons de dynamite...

— Eh, Jef ! T'as vu les cigares qu'il se paye, l'ingénieur ? On va s'en fumer deux, fieu !

Et les Belges se collent un bâton de dynamite entre les dents, allument la mèche et se mettent à aspirer. La seconde suivante, la dynamite explose.

— Qu'est-ce que tu en penses, Jef ? dit le premier Belge, la figure en lambeaux.

— Eh ben, fieu, ils sont pas mal, les cigares de l'ingénieur, mais alors ils emportent la gueule, hein !

• • •

Dans un music-hall, un magicien rencontre un autre magicien. Ils discutent un peu boulot, puis le premier magicien dit à l'autre :

— Allez, au revoir. Heureux de vous avoir connu...

— Mais, où allez-vous ?
— Oh, ben, je vais faire un tour...
— Eh bien faites-le là ! Je ne regarde pas !

• • •

Jean-Mi est allé dîner au restaurant de son ami Michou.
— Alors, qu'est-ce que tu prends ? demande ce dernier après avoir tendu la carte à Jean-Mi.
— C'est quoi, le steak « petit oiseau » ?
— Oh, c'est tout simple, c'est un steak cuit-cuit-cuit !

• • •

Une vieille dame présente à un guichetier des Postes une pesante enveloppe à expédier.
— Désolé, madame, elle est trop lourde, dit le postier. Il faut rajouter des timbres dessus.
— Voyons, jeune homme, dit la vieille dame. Vous croyez qu'en rajoutant des timbres elle sera moins lourde ?

• • •

Un apprenti pâtissier vient d'apprendre à fabriquer un saint-honoré, lorsqu'une question lui vient à l'esprit.
— Dites, patron, demande-t-il au pâtissier. Pourquoi est-ce que ça s'appelle un saint-honoré ?
— Eh bien, ça paraît évident, petit ! Ça a la forme d'un saint-honoré. Ça a l'aspect d'un saint-honoré et ça en a le goût. Alors pourquoi est-ce qu'on n'appellerait pas ça un saint-honoré, tu peux me le dire ?

• • •

Dans un restaurant, un client appelle le garçon.
— Il fait trop chaud, ici ! Vous pouvez brancher l'air conditionné ?
— Certainement, monsieur.
Deux minutes plus tard, le même client interpelle le même garçon.
— Écoutez, garçon, arrêtez l'air conditionné, par pitié. On gèle, maintenant !
— Oui, monsieur.
Quelques minutes plus tard, le client recommence.

— Il fait trop chaud ! Rebranchez l'air conditionné !
— Bien, monsieur.
Un autre client, excédé, arrête le garçon lorsqu'il passe près de lui.
— Dites-moi, vous avez une sacrée patience, vous ! « Branchez l'air conditionné, arrêtez l'air conditionné... » Il ne vous agace pas, ce type ?
— Oh, vous savez, monsieur, il peut dire ce qu'il veut, nous n'avons pas l'air conditionné.

• • •

Le propriétaire d'une affaire de prêt-à-porter en gros rencontre un collègue :
— Dis donc, tu as l'air en pleine forme !
— Il y a de quoi, répond le propriétaire. Je viens d'assurer mon stock pour dix millions de francs contre l'incendie et la grêle !
— L'incendie, je comprends, dit l'autre après quelques secondes de réflexion. Mais comment tu vas faire, pour la grêle ?

• • •

Une vieille dame est convoquée par les services de l'EDF.
— Qu'est-ce qui se passe ? dit la vieille dame, affolée. J'ai toujours payé ma note !
— Oui, madame. Mais juste une précision, pour l'avenir : le montant de votre facture se situe en bas à droite. Jusqu'à présent, vous nous avez toujours payé la date !

• • •

Depuis des semaines, un patron essaie de séduire sa jeune et pulpeuse secrétaire. Il lui offre des fleurs, il l'emmène déjeuner dans des grands restaurants, il lui offre même des bijoux... Rien n'y fait.
Alors, un beau jour, il décide de frapper un grand coup et lui achète une voiture de sport décapotable.
Le même jour, le patron dicte une lettre à la jeune femme, dans la quiétude de son bureau. Tout à coup, il lui dit :
— Mademoiselle, vous êtes en train de perdre votre culotte...
La jeune femme sursaute, vérifie rapidement sa tenue et secoue la tête :
— Mais non, monsieur. Elle tient bien...

— Je vous dis que vous êtes en train de perdre votre culotte ! insiste le patron. Ou alors je rends la voiture au garage !

• • •

Un homme se présente aux guichets de l'ANPE et on lui fait remplir un formulaire.

— Vous avez déjà exercé un métier ?

— Oh oui ! J'étais imprésario.

— Imprésario ? Mais c'est formidable, ça ! Et vous aviez de grands noms, dans votre écurie ?

— Je pense bien ! Belmondo et Noiret !

— Quoi ? Mais vous me faites marcher, c'est pas possible ! Jean-Paul Belmondo et Philippe Noiret, mais vous devriez être milliardaire !

— Oui... Malheureusement, mes comédiens s'appelaient Jean-Paul Noiret et Philippe Belmondo.

• • •

Dans un salon de thé très chic, un garçon sert — vous ne devinerez jamais quoi — le thé à deux vieilles dames, puis demande :

— Sucre ?

— Deux morceaux, dit la première vieille dame.

Le garçon sort une petite cuiller et prend deux sucres qu'il met dans la tasse de thé.

— Merci, dit la vieille dame, en se tournant vers son amie. Tu vois, Marthe, c'est très chic, très hygiénique, cette petite cuiller. Ainsi, le garçon ne touche pas le sucre avec ses doigts !

— Oui, oui, répond l'autre vieille dame distraitement.

— Quoi ? Qu'est-ce qu'il y a ?

— C'est que... Excusez-moi, garçon, mais il y a une ficelle qui dépasse de votre braguette !

— Oui, madame, c'est exact, répond le garçon.

— Et... À quoi ça sert ?

— C'est également une question d'hygiène, madame. Voyez-vous, cette ficelle est reliée à mon petit oiseau. Quand j'ai besoin d'aller aux toilettes, je le tiens par la ficelle, comme ça je ne me salis pas les doigts !

— Formidable ! Et pour le remettre dans votre pantalon ?

— Ah, pour le remettre, madame, j'ai la petite cuiller !

• • •

Dans un grand magasin, le directeur du personnel convoque Martin, son plus mauvais vendeur.

— Écoutez, mon vieux, ça ne peut plus durer ! Il faut vous améliorer ou sinon, c'est la porte !

— Mais je vous jure, monsieur, je n'y comprends rien ! dit Martin. Je ne dois pas avoir la technique... Vous n'auriez pas un conseil à me donner pour m'améliorer ?

Le directeur réfléchit un moment puis prend le vendeur par l'épaule.

— Ça me revient, maintenant, dit-il. J'avais un truc, quand j'étais moi-même vendeur... Voilà ce que vous allez faire : prenez un dictionnaire, et cherchez-y un mot puissant, un mot de gagneur. Une fois que vous l'aurez trouvé, utilisez-le pour la vente !

— Bien, monsieur. Je vais essayer.

Deux semaines plus tard, Martin est à nouveau convoqué chez le directeur du personnel.

— Eh bien voilà ! s'exclame ce dernier. Vos courbes ont remonté de façon spectaculaire ! Vous êtes parmi les meilleurs, maintenant !

— C'est un peu à vous que je le dois, dit Martin. J'ai appliqué votre méthode... J'utilise le mot « formidable » !

— Racontez-moi ça, mon vieux !

— Eh bien le premier jour, un monsieur est venu chercher un blouson pour partir en week-end. Je lui ai dit : « Vous partez en week-end ? C'est formidable ! » Il a ajouté qu'il partait dans sa maison de campagne. « Vous avez une maison de campagne ? Formidable. » Puis il a dit qu'il avait aussi une maison de vacances. Je lui ai dit : « Alors ça, c'est vraiment formidable ! » et il m'a pris un blouson, deux pantalons et une paire de gants... Après, il y a eu une maman avec sa petite fille. Elle voulait un tablier pour l'école. J'ai dit : « Elle va à l'école ? Formidable ! » Sa mère m'a dit qu'elle travaillait très bien. « Formidable ! » et elle m'a pris deux tabliers et trois robes. Ensuite, il y a eu...

— D'accord, d'accord, j'ai compris, dit le directeur. Eh bien vous voyez, ça marche ! Ce n'était pas sorcier ! Mais qu'est-ce que vous leur disiez avant, aux clients, quand ils vous racontaient leur vie ?

— Je leur disais : « Rien à foutre, de vos conneries ! »

• • •

Un industriel se décide à parler en tête à tête avec son grand fils de vingt-cinq ans, un fainéant qui ne fait rien de sa vie.

— Ça ne peux plus durer ! lui dit-il. Il est temps que tu entres dans la vie active ! Allez, dès demain, tu viens avec moi à l'usine, et tu commences comme ouvrier.

— Pour quoi faire ? dit le fils.

— Eh bien mais... pour gagner ta vie ! Et puis tu sais, si tu travailles bien, tu pourras rapidement passer contremaître !

— Pour quoi faire ?

— Eh bien, pour devenir ingénieur ! C'est formidable d'être ingénieur ! Après, tu pourras devenir patron, comme moi !

— Pour quoi faire ?

— Comment ça, pour quoi faire ? Mais réfléchis ! Quand tu es patron, tu ne reçois plus d'ordres ! Tu es ton propre chef ! Tu peux te tourner les pouces tranquille en regardant travailler les autres !

— Et alors ? dit le fils. C'est ce que je fais maintenant, non ?

• • •

Un directeur de music-hall fait passer des auditions. Il est dans un mauvais jour et tout lui semble nul, déjà vu : les magiciens, les jongleurs, les danseurs... Et puis arrive un bonhomme qui propose un numéro incroyable :

— Je m'allonge dans une caisse remplie de dynamite, les mains attachées avec des menottes. On entoure la caisse avec une grosse chaîne qu'on ferme avec un cadenas, en laissant juste dépasser une mèche lente d'une durée de combustion de deux minutes. Et au bout des deux minutes, hop !

— Hop ?

— Hop !

— Fantastique ! Je vous prends à l'essai ! Vous commencez ce soir.

Le soir même, le type s'allonge dans la caisse de dynamite, et on met le feu à la mèche. Dans les coulisses, le directeur se ronge les sangs. Aura-t-il le temps de sortir ?

Les deux minutes passent sans que le type réapparaisse et brusquement, boum ! la caisse explose.

La déflagration est si forte que le music-hall est ravagé. Des dizaines de blessés sont relevés dans les gravats. On retrouve aussi l'artiste, toujours menotté, mais complètement déchiqueté par l'explosion, et on le conduit directement à l'hôpital.

Deux mois plus tard, le type sort du coma et le directeur du music-hall se précipite à son chevet pour savoir ce qui s'est passé. Le malheureux ouvre un œil, reconnaît le directeur et dit :

— Hop !

• • •

PATRICK FONT

*Bienheureux les pauvres, ils seront assis à la droite de Dieu.*

*Bienheureux les riches, ils seront allongés au bord de leur piscine.*

• • •

Une comédienne de théâtre ratée se retrouve sans un sou et n'a plus d'autre solution que de faire le trottoir. Vous savez ce qu'elle a fait broder sur sa petite culotte, en souvenir du bon vieux temps ?

— Par-devant « Entrée du public », et derrière « Entrée des artistes ».

• • •

— Ma femme a fait de moi un millionnaire ! dit sombrement le fondé de pouvoir d'une entreprise.

— Et vous étiez quoi, avant ?

— Un milliardaire.

• • •

Monsieur Dugommeau va au restaurant. Pour le faire patienter, on lui sert des radis, accompagnés d'une petite motte de beurre magnifiquement décorée.

— Tiens, c'est amusant, dit monsieur Dugommeau au serveur. Avec quoi faites-vous ces jolis dessins dans le beurre ?

— Avec mon peigne, monsieur.

• • •

— C'est un scandale ! hurle le client d'une agence immobilière. Vous avez présenté cette maison comme une charmante demeure de caractère, et elle est coincée entre une décharge publique et une tannerie !

— Oui, évidemment, elle a ses avantages et ses inconvénients, répond l'agent immobilier.

— Ah vraiment ? Et quels sont ses avantages, s'il vous plaît ?

— Vous savez toujours de quel côté vient le vent.

• • •

Pendant la nuit, un incendie a ravagé la grange d'un couple de fermiers. Pendant que l'homme évalue les dégâts et tente de sauver ce qui peut l'être, la femme téléphone à l'assureur.

— On avait assuré cette grange pour cent mille francs, conclut-elle, alors envoyez le chèque !

— Nous ne procédons pas ainsi, répond l'agent d'assurances. Nous allons vous faire reconstruire une grange et vous remplacer tout ce qu'elle contenait.

La femme réfléchit quelques secondes, puis murmure, en cachant le combiné de sa main :

— Dans ce cas, annulez l'assurance-vie de mon mari !

• • •

Dans un marché, un monsieur se penche vers un marchand de fruits et légumes.

— Excusez-moi, mais je voudrais...

— Attendez votre tour ! répond le commerçant.

— Mais je voudrais juste...

— À la queue !

Le type hausse les épaules et va se placer au bout de la file. Il attend dix bonnes minutes, puis vient enfin son tour.

— Alors, à nous ! dit le commerçant. Qu'est-ce que vous vouliez ?

— Je voulais juste vous dire qu'il y a une faute sur votre pancarte. « Endives », ça ne s'écrit pas avec un « A » !

• • •

Dans un site archéologique, un guide fait visiter les restes d'une demeure romaine.

— Ces fragments de poteries datent exactement d'il y a deux mille deux ans et six mois ! annonce-t-il.

— Quelle précision ! s'exclame un touriste. Comment pouvez-vous être à ce point sûr de votre datation ?

— Eh bien, quand je suis arrivé, le conservateur du site m'a dit qu'ils dataient de deux mille ans. Or je suis là depuis deux ans et demi, alors...

• • •

Un couple est venu déjeuner dans un restaurant, mais le service est d'une lenteur incroyable. Au bout d'une demi-heure d'attente, ils ont tout juste obtenu la carte, et le garçon n'est toujours pas venu prendre leur commande.

Un quart d'heure plus tard, quand le garçon arrive à leur table avec une petite assiette d'amuse-gueule, le couple est parti, laissant une petite carte. Le garçon la ramasse et lit : « Parti déjeuner. »

• • •

Un cadre est nommé à la tête d'une entreprise appartenant à un grand groupe. Avant de prendre ses fonctions, il rencontre son prédécesseur, qui lui passe les consignes.

— Je vous souhaite de réussir mieux que moi, dit-il. Mais si les choses tournaient mal, je laisse dans le coffre trois enveloppes, numérotées de 1 à 3, qui vous seront bien utiles...

Un mois plus tard, le nouveau directeur doit bien reconnaître qu'il est en difficulté : grèves, retards, problèmes de gestion... Il ouvre l'enveloppe n° 1 et lit : « Ce n'est pas de votre faute. Vous ne pouviez pas redresser la situation aussi vite. Tenez bon. Signé : le Président. »

Ragaillardi, le directeur se remet au travail mais, six mois plus tard, ça ne marche pas mieux. Il ouvre la deuxième enveloppe et lit :

« Je m'attendais à mieux de votre part. Je suis déçu. Un peu d'énergie, bon sang ! Signé : le Président. »

Le malheureux fait ce qu'il peut, tente de dynamiser l'entreprise, mais doit bientôt faire face à une grève généralisée. Un mois plus tard, c'est l'échec total. Il ouvre la troisième enveloppe et lit : « Préparez trois enveloppes pour votre successeur. »

• • •

Une entreprise recherche un contremaître pour surveiller le travail des employés. Il leur faut un type vicieux, retors, qui ait l'œil à tout. Une vraie fouine...

Quatre candidats ont répondu à l'annonce, et le directeur du personnel leur confie à chacun une enveloppe en leur disant :

— Vous allez être reçus par le directeur, au quatrième. Vous lui remettrez cette enveloppe.

Les trois premiers candidats prennent leur enveloppe, montent au quatrième et quittent l'usine sans avoir été embauchés. Le quatrième prend à son tour son enveloppe, monte l'escalier mais s'arrête entre deux étages pour ouvrir l'enveloppe et lire ce qu'il y a à l'intérieur : « Vous êtes le genre de type qu'il nous faut. Le directeur vous attend en fait au rez-de chaussée. »

• • •

Le grand fakir Mahashiva se produit dans un music-hall. Ce n'est pas une personne à la fois qu'il se propose d'hypnotiser, mais toute la salle d'un coup... Tandis que le public, incrédule, commence à siffler, il ordonne « Applaudissez ! » et toute la salle applaudit. Puis il dit « Riez ! » et toute la salle rit. « Faites la poule ! » et toute la salle se met à caqueter.

Puis le fakir se prend les pieds dans sa cape, tombe par terre en s'écriant « Merde ! ».

Eh bien il a fallu une semaine pour nettoyer la salle.

• • •

Un Belge est engagé dans une scierie, au Canada. Il est chargé de passer les troncs d'arbres dans la gigantesque scie circulaire qui les débite en planches. Au bout de dix minutes, le contremaître l'entend crier : « Aïe ! »

— Qu'est-ce qui s'est passé ? demande-t-il en accourant.

— Je sais pas, dit le Belge en montrant son bras droit, dont la main a été tranchée net. J'ai juste poussé la planche comme ça et... Aïe ! Voilà que je me suis coupé l'autre main, dis donc !

• • •

Une jeune starlette désabusée revient d'Hollywood.

— Alors ? lui demande une amie. Comment ça c'est passé ?

— Oh, au début, très bien... J'ai rencontré un producteur qui m'a dit qu'en moins d'un an, j'aurais un oscar grâce à lui.

— Et alors ?

— Alors il a tenu parole... Oscar ! Viens dire bonjour à la dame !

• • •

Le jeune Dugommeau vient d'être embauché dans une grande entreprise. Au bout d'un mois, il appelle les services généraux.

— Dites donc, mon vieux, ça fait une semaine que je vous demande des feutres ! Qu'est-ce que c'est que ce bordel ! Vraiment, rien ne marche, dans cette boîte pourrie !

— Quoi ? Une boîte pourrie ? Dites donc, mon petit vieux, répond son interlocuteur. À qui croyez-vous parler ?
— Ben... Aux services généraux !
— Eh bien, non ! Je suis monsieur Dufour, le PDG !
Pétrifié d'effroi, le jeune Dugommeau sent sa gorge se nouer, puis demande :
— Et vous, vous savez à qui vous parlez ?
— Non.
— Ouf !
Et il raccroche.

• • •

Dans un restaurant, un client passe commande au garçon :
— Je voudrais un steak saignant, mais pas trop, avec des frites pas trop salées. Après, vous me mettrez un camembert, mais s'il n'est pas trop fait, et une mousse au chocolat, si elle n'est pas trop sucrée... Ah, et je voudrais également une carafe d'eau !
Le serveur hoche la tête et ajoute :
— L'eau, je vous la fait pas trop mouillée ?

• • •

Après le succès du tunnel sous la Manche, on décide de creuser un tunnel similaire entre la Corse et le continent. L'État lance un appel d'offres, mais les devis sont exorbitants et se chiffrent en dizaines de milliards. Jusqu'au devis des frères Martin, de l'entreprise Martin et Martin, à Gap : vingt millions.
— On peut toujours voir, se dit le responsable du projet, qui se rend à Gap pour rencontrer les deux frères.
Il découvre une petite entreprise de maçonnerie et de travaux publics ne comptant en tout et pour tout que deux employés, Martin et Martin.
— Alors ! dit le responsable, un peu énervé. Qu'est-ce que c'est que ce devis de vingt millions ! Comment comptez-vous vous y prendre !
— Eh bien, dit Martin, moi je vais me mettre à Nice...
— Et moi, dit Martin, je vais me mettre au cap Corse...
— Et on commence à creuser chacun de notre côté, jusqu'à ce qu'on se retrouve au milieu !
— Je vois, dit le responsable, effondré. Et si, par hasard, vous ne vous rencontriez pas au milieu ?
Les deux frères réfléchissent un moment, puis Martin répond :

— Dans ce cas, pour vingt millions vous auriez non pas un tunnel, mais deux !

• • •

— Ti veux acheter ma jolie peau de bique ? demande un vendeur de tapis arabe qui fait du porte-à-porte.

— C'est hors de question ! dit la ménagère qui lui a ouvert. Elle sent bien trop mauvais !

— Non, non ! C'est pas la peau de bique qui sent mauvais ! C'est moi !

• • •

Une maison d'édition vient d'engager un nouvelle équipe de vente pour placer au porte-à-porte une édition de luxe de la Bible. Au bout d'une semaine, les commerciaux examinent les scores des vendeurs : l'un en a vendu trois, l'autre cinq, un autre sept, mais un vendeur en a lui vendu cinquante !

— Il faut organiser une réunion pour que ce phénomène explique sa méthode aux autres ! décide l'éditeur.

Aussitôt, la réunion est organisée et le responsable commercial presse le vendeur d'exposer sa méthode.

— B... Bon, dit ce dernier. En... en fait, c'est p... pas diffi... fifi... ficile. Je leur dede... demande s'ils veulent une Bi... Bibi... Bibible et je co... co... commence à la... lala... la lire devant eux. Ils a... achètent tout... tout de suite !

• • •

Une charade théâtrale :

Mon premier est une étendue d'eau.

Mon deuxième est ce que l'on dit quand on retrouve les dix francs qu'on avait perdus.

Mon troisième est très étroit.

Mon tout est un théâtre fameux.

Réponse : La Comédie-Française (Lac — Oh, mes dix francs ! — Seize, parce que treize et trois font seize).

• • •

Au fin fond de la cambrousse, un représentant en congélateurs essaie de placer son produit à une fermière.

— Vous allez voir ! dit-il. Un congélateur vous fera économiser une fortune sur votre budget cuisine !

— Oh, ça, je sais ! dit la fermière. On a déjà économisé une fortune en achetant une voiture pour ne plus payer le bus quand on allait à la ville, puis on a économisé une fortune avec une machine à laver pour ne plus emmener nos affaires à la teinturerie, puis on a économisé une fortune avec la machine à laver la vaisselle... Mais le problème, c'est que là, on n'a plus les moyens d'économiser une fortune...

• • •

Monsieur Dugommeau est allé passer le week-end à Deauville. Il se promène le long de la plage et s'installe au Bar du Soleil. Un garçon passe et il lui lance :

— Un gin !

Aussitôt, tout le monde autour de lui se retourne et crie :

— Quelle taille ?

• • •

8

## DU CÔTÉ DE CHEZ SOIGNE

Un nutritionniste reçoit un coup de fil de l'un de ses amis, médecin généraliste.

— Je t'envoie une cliente, mais surtout traite-la avec tact. Elle est vraiment très grosse, mais elle refuse de l'admettre.

— Ne t'en fais pas, répond le nutritionniste. Aucun problème, j'ai l'habitude.

Quelques jours plus tard, la grosse dame a pris rendez-vous.

— Mon docteur m'a conseillée de venir vous voir, dit-elle. Bien sûr, j'ai un peu forci, ces derniers temps, mais de là à faire un régime...

— Nous allons voir ça, madame, dit le nutritionniste. Ouvrez la bouche et faites meuh...

• • •

Monsieur Dugommeau doit se faire opérer de la prostate, mais il est un peu inquiet, et il décide de faire part de ses craintes à son chirugien.

— Ne vous faites aucun souci, mon cher ! s'exclame le médecin. C'est une opération que j'ai déjà pratiquée des centaines de fois avant vous !

— Ah, vraiment ?

— Oui ! Et sur le tas, j'en ai bien réussi dix ou douze !

• • •

Attiré par la réputation des masseuses, monsieur Dugommeau s'est offert un voyage en Thaïlande, où il s'est adonné avec ferveur à tous les plaisirs. Hélas, en rentrant chez lui, en France, il a la mauvaise surprise de voir son sexe devenir tout rouge, puis bleu, puis vert... Affolé, il va voir son médecin de famille, qui l'ausculte longuement avant de laisser tomber :

— Désolé, monsieur Dugommeau, il va falloir amputer. C'est la seule solution.

— Amputer, amputer, et pourquoi pas tout couper, tant qu'on y est !

Persuadé qu'il doit y avoir une autre solution, monsieur Dugommeau consulte un grand spécialiste, mais le verdict est le même.

— Je suis navré, monsieur, il va falloir amputer.

Abattu, presque résigné, Dugommeau se confie à l'un de ses vieux amis, un ancien colonial.

— Va voir monsieur Chong, lui dit-il. C'est un médecin chinois. Tu verras, il est formidable.

Comme il n'a rien à perdre, monsieur Dugommeau se rend chez le praticien qui l'examine rapidement.

— Alors, docteur, pensez-vous qu'il va falloir m'amputer ?

— Non, non, répond le Chinois. Pas nécessaile amputer.

— Fantastique ! s'écrie Dugommeau. Quand je pense que tous les médecins français voulaient me la couper !

— Couper, couper, toujouls couper. C'est tout ce qu'ils savent faile ! soupire le docteur Chong. Contentez-vous d'attendle deux semaines, elle tombela toute seule !

• • •

Affligé par la taille minuscule de son sexe, un homme se rend en Afrique, pour consulter un sorcier réputé mondialement pour ses greffes spectaculaires.

— Aucun problème, dit le sorcier. Je peux vous greffer un sexe de dix centimètres, de quinze centimètres ou de vingt centimètres...

— Je prends celui de vingt centimètres ! s'écrie le patient. Mais, euh... Je peux le voir, avant ?

— Aucun problème. Suivez-moi jusqu'à la chambre froide.

L'homme emboîte le pas au sorcier et découvre bientôt l'impressionnant organe qui va lui être greffé.

— Excusez-moi, docteur, dit-il après l'avoir examiné. Mais vous n'auriez pas le même en blanc ?

• • •

Dans une petite ville de province, une vieille fille tient la pharmacie. Un beau jour, elle voit entrer un nouveau client :

— Bonjour madame, voilà, j'ai un problème... Depuis quelques jours, je suis constamment... Enfin, vous me comprenez...

— Non, monsieur.

— Bon, eh bien je suis tout le temps en érection, voilà ! La nuit, le jour, ça n'arrête pas ! Qu'est-ce que vous pouvez me donner pour ça ?

— Euh... Deux cents francs par jour, ça vous va ?

• • •

Trois drogués, deux Français et un Belge, sont en train de se préparer une injection d'héroïne. Le premier allume son briquet, stérilise sa seringue à la flamme et se pique. Le deuxième prend une bouteille de gin, stérilise sa seringue à l'alcool, et se pique. Le troisième — le Belge — saisit la seringue et se pique, sans autre précaution.

— Arrête ! s'écrient ses deux amis. Tu n'as jamais entendu parler du sida ? Tu veux mourir, ou quoi !

Le Belge hausse les épaules en souriant.

— Vous faites pas de bile, les gars ! Je ne suis pas fou, je porte un préservatif !

• • •

Un médecin généraliste reçoit en urgence un patient bien mal en point. Les mains crispées sur le ventre, le malheureux gémit pitoyablement.

— Docteur, faites quelque chose ! Hier soir, pour la première fois de ma vie, j'ai mangé des huîtres et depuis je souffre le martyre !

— Je vois ce que c'est, répond l'homme de l'art. Intoxication alimentaire... Quand vous les avez ouvertes, vous n'avez pas remarqué une couleur ou une odeur particulière ?

— Quoi ? Il fallait les ouvrir ?

• • •

Dans le service « Maternité » d'un hôpital, un hippie fait les cent pas, en grillant nerveusement cigarette sur cigarette. C'est un hippie comme on n'en fait plus, pur produit des années soixante-dix, vêtu d'un jean's repoussant de saleté, d'une chemise indienne informe et d'une veste en peau de bique dont la couleur se confond avec celle de ses cheveux et de sa barbe.

Enfin, une infirmière passe le nez dans la salle d'attente, dévisage le futur père avec un mélange de stupeur et de dégoût, puis laisse tomber :

— Félicitations... Votre... euh... Votre femelle vient de mettre bas !

• • •

Madame Dugommeau est allée accompagner sa mère chez l'oculiste, et revient le soir à la maison.

— Tu te rends compte, mon chéri, dit-elle à son mari. Maman est presbyte !

— Eh ben, dit monsieur Dugommeau. Déjà qu'elle était casse-couilles...

• • •

Vous savez pourquoi les naines n'utilisent pas de Tampax ?

— Parce qu'elles trébuchent sans arrêt sur la ficelle.

• • •

Le jeune Dugommeau vient de terminer ses études de médecine, spécialité gynécologue accoucheur et, pour la première fois, il officie seul. C'est son premier accouchement, et toute la famille Dugommeau attend avec angoisse les résultats de l'opération.

— Alors ? fait monsieur Dugommeau lorsque son fils rentre enfin à la maison, l'air effondré.

— Terrible, papa ! Le cordon ombilical s'est enroulé autour du cou de l'enfant, qui est mort étranglé. J'ai tellement tiré dessus que la mère s'est vidée de son sang et qu'elle est morte dans le quart d'heure suivant. Quant au père, lorsque j'ai voulu aller lui annoncer le massacre, j'ai dérapé avec le scalpel et je lui ai malencontreusement ouvert le ventre...

Monsieur Dugommeau père avale sa salive, mais parvient à réconforter son fils. Une semaine plus tard, le jeune homme doit à nouveau officier. L'angoisse règne plus que jamais dans la famille quand l'apprenti accoucheur revient, le soir, mais cette fois il affiche un air plutôt satisfait.

— Alors ? Alors ?

— J'ai réussi à sauver le père !

• • •

Un homme doit être opéré de l'appendicite et, quelques heures avant de passer sur le billard, on vient lui raser le pubis. C'est une jeune et jolie infirmière qui officie. À un moment donné, pour faciliter le travail, elle soulève délicatement le sexe du patient, l'air de rien. Quelques secondes plus tard, l'homme toussote et lui dit :

— Vous pouvez la lâcher, mademoiselle. Elle va tenir debout toute seule, maintenant.

• • •

Un vétérinaire se rend à la ferme pour pratiquer une insémination artificielle.

— Alors, tout est prêt ? demande-t-il au fermier en arrivant.

— Ça, pour sûr, docteur ! répond le brave homme. La Marie et moué, on a tout fait comme c'est que vous avions dit ! On a préparé l'eau chaude, les draps propres et l'éponge... Ah ! Et vous verrez, docteur, sur vot'droite, en rentrant dans l'étable, y'a un clou où vous pourrez ben accrocher vot'culotte !

• • •

Un bègue se rend chez un orthophoniste de réputation mondiale, pour tenter de trouver un remède à son mal.

— Do... Doc... Docteur, voilà c'est pour mon bé... bé... bégaiement.

Le médecin hoche la tête et répond :

— Eh... Eh... Eh bien nous... nous... nous al... al... allons v... vvv... voir ça !

• • •

Un jeune dentiste français vient de s'installer au Cameroun. Arrive son premier client, une splendide Camerounaise en boubou.

— Ouvrez grand, s'il vous plaît...

La jeune femme obéit et le dentiste sursaute :

— Eh là ! Moins grand ! Je reste dehors, vous savez !

• • •

Un jeune chirurgien débutant pratique une opération sous le

regard du grand ponte de l'hôpital. Tout se passe bien, et après que le patient a été ramené en salle de réveil, les deux médecins commentent l'opération.

— Alors, monsieur, ça c'est bien passé, cette fois ? Hein, ça c'est bien passé ?

— Mais oui, mon petit Jean-Jacques. Très bien... Seulement, la prochaine fois, appuyez moins fort sur le bistouri. Ça fait la troisième table d'opération que vous nous rayez !

• • •

Madame Dugommeau — décidément mal en point — va voir un gastro-entérologue.

— Docteur, je ne sais pas ce qui m'arrive, j'ai tout le temps mal au ventre.

— Vous mangez épicé, madame ?

— Voyons docteur ! dit madame Dugomeau, scandalisée. Je mange normalement... et j'urine très bien !

• • •

L'interne d'un hôpital fait la tournée des urgences arrivées pendant la nuit. Il tombe sur deux types dont la tête est complètement emmaillotée de bandages.

— Eh ben ! Qu'est-ce qui vous est arrivé, à vous deux ?

— Acfident de foitures, bredouille péniblement l'un des patients.

— Ça alors ! Elles doivent être dans un bel état, vos voitures !

— Oh, fa, docteur, elles n'ont rien... Fous foyez, il y afait du brouillard, on foyait rien. Alors on roulait tous les deux afec la tête hors de la portière... Et puis on f'est croisés.

• • •

LES NULS

*Serge Gainsbourg offre son corps à la science, sauf le foie qu'il offre à Hédiard.*

• • •

Une actrice terriblement sur le retour va voir son chirurgien plastique.

— Docteur, je voudrais que vous me fassiez un lifting.

— Encore ? Mais ça fait le huitième !

— J'insiste, docteur.
— Très bien. Mais je vous préviens, ce sera le dernier !
— Et pourquoi ça ?
— Écoutez, un lifting de plus, et vous serez la femme à barbe !

• • •

Vous connaissez l'histoire du lit vertical ?
— C'est une histoire à dormir debout.

• • •

Une jeune femme se rend chez son médecin.
— Docteur, j'ai un problème avec mes petits amis : ils disent tous que mon sexe ne sent pas bon. Franchement, c'est à n'y rien comprendre. Je me suis penchée, j'ai bien flairé partout, ça ne sent rien !
— Eh bien, dit le docteur, nous allons voir ça. Déshabillez-vous.
La jeune femme se déshabille et s'allonge pour l'examen. Deux secondes plus tard, le médecin se relève.
— Mademoiselle, je pense qu'il va falloir opérer.
— Mon sexe ?
— Non, votre nez.

• • •

Dans une pharmacie, un jeune homme timide attend que tous les clients soient partis, puis se penche vers la pharmacienne.
— Je voudrais des préservatifs, murmure-t-il.
— Oui monsieur, quelle taille ?
— Ah, il y a des tailles ? Je ne savais pas...
— Eh bien on va mesurer, dit la pharmacienne. Passez derrière le comptoir et montrez-moi ça.
Quelques instants plus tard, la pharmacienne crie à son assistant :
— Roger ! Amène-moi des préservatifs ! Taille, petit ! Non, moyen ! Non, grand !... Et puis amène aussi la serpillière, tiens !

• • •

Un psychanalyste reçoit un homme d'affaires déprimé aux tendances suicidaires marquées.
— Réfléchissez, lui dit-il. Depuis que vous venez me voir,

vous avez déjà essayé de vous supprimer trois fois... La première fois, vous vous êtes jeté du premier étage : deux jambes cassées. La deuxième fois, vous avez avalé toutes sortes de comprimés : une perforation intestinale. La troisième fois, vous avez ouvert le gaz : un poumon foutu... Franchement, j'aime autant vous prévenir : si vous continuez comme ça, votre santé va en prendre un coup !

• • •

Un dragueur sur le retour, en vacances dans le Midi, va voir un pharmacien de Saint-Tropez.

— Voilà, j'ai levé deux filles superbes sur le port et on a rendez-vous ce soir sur mon yacht. Seulement... je ne suis plus tout jeune, et j'ai peur de ne pas être à la hauteur. Vous n'auriez pas quelque chose ?

Le pharmacien cligne de l'œil et sort une boîte de pilules de dessous le comptoir.

— Avec ça, pas de problème. Vous en prenez une deux heures avant l'acte, et je vous garantis des étincelles. Mais attention, hein ! C'est très fort ! Ne prenez surtout pas plus d'une pilule !

Le type paye et s'en va, tout content.

Deux heures avant le rendez-vous, il prend sa petite pilule et attend...

— Quand même, se dit-il, il vaut mieux prendre toutes les précautions. Elles sont deux, après tout.

Et il en prend une deuxième.

— Je ne suis plus tout jeune, se dit-il encore, une demi-heure plus tard. Ça ne peut pas me faire de mal...

Et il en prend une troisième, puis une quatrième, puis toute la boîte.

Le lendemain matin, le dragueur, épuisé, rampe jusqu'à la pharmacie.

— Vous... Vous avez de la pommade anti-inflammatoire ? murmure-t-il faiblement.

— Ç'a été à ce point-là ? dit le pharmacien avec un nouveau clin d'œil complice. Voilà votre pommade. Mais attention, hein, n'en mettez pas trop sur les endroits sensibles.

— C'est pour mes mains, murmure le dragueur. J'ai des cloques plein les mains...

— Mais... Qu'est-ce qui s'est passé ? s'écrie le pharmacien.

— Les deux filles... Elles ne sont pas venues.

• • •

Aux beaux jours de la conquête de l'Ouest, un charlatan ambulant vend sa potion dans un petit village du Texas.

— Et en plus de tout ce que je viens de vous dire, ma potion miracle vous donne à coup sûr la plus formidable des érections !

Autour de son chariot, les cow-boys rigolent, mais l'un d'eux, le gros Sam, accepte de se livrer à l'expérience. Il prend une bouteille, la boit d'un trait et, effectivement, comme par magie, se met à arborer une impressionnante érection.

— Bon, c'est très bien, dit le gros Sam, mais comment ça s'enlève ?

— Rien de plus facile, dit le charlatan. Il suffit de siffler !

Il émet un long sifflement, et le sexe du gros Sam retombe d'un seul coup.

— Fais voir ça ! crie alors le vieux Ted, le doyen du village. Ça fait des années que je n'ai plus bandé, on verra bien si ça marche avec moi !

Le vieux Ted prend la bouteille, la boit jusqu'à la dernière goutte et attend... Effectivement, centimètre par centimètre, le produit miracle fait son effet.

À ce moment-là, le vieux Ted dégaine ses colts et les braque vers l'assistance.

— Maintenant, le premier qui siffle, je le bute !

• • •

Dans une pharmacie, une bonne sœur est en train d'acheter des médicaments pour le couvent, lorsqu'un type entre dans l'officine, s'avance vers le pharmacien et dit :

— Je voudrais une boîte de préservatifs !

— Chut ! Moins fort ! chuchote le pharmacien. Vous ne voyez pas qu'il y a une bonne sœur, ici ?

— Ben oui, mais qu'est-ce que vous voulez que je vous dise ?

— Demandez-moi un carnet de tickets de métro, je comprendrai.

— Ben, c'est idiot, je viens de vous dire ce que...

— Faites ce que je vous dit ! Elle est un peu sourde, mais je ne tiens pas à ce qu'elle ait des soupçons ! Ça me ferait perdre la clientèle du couvent !

— Bon, bon, dit le type. Puis, d'une voix plus forte : « Je voudrais un carnet de tickets de métro, s'il vous plaît ! »

— Voilà, dit le pharmacien, en souriant à la bonne sœur.

Celle-ci, entre-temps, a fini ses achats. Elle sort, descend dans le métro, s'avance vers le guichet pour acheter un ticket mais découvre une file d'attente impressionnante. C'est alors qu'elle se souvient du client de la pharmacie... Elle remonte les escaliers, court vers l'officine et se dirige droit vers le pharmacien.

— Dites-moi, vous ne pourriez pas me vendre un ticket de métro ? J'ai entendu que vous en aviez, tout à l'heure...

— Un... Un ticket de métro ? bredouille le pharmacien. Pour vous, ma sœur ?

— Ben oui, ça me rendrait bien service. Si vous voyiez la queue qu'il y a, en bas !

• • •

Charade médicale :

Mon premier a été amputé des deux jambes et sort de la salle d'opération ventre à terre.

Mon deuxième a été amputé des deux jambes et sort de la salle d'opération ventre à terre.

Mon troisième a été amputé des deux jambes et sort de la salle d'opération ventre à terre.

Mon quatrième a été amputé des deux jambes et sort de la salle d'opération ventre à terre.

Mon cinquième a été amputé des deux jambes et sort de la salle d'opération ventre à terre.

Mon sixième a été amputé des deux jambes et sort de la salle d'opération ventre à terre.

Mon tout se boit en été avec de la glace.

Réponse : Six troncs pressés.

• • •

Une ravissante jeune femme se rend chez un psychiatre.

— Voilà, docteur, j'ai un problème : dès que j'ai peur, c'est plus fort que moi, il faut que je suce quelque chose. Mon pouce, un bonbon, un crayon, n'importe quoi, mais il faut que je suce quelque chose.

À ce moment-là, le psychiatre baisse son pantalon et crie :

— Bouh !

• • •

Deux bègues ont décidé de se prendre en main et, pour venir à bout de leur problème, de se lancer des défis.

— Jeje te papaparie que dandandans une semaine jejeje renrentre dans ce tabac et je comcomcommande un papapaquet de cicigarettes sans bébébégayer ! dit le premier.

— Tetetenu ! dit l'autre.

Durant toute la semaine, les bègues s'entraînent avec acharnement, puis ils se rendent ensemble au bureau de tabac.

— Un paquet de Marlboro ! lance le premier.

Le deuxième bègue est impressionné, mais lui aussi s'est entraîné sérieusement :

— Un paquet de Gitanes, s'il vous plaît.

— Avec ou sans filtre ? demande la vendeuse.

— Sansansa... salope !

• • •

En Afrique du Sud, un psychiatre reçoit un homme d'affaires qui souffre d'une phobie peu courante sous nos latitudes : la peur des lions.

— C'est plus fort que moi, docteur. Je déteste les lions. Ils me font peur, je les trouve moches, c'est terrible...

— Bon, eh bien, ce n'est pas compliqué, répond le psychiatre. Le meilleur moyen de mettre un terme à cette phobie, c'est de partir en safari et de tuer un lion. D'ailleurs, je vous accompagne.

Deux semaines plus tard, l'homme d'affaires et le psychiatre sont embusqués dans la savane, tandis qu'un groupe de rabatteurs africains, équipés de tambours et de cornes, mènent un groupe de fauves dans leur direction.

Soudain, dans un craquement de branches, le chef des rabatteurs surgit devant les deux chasseurs. L'homme d'affaires épaule, tire, et abat le malheureux d'une balle entre les deux yeux.

— Mais qu'est-ce qui vous a pris ! hurle le psychiatre. C'est les lions qu'il faut tuer. Pas les rabatteurs !

— Oui, j'avais oublié de vous dire, docteur. S'il y a une chose que je déteste encore plus que les lions, c'est les Noirs qui font du tapage...

• • •

Monsieur Dugommeau, très gêné, va voir son médecin de famille pour une vilaine démangeaison mal placée.

— Bonjour, docteur, dit-il en entrant dans son cabinet. Si j'ai pris rendez-vous, c'est pas pour moi, mais c'est pour un ami dont la... dont le... enfin, dont le sexe est devenu tout rouge, voyez. Avec des boutons bleus. À votre avis, c'est grave ?

— Bon, eh bien on va voir ça, dit le docteur. Baissez votre pantalon et montrez-moi votre ami.

• • •

SALVADOR DALI

*Il y a une différence entre un fou et moi, c'est que moi je ne suis pas fou.*

• • •

Une jeune femme est allée consulter son médecin de famille.

— Docteur, je ne sais plus quoi faire. Avec mon mari, nous essayons d'avoir un enfant depuis des années, en vain. Dire que ma mère me répétait sans cesse qu'il suffisait de coucher avec un homme pour tomber enceinte !

— Ah oui, répond le médecin. Mais seulement quand on est célibataire...

• • •

Madame Dugommeau souffre de maux de ventre et va voir son médecin de famille. Il l'ausculte des pieds à la tête, mais ne trouve rien...

— Écoutez, chère madame Dugommeau, je ne vois rien. Ce doit être de la tension nerveuse...

— Bien, répond la patiente. Dans ce cas je reviendrai la semaine prochaine, quand vous serez calmé.

• • •

Dans le vestiaire d'un généraliste d'hôpital, une ravissante jeune femme se déshabille entièrement.

— Je n'y comprends rien, dit-elle à une autre jeune et jolie femme qui, elle aussi, se déshabille entièrement. Je suis venue ici pour un mal de gorge et le médecin m'a demandé de me mettre toute nue !

— Et ça vous surprend ? dit l'autre femme. Qu'est-ce que je devrais dire ! Moi, j'avais rendez-vous pour lui présenter les nouveaux produits de notre laboratoire pharmaceutique !

• • •

En sortant de chez le docteur, monsieur Dugommeau monte dans sa voiture et revient chez lui. Mais pendant tout le trajet, il n'arrête pas de se poser des questions :

— Lion ? murmure-t-il. Non, non... Vierge ? Non, c'est pas ça.

Arrivé chez lui, il se gare et rentre dans son appartement, toujours aussi soucieux.

— Capricorne ? Non, non...

— Alors, mon chéri ? demande madame Dugommeau. Tu as vu le docteur ?

— Oui, oui, attends...

Monsieur Dugommeau rentre dans le salon, décroche le téléphone et appelle son médecin.

— Allô, docteur ? Excusez-moi de vous déranger, mais je ne me souviens plus de ce que vous m'avez dit. C'est le Verseau que j'ai attrapé, c'est ça ?

— Non, soupire le docteur. C'est le Cancer ! Le Cancer !

• • •

Une vieille dame a fait une mauvaise chute et souffre d'une vilaine entorse.

— Ce ne sera pas trop grave, dit son docteur. Rentrez chez vous et reposez-vous. Et surtout, n'empruntez plus les escaliers.

Deux semaines plus tard, elle revient le voir.

— C'est bien, dit le docteur. Ça va beaucoup mieux. En fait, vous êtes guérie. Vous allez pouvoir utiliser à nouveau les escaliers.

— Ah, tant mieux, docteur, dit la vieille dame. Parce que, vous savez, c'était épuisant de passer par la gouttière !

• • •

Un ophtalmo reçoit un patient en consultation, dans son luxueux cabinet privé.

— Alors, qu'est-ce qui vous amène ?

— Vous allez voir, dit le patient.

Et il baisse son pantalon, s'accroupit et, horreur ! commence à pousser.

— Mais, qu'est-ce que vous faites ? hurle l'ophtalmo.

Trop tard, l'homme, dans une dernière poussée, vient de déposer un étron sur la moquette du docteur.

— Voilà ! dit-il en se rhabillant.

— Vous êtes cinglé ! dit le docteur. Si vous avez des problèmes de cet ordre, c'est un gastro-entéro que vous devez consulter !

— Non, non, de ce côté-là, il n'y a pas de problème, seulement quand je pousse très fort, comme ça, regardez... J'ai des petites larmes au coin des yeux.

• • •

Dans un asile, un fou passe ses journées arc-bouté contre le mur. Un beau jour, un nouveau vient lui demander ce qu'il fait.

— Je pousse le mur, répond le premier fou. Comme ça, la cour est plus grande.

— Ah, c'est pas bête, dit le second fou. Je peux vous aider ?

— Je vous en prie...

Et le second fou ôte sa veste, pose ses deux mains contre le mur et commence à pousser. Au bout d'un moment, un troisième fou passe dans le coin, voit la veste par terre et l'embarque.

À la fin de la journée, le premier fou, en nage, s'essuie le front avec la satisfaction du devoir accompli.

— On arrête ? dit le deuxième fou.

— Oui, oui, ça suffit pour aujourd'hui, on a bien travaillé... Tenez, on a tellement poussé le mur qu'on ne voit plus votre veste !

• • •

Un médecin de campagne est allé rendre visite à deux petits vieux, qui vivent tout seuls dans une ferme.

— Alors, Fernand, toujours bon pied, bon œil ? dit-il au mari.

— Ma foi, grâce à Dieu, oui...

— Ça, je dois dire, vous êtes béni du Ciel ! À près de quatre-vingt-dix ans, tenir une forme pareille, c'est rare !

— C'est le Bon Dieu, répète le vieux Fernand. Y m'aime bien, et y m'donne des petits coups de main par-ci par-là..

Le médecin lève un sourcil, inquiet.

— Des coups de main, père Fernand ?

— Oui, tiens, par exemple quand j'ai envie d'aller pisser. Eh ben il suffit que j'ouvre la porte des toilettes pour qu'la lumière s'allume. Comme ça, j'ai pas besoin de chercher... Et après, quand j'ai fini, la porte s'referme toute seule et la lumière s'éteint. C'est un miracle, quoi...

— Oui, oui, oui, dit le médecin. Maintenant, je vais voir votre femme, hein ?

Sitôt le père Fernand sorti, le docteur fait part de ses craintes à la vieille dame.

— Dites donc, il est en train de perdre la tête, le Fernand. Il vient de me dire que la lumière des toilettes s'allumait et s'éteignait toute seule quand il s'y rendait la nuit...

— Cré bon gu ! s'écrie la vieille fermière. V'là qu'l'Fernand a encore pissé dans l'frigidaire !

• • •

Inquiet de la santé mentale de son épouse, monsieur Dugommeau la fait ausculter par son médecin de famille. À l'issue de la consultation, celui-ci prend monsieur Dugommeau à part :

— Écoutez mon vieux, votre femme n'a rien. Simplement, elle souffre d'un manque d'affection, si vous voyez ce que je veux dire. Vous ne faites pas assez souvent l'amour... Je lui prescris donc des rapports sexuels cinq fois par semaine.

— Bien, dit monsieur Dugommeau. Je prends les mardis.

• • •

Un vieux monsieur prend rendez-vous chez un médecin.

— Docteur, je ne fais plus l'amour qu'une fois par semaine.

— Quel âge avez-vous, monsieur ? demande le docteur.

— Soixante-dix-neuf ans, répond le vieil homme.

— Et à soixante-dix-neuf ans vous faites encore l'amour une fois par semaine ? Mais de quoi vous plaignez-vous ?

— C'est-à-dire, docteur, que mon copain René, lui il fait l'amour cinq fois par semaine, et il a le même âge que moi !

— Eh bien, dit le docteur en lui tapotant affectueusement l'épaule. Dites-lui la même chose !

• • •

Sur les conseils de sa fille, une vieille dame va voir un gynécologue pour la première fois de sa vie. Dans le cabinet du spécialiste, elle explique la raison de sa visite, puis le docteur lui dit :

— Déshabillez-vous, madame, on va voir ça.

— Vous voulez que je me déshabille complètement ? bredouille la vieille dame, rouge de confusion.

— Eh bien, oui, évidemment ! Allez, installez-vous là.

La vieille dame prend place, puis se redresse pour dévisager le gynécologue.

— Dites-moi une chose, docteur. Votre mère sait ce que vous faites dans la vie ?

• • •

Deux psychiatres exerçant dans le même hôpital se retrouvent en fin de journée dans l'ascenseur. Alors que le plus jeune semble épuisé, hagard, à bout de forces, son collègue plus âgé paraît, lui, en pleine forme.

— Comment faites-vous ? demande le jeune psychiatre. Vous avez encore plus de patients que moi et vous donnez l'impression de pouvoir encore en traiter le double. On dirait que rien ne vous atteint. Moi, à force de les entendre me raconter leurs salades, ça me rend dingue ! Ça ne vous déprime pas, à la longue, d'écouter toutes ces insanités qu'ils nous débitent ?

— Aaaah, mon jeune ami, répond le vieux psychiatre, évidemment, si vous les écoutez...

• • •

Un sexologue reçoit un couple d'une soixantaine d'années qui se plaint de la raréfaction de leurs rapports. Afin d'entendre les deux versions, il fait tout d'abord entrer le mari seul.

— Vous savez, docteur, c'est surtout ma femme qui a voulu qu'on vienne vous voir, dit le mari. Bon, je ne suis plus tout jeune et je ne suis plus aussi vaillant que dans ma jeunesse, c'est vrai, mais enfin j'ai tout de même des érections semi-annuelles !

À cet instant, sa femme, qui écoutait derrière la porte, entre en trombe dans le cabinet.

— Ne l'écoutez pas, docteur ! S'il avait des érections semi-annuelles, comme il dit, je m'en contenterais ! Mais tout ce qu'il a, ce sont des semi-érections annuelles !

• • •

Un bègue a consulté tous les spécialistes en vain et, sur les conseils d'un ami, va voir un modeste médecin de quartier, capable de faire « des miracles ».

— Bon... Bon... Bonjour, do... do... docteur, je... je...

— Vous êtes bègue.

— Ou... Ou... Oui.

— Bien. Déshabillez-vous.

— Ah... Ah... Ah bon ?

— Oui, oui.

Le bègue se déshabille et le docteur l'examine rapidement.

— Bien, vous pouvez vous rhabiller, je vois ce que c'est.

— V... V... Vraiment ?

— Oui, c'est votre pénis qui est trop volumineux. Vous comprenez, il mobilise une part trop importante de votre afflux sanguin, ce qui vous fait bégayer. Si vous voulez guérir, il n'y a qu'un moyen, l'amputation. Je peux m'en charger dans ma clinique.

— Ah... Ah... Ah bon ?

— Hélas.

Le bègue réfléchit un instant, puis se décide à accepter. Deux semaines plus tard, après avoir été opéré, le bègue reprend rendez-vous chez le docteur.

— Ah, docteur, mille mercis ! C'est formidable, ma vie a changé ! Vous entendez, je ne bégaie plus du tout ! Vraiment, docteur, merci du fond du cœur !

Et le docteur répond :

— De... De... De rien !

• • •

Un journaliste se rend dans une maison de retraite pour interviewer Jeanne Calment, la doyenne des Français.

— Alors, madame Calment, quel est le secret de votre longévité ?

— Oh, vous savez, je ne fume pas, je ne bois pas, je fais attention à ce que je mange et je fais un peu d'exercice chaque jour...

Mais le journaliste voit, derrière Jeanne Calment, une très vieille dame qui ricane et hausse les épaules à chaque parole de l'interviewée. Une fois son travail terminé, il va voir la très vieille dame et l'interroge à son tour :

— Vous n'aviez pas l'air d'être d'accord avec madame Calment, dit-il. Peut-être avez-vous un autre secret de longévité ?

— Ah ça, c'est sûr ! dit la très vieille dame d'une voix chevrotante. Voyez-vous, mon p'tit, moi, toute ma vie j'ai fumé comme un sapeur, j'ai bu comme un trou, j'ai mangé comme un ogre et puis alors j'ai baisé, mais baisé ! Sans arrêt. Matin, midi et soir, tous les jours...

— Mais, c'est incroyable... Et quel âge avez-vous ?

— Trente-deux ans !

• • •

Monsieur Dugommeau est allé voir un sexologue.

— Quel est votre problème, mon cher monsieur ? lui demande le médecin.

— Eh bien voilà, docteur, je souffre d'éjaculations précoces... Vous n'auriez pas un traitement ?

— Eh bien... sur un plan strictement médical, non. Mais enfin il y a un truc qui marche très bien, c'est de penser au menu d'un déjeuner.

— Pardon ?

— Oui, oui ! Vous faites mentalement votre menu, depuis les hors-d'œuvre jusqu'au café. Comme ça, vous pensez à autre chose, et vous ne vous libérez qu'une fois arrivé au café !

— Ah, formidable ! Merci, docteur.

Le soir même, monsieur Dugommeau, tout en remplissant son devoir conjugal, expérimente le truc du menu.

« Bon alors, se dit-il mentalement, en entrée, je vais prendre des carottes... Des... carottes... râpées.... Des carottes râpées et... et... et... et un café ! »

• • •

Le jeune Dugommeau accompagne son épouse chez le gynécologue. Depuis quelque temps, elle se plaint de mal au ventre, de vertiges, et il se pourrait bien que...

— Oui, c'est bien ce que vous pensiez, monsieur Dugommeau, confirme le médecin. Votre femme est enceinte. Cependant il n'y a pas que ça... Le foie est atteint, je le crains.

Alors le jeune Dugommeau rougit et murmure :

— Docteur, vous me flattez !

• • •

Robert travaille dans un chantier. C'est un spécialiste du marteau-piqueur, et il défonce du ciment à longueur de journée. Mais voilà, depuis quelques jours, il souffre du dos, au point qu'il se décide à aller voir un médecin.

Celui-ci l'ausculte, puis rend son diagnostic.

— Monsieur, vous avez une hernie discale.

— Hein ?

— C'est un disque qui est en train de sortir !

— Ah bon ? Moi, j'ai un disque qui est en train de sortir ?

— Oui, dit le médecin. Vous allez revenir demain, on fera une radio.

— Ah bon, d'accord, dit Robert. Merci, hein, docteur !

L'après-midi même il retourne au travail et va voir le chef de chantier.

— Alors, Robert, et ce mal de dos ?

— Bah ! Peu importe ! dit Robert. Je plaque le boulot !

— Quoi ?

— Eh oui, patron ! Dès demain, je me lance dans la chanson !

— Toi, dans la chanson ?
— Oui, patron ! Le docteur, il a dit que j'allais sortir un disque et que demain on ferait ma première radio !

• • •

Dans un asile, trois petits vieux prennent le soleil sur un banc.
— Vous savez quoi ? dit le premier. Quand je pète, ça fait du boucan, mais ça sent rien...
— Ah, ben ça c'est drôle, dit le deuxième. Moi, quand je pète, ça sent terrible, mais on n'entend rien.
— Ben moi, dit le troisième, quand je pète, ça sent rien et ça fait pas de bruit...
Au bout d'un moment, les deux autres se tournent vers lui et demandent :
— Mais alors, pourquoi tu pètes ?

• • •

Le médecin-chef d'un asile psychiatrique reçoit un nouveau malade.
— Quel est votre problème, mon ami ? lui demande-t-il.
— Je n'ai aucun problème ! Je suis Napoléon Bonaparte !
— Je vois, dit le médecin. C'est ennuyeux, parce que nous avons déjà un Napoléon... Venez, je vais vous le présenter.
Et le médecin emmène le fou dans la chambre de l'autre Napoléon et fait les présentations.
— Il n'y a qu'un Napoléon, et c'est moi ! dit le nouveau.
— Vous êtes fou ? Ç'a toujours été moi, Napoléon. Tout le monde vous le dira !
— Bon, eh bien je vais vous laisser régler cette question, dit le médecin-chef. Pour cette nuit, vous partagerez la même chambre. On verra ce qu'il en est demain matin !
Le lendemain, le médecin-chef va voir les deux malades.
— Alors, qui est Napoléon ?
— C'est moi ! dit le nouveau.
— Oui, oui, dit l'autre, d'une voix soumise. C'est lui.
— Ah bon ? fait le médecin. Mais alors vous êtes qui, vous ?
— Moi ? fait le fou en rougissant. Je suis Joséphine...

• • •

Un chirurgien sort d'une salle d'opération et croise l'un de ses collègues.

— Alors, ça c'est bien passé, cette biopsie ?
— Comment ça, une biopsie ! dit le chirurgien, affolé. C'était pas une autopsie ?

• • •

Un homme d'affaires a été admis à l'hôpital pour une appendicite. Le lendemain de l'opération, une jeune et jolie infirmière vient lui faire sa toilette.
— Qu'est-ce que vous faites de beau, dans la vie ? demande-t-elle tout en lui savonnant le torse et les jambes.
— Je fais des affaires, répond-il, troublé. Je joue en Bourse, tout ça...
— Ah, vous jouez en Bourse ! dit l'infirmière. Comment ça marche ?
— Eh ben, tiens, je peux vous montrer, si vous voulez. J'ai justement une grosse valeur qui est en train de monter. Vous voulez la prendre en main ?

• • •

Une jeune femme souffre depuis plusieurs jours d'une lancinante douleur au bras. Elle se rend à l'hôpital et s'adresse à un bel homme vêtu d'une blouse blanche.
— Excusez-moi, docteur, mais j'ai mal au bras. Vous ne voulez pas vous occuper de moi ?
— Mais si, bien sûr, répond l'homme en blouse blanche. Entrez ici et allongez-vous, nous allons voir ça.
Quelques minutes plus tard, la jeune femme s'écrie :
— Mais voyons, docteur ! Ce n'est pas mon bras !
Et l'homme en blanc répond :
— C'est pas grave ! Je suis pas docteur, je suis peintre en bâtiment !

• • •

— Docteur, c'est épouvantable, je suis certain d'être victime d'un mauvais sort !
— Allons, allons... Détendez-vous et dites-moi ce qui ne va pas.
— Voilà, docteur, chaque fois que je prononce un certain mot, les gens autour de moi disparaissent !
— Quel mot ?

— Alakazam !... Docteur ?... Docteur, où êtes-vous ? Docteur ?

• • •

Au cœur de la nuit, alors que la tempête fait rage au-dehors, un cri perçant réveille le Fernand en sursaut.

— Quoi qu'il y a ? Quoi qu'il y a ?

— C'est moué, l'Fernand, dit la Marie. J'ai perdu les eaux, j'vais mettre bas ! Appelle l'docteur !

Le Fernand se précipite sur son téléphone, mais le docteur ne répond pas. Du coup, il appelle le vétérinaire.

— Faire accoucher ta femme ? dit ce dernier. Mais tu es fou, Fernand, ce n'est pas possible !

— Je vous en prie, docteur ! On est tout seuls, l'orage a fait disjoncter tout le secteur, on est dans l'noir, je ne m'en tirerai jamais tout seul !

Le vétérinaire finit par accepter et se retrouve au chevet de la Marie.

— Allume une lampe à pétrole, qu'on y voie quelque chose ! dit-il au Fernand.

Le Fernand obéit et, presque aussitôt, le vétérinaire s'écrie :

— Le voilà ! C'est un garçon !

— Comme il est mignon ! dit le Fernand, ému.

— Rapproche ta lampe, il y en a un autre ! dit le vétérinaire. Tiens, regarde, c'est une fille !

— Une fille ! Ah, ça c'est bien, hein la Marie !

— Attends, attends ! Il y en a encore un ! Approche la lumière ! Et tiens, encore un autre ! Et un autre !

Le Fernand, horrifié, se relève et soufle la lampe.

— Mais qu'est-ce que tu fais ? crie le vétérinaire. On n'y voit plus rien ! Rallume !

— Non, il faut éteindre ! dit Fernand. La lumière, ça les attire !

• • •

Un type bien mal en point entre dans une pharmacie. Il tousse, il tousse, il n'arrête pas de tousser. Le pharmacien pâlit, parce que, justement, il n'a plus aucun médicament contre la toux. Et le type s'effondre sur son comptoir :

— Je voudrais... kof, kof, kof... un remède contre... kof, kof, kof...

— Oui, oui, dit le pharmacien. Un remède contre la toux. Tenez, prenez ça !

Et il lui donne immédiatement une cuillerée de sirop. Le type pâlit, verdit, se redresse et sort de la pharmacie d'une démarche toute raide, sans la moindre toux.

— Qu'est-ce que vous lui avez donné ? demande l'assistante du pharmacien.

— De l'huile de ricin.

— De l'huile de ricin ? Mais c'est un laxatif !

— Justement ! Il n'a plus intérêt à tousser, maintenant !

• • •

Un grand peintre presque aveugle vient d'être soigné par un ophtalmologiste réputé, qui parvient à le guérir. Pour le remercier, le peintre exécute pour lui une œuvre unique : un grand œil de deux mètres sur trois, destiné à être accroché dans sa salle d'attente.

— C'est formidable ! s'exclame un ami de l'ophtalmo en admirant le tableau. Tu es content ?

— Je vais te dire, répond le médecin. Je suis surtout content de ne pas être gynéco...

• • •

Madame Dugommeau — le saviez-vous ? — est un peu myope. Elle se rend chez l'opticien qui lui désigne des lettres sur un tableau.

— Vous arrivez à lire cette ligne, madame ? demande-t-il.

— Non...

— Bien. Et celle-ci ?

— Euh... Non.

— Bien, bien... Et celle-là ?

— Euh... C'est un A ! Attendez, non, c'est un F ! Ou un G !

— Bien, je vois ce que c'est, dit l'opticien. Eh bien, madame, vous n'avez pas besoin de lunettes !

— Vraiment ?

— Vraiment. Ce dont vous avez besoin, c'est d'un chien !

• • •

Depuis plusieurs semaines, un monsieur souffre de terribles maux de tête. Il va voir son médecin traitant et lui explique son cas.

— Vous voyez, docteur, j'ai mal là... Et là... Et là... Ça me lance, c'est terrible !

— Mon cher monsieur, j'ai une mauvaise nouvelle à vous annoncer, dit le docteur. D'après votre description, il ne peut y avoir de doute. Si vous voulez ne plus souffrir de ces migraines...
— Oh, oui, docteur !
— ... Il faut vous castrer !
— Oh, non, docteur !
— Eh si... Désolé, mais votre cas est tout à fait typique. C'est la seule solution.

Le gars décide tout de même d'aller consulter un autre médecin mais, hélas, celui-ci formule le même diagnostic... Alors, comme ses migraines sont vraiment insupportables, le malheureux accepte de se faire castrer. Et effectivement, il n'a plus mal à la tête...

Quelques jours plus tard, il prend rendez-vous chez un tailleur pour se faire confectionner un nouveau costume.
— Vous portez à droite ou à gauche ? demande ce dernier après avoir pris ses mesures.
— Bof, peu importe, maintenant !
— Ah, non ! s'écrie le tailleur. Excusez-moi, monsieur, mais c'est très important ! Parce que si vous portez du mauvais côté, ça vous les coince et alors...
— Alors ?
— Alors ça donne de ces maux de tête !

• • •

Un fou sort d'un hôpital psychiatrique et cherche un emploi. Il parcourt les petites annonces et tombe sur une offre chez Lustucru. Il se présente mais, lorsque le directeur du personnel s'aperçoit que le candidat sort d'un asile de fous, il fait grise mine.
— Désolé, dit-il. Nous avons déjà embauché un ancien malade psychiatrique et...
— Mais, et alors ? Qu'est-ce que ça peut faire ?
— Ah, monsieur, c'est une tradition : pas deux fêlés chez Lustucru !

• • •

Un nain entre dans une pharmacie apparemment déserte. Derrière le comptoir il ne voit personne. Pourtant, il entend une voix qui lui dit :
— Bonjour, monsieur. Qu'est-ce qu'il vous fallait ?

Alors le nain s'approche du comptoir, saute le plus haut possible pour essayer d'arriver à voir de l'autre côté et dit :

— De l'aspirine !

Pas de réponse. Alors il recommence à sauter sur place en répétant :

— De l'aspirine ! De l'aspirine !

Au bout d'un quart d'heure, épuisé, le nain fait le tour du comptoir, et là il découvre un autre nain, vêtu d'une blouse blanche de pharmacien, qui lui aussi saute sur place en répétant :

— En sachets ou en comprimés ? En sachets ou en comprimés ?

• • •

Tu as l'air en pleine forme ! dit un homme d'affaires à l'un de ses collègues, récente victime d'une attaque cardiaque. Tu as suivi les conseils de tes médecins ?

— Oh, oui ! La première semaine, j'ai arrêté de fumer. La deuxième, j'ai arrêté l'alcool. La troisième, j'ai arrêté les femmes. La quatrième, le sucre. Et la cinquième...

— La cinquième ?

— J'ai arrêté d'arrêter.

• • •

Un homme d'apparence tout à fait normale est allé consulter un psychiatre.

— Docteur, c'est ma famille qui m'a poussé à venir vous voir, dit-il. Pour ma part, je me considère comme parfaitement normal, mais eux pensent que je suis fou parce que j'aime le chocolat.

— Mais moi aussi j'aime le chocolat ! dit le psychiatre. Il n'y a rien de mal à cela !

— C'est formidable ! dit l'homme. Si vous aimez vraiment le chocolat, venez chez moi ce soir, je vous invite. J'ai plein de chocolat. Des milliers de plaques de chocolat, plein mes armoires, plein mon grenier, ha, ha ! Des centaines de milliers de jolies plaques de chocolat !

• • •

Un homme entre dans une pharmacie.

— Ma femme prétend que je ronfle et que je fais un boucan du diable. Vous avez quelque chose contre cela ?

— Certainement, monsieur. Voici des gouttes pour le nez...

— Non, non, pas de ça ! dit l'homme. Donnez-moi plutôt des boules Quiès pour ma femme.

• • •

Un homme d'un certain âge ne parvient plus à remplir ses devoirs conjugaux et il va voir un sexologue.

— Il y a deux possibilités, dit le spécialiste. Soit un traitement thérapeutique, qui vous coûtera environ dix mille francs, soit une intervention chirurgicale, qui vous coûtera environ vingt mille francs.

— Ah bon...

— Écoutez, si vous hésitez le mieux est d'en parler tranquillement avec votre femme et de revenir m'en parler, d'accord ?

— D'accord.

Le lendemain, l'homme revient avec sa femme.

— Alors ! dit le docteur. Qu'avez-vous décidé ? Le traitement ou l'opération ?

— Ne nous en voulez pas, docteur, dit l'homme. Mais vu l'usage qu'on en fait, avec l'argent on a plutôt décidé de refaire la cuisine.

• • •

À l'issue d'une consultation, un docteur se prépare à rédiger son ordonnance, cherche son stylo dans la poche de sa veste et en sort un thermomètre.

— Ah, zut ! dit-il. Quel est le trou du cul qui m'a piqué mon stylo !

• • •

Dans un laboratoire d'analyses, un laborantin va voir une patiente.

— Madame Martin, il doit y avoir une erreur... Le flacon d'urine que vous nous avez donné, c'est du jus de pomme.

— Oh, mon Dieu ! dit la dame. Il faut que je téléphone tout de suite !

— Pourquoi ?

— J'ai dû mettre l'autre bouteille dans le panier-repas de mon mari !

• • •

Vous savez pourquoi les pets sentent mauvais ?
— Pour que les sourds puissent aussi en profiter.

• • •

Un homme va voir un psychiatre.

— Docteur, j'ai un problème. Jour et nuit, je n'ai plus qu'une idée en tête : faire l'amour avec un cheval. Ça me rend fou !

— Je vois, dit le psychiatre. Prenons les choses par le commencement... Ce cheval, c'est un étalon ou une jument ?

— Une jument, bien sûr ! s'écrie le type, outré. Vous me prenez pour un pervers, ou quoi ?

• • •

ERIK SATIE
*Si vous voulez vivre longtemps, vivez vieux.*

• • •

Deux opérés partagent la même chambre d'hôpital. Visiblement, ils ont subi la même intervention, étant donné l'endroit un peu particulier où se trouve leur pansement.

— Qu'est-ce qui vous est arrivé ? demande le premier, histoire d'engager la conversation.

— Je me suis fait castrer, dit le second. Et vous ?

— Moi j'ai été circoncis.

— Circoncis ! hurle alors l'autre patient d'une voix aiguë. Bon sang de bois ! C'est le mot que je cherchais !

• • •

Monsieur Dugommeau, au bout du rouleau, va voir un psychanalyste.

— Docteur, je n'en peux plus. J'ai l'impression que personne ne me prend au sérieux !

— Allons, allons ! Vous plaisantez !

• • •

Un monsieur extrêmement bien habillé se rend chez un célèbre chirurgien esthétique. Il pénètre dans le cabinet, retire son chapeau et le pose sur le bureau du médecin, puis retire sa veste qu'il installe soigneusement sur le dossier de sa chaise, dénoue sa cravate, la lisse du revers de la main et la plie également sur le dossier, puis retire sa chemise, son pantalon et son caleçon avec tout autant de soin...

— Eh bien ! demande le chirurgien, un peu exaspéré par la lenteur de son client. Qu'est-ce qui vous amène ?

— Regardez, docteur, répond ce dernier, complèment nu. L'un de mes testicules est plus long que l'autre.

— Oui, bon, et alors ?

— Alors ça fait négligé.

• • •

Le comte Enguerrand Du Chemin de la Plage d'En Face téléphone à son médecin traitant.

— Cher ami, je suis confus de vous déranger, mais madame la comtesse est légèrement souffrante. Pour tout dire, elle est clouée au lit depuis quelques jours...

— Croyez bien que je compatis, monsieur le comte. Qu'attendez-vous de moi ?

— Eh bien, mon cher, j'eusse aimé que vous la vissiez !

• • •

Un très vieil homme très riche est placé par son fils dans la maison de retraite la plus luxueuse du monde. La chambre est immense et magnifique, avec télévision, magnétoscope, une flopée d'infirmières ravissantes, une cuisine impeccable...

On installe le vieil homme dans son lit, on lui sert un verre et on lui allume la télé. Au bout de quelques minutes, le vieil homme bascule sur le côté droit et son visage se crispe. Aussitôt, une infirmière surgit pour le remettre droit.

Cinq minutes plus tard, il bascule sur le côté gauche, avec la même crispation du visage. Et à nouveau, une infirmière surgit et le remet en place.

Le soir venu, son fils l'appelle au téléphone.

— Alors, papa, tu es content ?

— Oh, c'est parfait ! dit le vieil homme. On dirait un château, les infirmières sont mignonnes et la cuisine est excellente... Il y a juste un problème...

— Oui ?

— C'est drôle, ils ne te laissent pas péter, ici !

• • •

Un étudiant en médecine passe son examen final. Hélas, la question qui est posée ne l'arrange pas : « Décrivez les trois avantages du lait maternel pour l'alimentation des bébés. »

Deux avantages lui viennent rapidement à l'esprit, et il écrit :

1°/ Il recèle le meilleur équilibre nutritionnel pour l'enfant ;

2°/ Comme il est contenu dans le corps de la mère, il est protégé de tout germe et contribue à développer le système immunitaire de l'enfant ;

Mais il ne voit pas de troisième avantage... Ah, si !

3°/ L'emballage est très joli.

• • •

Le médecin-chef d'un asile de fous referme le dossier de la patiente assise en face de lui.

— Eh bien voilà, chère madame ! Vous êtes définitivement guérie ! Qu'en dites-vous ?

— C'est très bien, dit la femme faiblement.

— Excusez-moi, dit le médecin, mais je suis un peu surpris... Vous n'avez pas l'air d'être si heureuse d'être guérie ?

— Oh, si, docteur... Mais enfin en entrant ici, il y a trois ans, j'étais Jeanne d'Arc. Maintenant, je ne suis plus personne...

• • •

Deux infirmières de garde à l'hôpital discutent pendant la pause.

— Tiens, dit la plus âgée, je viens de faire la toilette du nouvel arrivant, chambre 26. Eh bien, le pauvre, il ne doit pas faire l'amour souvent !

— Pourquoi ? demande sa collègue, une ravissante jeune femme dont la blouse blanche moule étroitement les formes aguichantes.

— Parce qu'il s'est tatoué « SOS » sur le sexe !

Le lendemain, les deux infirmières se retrouvent de nouveau pour la pause.

— Au fait, dit la plus jolie. Le patient de la chambre 26, tu te souviens ? Eh bien, c'est moi qui ai fait sa toilette, ce matin... Son tatouage, ce n'est pas « SOS », mais « SOUVENIR DES GALAPAGOS »...

• • •

Un jeune homme tombe nez à nez dans la rue avec la jeune femme qu'il vient de quitter, après une longue liaison amoureuse.

— Tiens, Sylvie ? Ça va ? Euh... Tu as l'air en forme ! Tu as maigri ! Oui, c'est ça, tu as maigri ! Tu as fait un régime ?

— Non, dit la jeune femme. Je viens d'accoucher de ton fils...

• • •

Dans un asile de fous, un infirmier découvre un patient qui s'est pendu dans sa cellule... par les poignets.

— Mais qu'est-ce que vous essayez de faire ? dit-il.

— J'essayais de me suicider ! clame le fou.

— Eh bien vous ne risquiez pas d'y réussir, comme ça... C'est par le cou qu'il faut se pendre.

— Oh, mais j'ai essayé ! dit le fou. Seulement je ne pouvais plus respirer !

• • •

Monsieur Dugommeau travaille trop. Il est surmené, à tel point qu'il en perd la mémoire. On lui a conseillé un spécialiste, qu'il va aussitôt consulter :

— Bonjour, docteur. Robert Dugommeau...

— Oui, monsieur Dugommeau, je sais... Alors. Que se passe-t-il ?

— Eh bien voilà, je perds la mémoire. Que dois-je faire ?

Le docteur soupire, se lève, prend dans la poche du manteau de monsieur Dugommeau une boîte de comprimés et la lui montre d'un air las.

— Ainsi que je vous l'ai déjà dit il y a une heure, monsieur Dugommeau, prenez ces comprimés et ça ira mieux.

• • •

9

# CHEZ CES GENS-LÀ

Deux Japonais se retrouvent en septembre, de retour de leurs courtes vacances.

— Alors, ton séjour en Europe, c'était bien ? demande Yamamoto.

— Je ne sais pas, répond Sushi. Je n'ai pas encore développé les pellicules.

• • •

Un Anglais visite Paris pour la première fois. En montant dans un autobus, il entend le passager qui le précède annoncer au conducteur : « Colonel-Fabien. » Alors, quand son tour arrive, le Britannique tend son billet et dit : « Major Cunningham. »

• • •

Dans un club extrêmement privé de Londres, un lord britannique est installé dans le meilleur fauteuil du fumoir et lit tranquillement le *Times*, lorsque Jenkins, le maître d'hôtel, s'approche de lui et lui présente un plateau d'argent sur lequel se trouve un billet.

Le lord le déplie et lit :

« Désolé de vous déranger, sir, mais votre braguette est ouverte, et on voit votre sexe.

Jenkins.

P.S. : Je vous aime. »

• • •

En Écosse, un vieux poivrot libidineux entre dans un pub.

— Un whisky ! lance-t-il au garçon.
— Certainement. De quelle sorte ?
— Mon ami, dit le poivrot, pour le whisky et pour les filles, je ne prends que du douze ans d'âge !

• • •

Un jeune couple d'Écossais vient de convoler en justes noces. Pendant cinq ans, leur union est parfaite : chaque mois, le jeune homme rapporte à sa femme ses mille livres de salaire, et tout se passe pour le mieux. Jusqu'au jour où il ne ramène que neuf cent quatre-vingt-dix-neuf livres et cinquante pence... La jeune femme ne dit rien mais, lorsque le mois suivant son mari ne ramène que neuf cent quatre-vingt-dix-neuf livres et un shilling, elle éclate en sanglots :
— Je m'en doutais, darling ! Vous avez une maîtresse !

• • •

Vous savez comment on reconnaît les clans écossais d'après leur kilt ?
— Vous soulevez le kilt. S'il y a un cheeseburger en dessous, c'est un Mac Donald.

• • •

Jef Mertens vient d'emménager dans son nouvel appartement. La décoration est entièrement à refaire, mais le quartier est agréable, et les voisins sont accueillants. Justement, l'un d'eux l'invite à prendre le café.
— Allez, fieu, dites, vous sauriez me donner un tuyau ? demande Jef au moment de repartir.
— Dis toujours, Jeffeke !
— Il vous a une fois fallu combien de rouleaux de papier peint pour votre appartement ?
— Ça, fieu, je me souviens bien, sais-tu : cinquante rouleaux tout juste !
Jef remercie bien chaleureusement, achète cinquante rouleaux de papier peint et retapisse entièrement son appartement. Seulement voilà. Après avoir tout fini, il lui reste dix rouleaux... Le lendemain, il invite ses voisins à pendre la crémaillère et, incidemment, il leur glisse au cours de la soirée :
— À propos, j'ai fait comme vous m'avez dit. J'ai une fois été

au magasin de papier peint, j'ai acheté cinquante rouleaux et j'ai tout tapissé avec, mais il me reste dix rouleaux, savez-vous !

— Ça ne m'étonne pas, Jef. Nous aussi, il nous est resté dix rouleaux.

• • •

Un vieux vieux Corse est assis dans son fauteuil, à l'ombre, et mange des olives dont il recrache les noyaux un peu partout autour de lui. Son petit-fils, un agité qui travaille sur le continent, est justement venu le voir, et demande à la maisonnée :

— Où il est, grand-père ?

— Dans le jardin. Il plante...

• • •

Vous savez pourquoi les Belges marchent sans arrêt sur les tuyaux d'arrosage ?

— Pour avoir de l'eau plate.

• • •

En immigrant en France, un Juif décide de changer de nom, afin de ne plus jamais souffrir de réactions antisémites. Il se rend à la mairie et explique son cas à l'employé.

— Vous voulez changer de nom ? dit celui-ci. C'est possible, mais il y a des règles à respecter. On ne peut prendre n'importe quel nom, vous comprenez ?

— Oui, bien sûr...

— Le plus courant est de traduire le patronyme. Vous vous appelez comment ?

— Katzmann.

— Bon. Et ça veut dire quelque chose ?

— Oui, oui. « Katz », ça veut dire « chat » et « mann », ça veut dire « l'homme ».

— Eh bien voilà ! Très bien ! Votre nom sera donc francisé en « Chalom ». Ça vous va ?

• • •

Un millardaire américain voit entrer sa secrétaire dans son bureau.

— Monsieur, c'est votre fils aîné. Il demande une entrevue.

— Qu'il vienne.

Le garçon entre, penaud, et cherche ses mots en se dandinant devant son père.

— Allez, dit le milliardaire excédé. Le temps c'est de l'argent ! Dis-moi vite ce qui t'amène et réglons ça rapidement !

— Voilà, daddy. J'ai rencontré une jeune fille et... et elle est tombée enceinte.

— OK, je vois, dit le père en tirant son chéquier. Bon, voilà un chèque de dix mille dollars, va t'arranger avec sa famille.

Une heure après, la secrétaire revient le déranger.

— Excusez-moi, monsieur, mais cette fois c'est votre fils cadet qui veut vous voir.

— Qu'il entre !

Le deuxième garçon s'avance, tout aussi gêné que son frère.

— Eh bien voilà, daddy. J'ai rencontré une jeune fille et...

— ... Et tu lui as fait un enfant, toi aussi ! OK, c'est pas grave. Voilà un chèque de 10 000 dollars, va t'arranger avec sa famille.

Un peu plus tard dans la journée, la secrétaire vient à nouveau le déranger. Cette fois, c'est la fille du milliardaire qui demande audience.

— Alors, dit l'Américain. Qu'est-ce qui t'arrive, à toi ?

— Daddy, j'ai rencontré un garçon et... et je suis enceinte.

À ces mots, le milliardaire jaillit de son fauteuil avec un large sourire et se frotte les mains.

— *Wonderful !* Enfin une rentrée d'argent !

• • •

Un riche banquier juif va marier son fils. La veille des noces, il prend le jeune homme à part pour une conversation en tête à tête.

— Simon, mon fils, je réalise que je ne t'ai jamais parlé de la vie... Dès demain, tu seras avec ta femme, il faut quand même que tu saches certaines choses... Tiens, tu connais les doigts de la main ?

— Mais bien sûr, papa ! Il y a l'index, le majeur, le...

— Non, non ! l'interrompt le banquier. Ce n'est pas ça ! Il y a le doigt du voyage, celui de la direction, celui de la jouissance, celui du mariage et enfin celui de la distinction.

— Ah bon ?

— Je t'explique, Simon, mon fils. Le doigt du voyage, c'est le pouce, parce qu'il te permet de faire du stop.

— D'accord.

— Le doigt de la direction, c'est l'index, parce que c'est celui que tu tends quand tu veux montrer quelque chose.

— OK.

— Le doigt du mariage, c'est l'annulaire, parce que c'est là que tu vas passer ton alliance, Simon, mon fils.

— Oui, papa.

— Et le doigt de la distinction, c'est l'auriculaire, parce qu'il faut le lever quand on boit une tasse de thé.

— Compris, papa. Mais tu as oublié le doigt de la jouissance !

— Je gardais le meilleur pour la fin, Simon, mon fils. Le doigt de la jouissance, c'est le majeur. Le plus beau, le plus long. Pour la jouissance, ce doigt, tu le mouilles dans ta bouche... Et tu comptes tes billets, Simon, mon fils !

• • •

À Sarajevo, une longue file d'attente s'étire devant un magasin qu'on dit approvisionné en fruits frais. Il est très tôt et le jour n'est pas encore levé. Au bout de quelques heures, le rideau de fer du magasin se lève et le propriétaire jette un coup d'œil à la longue file.

— Il n'y en aura jamais assez pour tout le monde ! dit-il. Que les Juifs s'en aillent !

Quelques personnes quittent la queue.

Une heure plus tard, le propriétaire ressort.

— On vient de me prévenir qu'il n'y avait qu'un camion de fruits ! Les Bosniaques et les Croates, vous pouvez partir, il n'y aura rien pour vous !

Des centaines de personnes s'en vont, sous le regard triomphal des Serbes, qui restent seuls à faire la queue.

Une heure plus tard, le propriétaire revient.

— J'ai une mauvaise nouvelle ! Le camion a été bloqué à un barrage, il n'y aura pas de vente aujourd'hui ! Vous pouvez tous partir !

Alors un Serbe murmure en s'en allant :

— Ah, ces Juifs ! Ils sont toujours au courant de tout avant tout le monde !

• • •

En ces temps-là, Dieu s'ennuyait sur son nuage. Il décida de créer un petit coin de Paradis sur terre. Il choisit donc une région au climat tempéré, y plaça des montagnes bien neigeuses pour l'hiver, des plages bien dorées pour l'été, des sous-bois bien romantiques pour l'automne, des vallons recouverts d'une herbe bien tendre pour le printemps...

Voyant son œuvre achevée, Dieu fut lui-même émerveillé. Il décida d'appeler ce pays « la France », un nom doux, agréable...

Le lendemain, pris de remords, Dieu se dit qu'il n'avait peut-être pas été juste vis-à-vis des autres pays. Alors, pour compenser, il créa les Français.

• • •

Au cœur de la jungle, deux gorilles regardent passer Tarzan, qui vole de liane en liane.

— Tu vois, dit le premier gorille, je ne suis pas raciste, mais je n'aimerais pas que ma fille épouse un tarzan...

• • •

Deux Corses, le père et le fils, discutent à l'ombre d'un olivier.

— Dis-moi, Dominique, mon fils, tu n'as jamais travaillé, toi..

— Eh non, papa. Tu le sais bien que je n'ai jamais travaillé. Dans la famille, il n'y a que les femmes qui travaillent !

— Eh oui, Doumé, mon fils. Et justement, c'est de ça dont je voulais te parler. Tu as quarante ans, maintenant, ta mère et moi nous nous faisons vieux, il serait peut-être temps que tu te trouves une femme. Elle pourrait travailler pour toi et avoir des enfants qui t'apporteraient l'anisette, comme tu le faisais pour moi quand tu étais petit...

— Papa, c'est une bonne idée. Je vais me marier et avoir des enfants... Tu pourrais m'en présenter une qui soit déjà enceinte ?

• • •

Vous savez comment on appelle un habitant de Prague qui va faire ses courses ?

— Un Tchèque sans provisions.

• • •

OLIVIER LEJEUNE

*Quel est le plus grand tunnel des États-Unis ?*

*— Tina Turner !*

• • •

Vous savez comment on reconnaît un crayon belge ?

— Il a une gomme aux deux bouts.

• • •

Un couple de Belges quadragénaires se rend à l'université de Namur pour s'inscrire à un cours de vietnamien.

— Écoutez, dit le professeur en les recevant, le vietnamien est une langue difficile, et je crains qu'à votre âge, vous n'ayez les pires difficultés à l'apprendre...

— Non, non, répond le Belge. Ma femme et moi tenons une fois beaucoup à apprendre le vietnamien.

— Mais enfin pourquoi ?

— Parce que, savez-vous, nous avons adopté un petit réfugié vietnamien de huit mois, et que nous voulons absolument être capables de le comprendre, quand il commencera à parler...

• • •

Sur une plage de nudistes, un petit garçon noir s'ennuie. Il va voir son père et lui dit :

— Papa, je peux jouer avec ton zizi ?

— Oui, mon fils, répond le Noir. Mais ne t'éloigne pas trop.

• • •

Deux skieurs écossais font du hors-piste. Malheureusement, ils s'égarent, et trouvent miraculeusement abri dans un minuscule refuge, alors qu'au-dehors une terrible tempête de neige se lève. Au bout de plusieurs jours, on frappe à la porte de la cabane.

— Qui est là ? demandent les Écossais frigorifiés.

— C'est la Croix-Rouge !

— On a déjà donné !

• • •

Un Belge est allé rendre la cravate qu'il venait d'acheter. Elle était trop serrée.

• • •

Quelle est la ville la plus proche de Saint-Quentin ?

— Saint-Quantedeux.

• • •

Une vieille dame monte dans un bus bondé de monde et s'avance jusqu'à une banquette occupée par un jeune Noir.

— Jeune homme, dit-elle d'un ton pincé, chez nous on laisse sa place aux personnes âgées !

— Eh bien chez nous, madame, répond le jeune Noir avec un terrible accent africain, les personnes âgées, on les bouffe !

• • •

Un jeune Bédouin est tout à fait insupportable. Impossible de lui faire manger son couscous. Excédée, sa mère s'écrie :

— Si ça continue, Ali, tu seras privé de désert !

• • •

Une mère juive appelle les renseignements de la SNCF.

— Allô la SNCF ? À quelle heure il arrive, mon fils ?

• • •

Un milliardaire américain en vacances à Rome flâne dans un marché aux puces lorsque, soudain, il tombe sur un tableau signé « Léonard de Vinci ». C'est le portrait d'une jeune femme au sourire énigmatique, une véritable *Joconde* bis. Comme le vendeur n'a pas l'air de réaliser le trésor qu'il détient, le milliardaire parvient à acquérir le tableau pour quelques milliers de dollars seulement. Quelques milliers de dollars tout de même, parce que le vendeur était napolitain, mais enfin qu'est-ce par rapport à un Léonard de Vinci !

Revenu à son hôtel, l'Américain s'interroge : comment sortir le précieux tableau du pays sans alerter la douane ? La question le tient en éveil toute la nuit, mais au matin, il a trouvé : il se précipite chez un marchand de couleurs, achète de la peinture et des pinceaux, revient dans sa chambre et barbouille à la gouache un paysage naïf au-dessus du chef-d'œuvre.

Revenu aux États-Unis, le milliardaire se rend chez un restaurateur d'art de renom et lui confie la tâche de nettoyer le tableau. Le lendemain, il reçoit un coup de fil du spécialiste :

— Il y a un problème, monsieur, dit ce dernier. J'ai nettoyé votre paysage comme vous me l'aviez demandé et j'ai bien trouvé en dessous le Léonard de Vinci. Mais quand j'ai voulu le restaurer, j'ai trouvé encore en dessous un portrait de Mussolini. Je continue ?

• • •

PIERRE DESPROGES

*Les Bordelais sont laids. Au reste, dans « Bordelais » il y a « laid », de même que dans « Pinochet » il y a « hochet ».*

• • •

— Pardon, madame, vous habitez Saint-Germain-en-Laye ?
— Oui, monsieur.
— Très bien. Pouvez-vous me dire s'il vous plaît comment s'appellent les habitants de Saint-Germain-en-Laye ? C'est pour répondre à un questionnaire...
— Ah, je suis désolée, monsieur... Je ne les connais pas tous.

• • •

Un jeune Anglais récemment arrivé à Paris prend des cours particuliers de français, et son professeur lui demande d'énumérer les cinq doigts de la main.

— Il y a le pouce, l'index, la plaisanterie, l'annulaire et l'auriculaire, répond le Britannique.

— Comment ça, la plaisanterie ? dit le professeur. Vous voulez parler du majeur, je suppose...

— Excusez-moi, répond le jeune homme en rougissant. Hier soir j'étais avec une de vos compatriotes et elle m'a dit de ne pas pousser la plaisanterie trop loin...

• • •

Un Écossais entre dans un pub et commande une bière. Au moment de porter la chope à ses lèvres, il s'aperçoit qu'une mouche barbote à la surface. Furieux, l'Écossais s'empare de l'insecte et le secoue en criant :

— Recrache ce que tu as bu !

• • •

Un éleveur de chevaux japonais vient de se ruiner aux courses. Pour éviter le déshonneur, il saisit son sabre et s'ouvre le ventre selon le rite samouraï. À ce moment-là, tous les chevaux se mettent à hennir comme des fous.

L'épouse de l'éleveur, intriguée, demande à son serviteur :

— Qu'est-ce qui se passe, Yamamoto ?

— Ce n'est rien, madame. C'est le haras qui rit.

• • •

Samuel Lévy, un pauvre petit tailleur de Brooklyn, rentre chez lui un soir et découvre sa fille aînée en larmes.

— Sarah, ma fille, qu'est-ce qui se passe !

— Oh, papa, si tu savais !

— Eh bien parle, ma fille, parle !

La ravissante Sarah éclate en sanglots et vient se réfugier contre lui.

— C'est John Douglas, papa. Nous sortons ensemble depuis quelques mois et... et je viens de découvrir que je suis enceinte !

— Quoi ! Ma fille, enceinte ! Ah, le salaud, il va voir de quel bois je me chauffe ! Donne-moi son adresse !

Fou de rage, Samuel prend sa petite voiture et fonce dans les rues de New York. Parvenu à l'adresse indiquée par sa fille, il regarde à deux fois le numéro qu'il a noté, mais c'est là, pas d'erreur : un magnifique building de verre et d'acier à l'entrée duquel brille une enseigne dorée : « John Douglas Inc. » Peu importe ! Samuel bouscule le portier, s'engouffre dans l'ascenseur, appuie sur le bouton où il est écrit « John Douglas — Bureaux directoriaux », et surgit dans un hall luxueux grouillant de jeunes cadres dynamiques. Il s'avance vers la réception, où une superbe jeune femme le regarde avec un mélange d'étonnement et de professionnalisme courtois :

— Vous désirez, monsieur ?

— Je veux voir John Douglas ! Tout de suite !

— Bien, monsieur. Je vais voir s'il peut vous recevoir.

Quelques instants plus tard, le vieux Samuel est reçu par John Douglas en personne, dans un bureau gigantesque dominant toute la ville.

— Monsieur Lévy ! s'exclame-t-il. Je suis bien content de vous rencontrer. Sarah m'a souvent parlé de vous ! Bien... Vous savez sans doute qu'elle est enceinte. Ne vous en faites pas, je compte réparer. Pour commencer, je vais lui verser une pension d'un million de dollars par an, plus un million pour l'enfant, dès sa naissance. Quant à vous, cher Samuel — vous permettez que je vous appelle Samuel ? —, vous êtes tailleur, je crois ? Eh bien je vous propose la direction de notre branche « Textiles », avec un intéressement de 10% aux bénéfices. Qu'en dites-vous ?

— Eh bien... Si jamais Sarah fait une fausse couche, vous lui laisserez une seconde chance ?

• • •

Deux cannibales sont en train de terminer leur repas : un explorateur au court-bouillon.

— C'est tout de même dommage, dit le premier. J'ai vu ses conférences en vidéocassettes : c'était un grand voyageur...

— Oui, dit l'autre en se léchant les doigts. Mais c'était surtout un grand potage...

• • •

Pendant toute son adolescence, Samuel a entendu sa mère lui seriner le même refrain : « Mon fils, n'épouse jamais une Américaine. Elles sont incapables de faire la cuisine, elles sont nulles au lit, elles dépensent tout ton argent et elles finissent toujours par te traiter de sale youpin, un jour ou l'autre. » Et puis vient le jour tant redouté où Samuel, comme par un fait exprès, épouse une Américaine...

— Alors, mon fils, gémit sa mère. Elle te traite mal, n'est-ce pas ? Elle te prend tout ton argent, elle refuse de coucher avec toi et elle te jette des insultes au visage ! Ah, Samuel mon fils, pourquoi n'as-tu pas écouté ta mère !

— Non, non, maman, répond Samuel. Je t'assure, tu te fais du mauvais sang pour rien. Barbara est un vrai cordon-bleu, elle est économe et c'est une vraie bombe au lit, je t'assure.

— Mais elle te traite de sale youpin, n'est-ce pas, mon fils ?

— Seulement quand je la traite de sale négresse, maman.

• • •

Vous savez comment on nomme les hémorroïdes, chez les Eskimos du cercle polaire ?

— Des polaroïds.

• • •

Vous savez ce que Jésus a dit aux Belges avant de monter au Ciel ?

« Jouez aux cons jusqu'à ce que je revienne. »

• • •

Vous savez pourquoi tous les noms de famille polonais se terminent en « ski » ?

— Parce qu'ils ne savent pas épeler « toboggan ».

• • •

Un homme entre dans une boutique, s'avance vers un vendeur et demande :

— Je voudrais un chien de berger belge.

— Sans doute êtes-vous belge vous-même, monsieur ? demande le vendeur.

— Pourquoi me demandez-vous ça ! s'écrie l'homme. Si j'avais voulu m'acheter une boîte de capotes anglaises, vous m'auriez demandé si j'étais anglais ?

— Certainement pas, monsieur.

— Alors pourquoi m'avoir demandé si j'étais belge, sous le seul prétexte que je vous ai demandé un berger belge !

— Parce qu'ici, c'est une épicerie, monsieur.

• • •

En Afrique du Sud, un chauffeur de bus assure depuis des années le ramassage scolaire des enfants de Johannesburg. Depuis la fin de l'*apartheid*, écoliers blancs et noirs partagent le même bus, mais tous les jours c'est la bagarre pour savoir lesquels doivent s'asseoir à l'avant. Finalement, le conducteur en a assez. Il arrête son bus sur le bas-côté et fait descendre tous ses passagers pour les sermonner :

— Écoutez, les enfants, dans mon bus il n'y a ni Blancs ni Noirs, OK ? À partir de maintenant, vous êtes tous bleus !

Les écoliers se dévisagent en silence, touchés par les paroles du chauffeur.

— Bien, reprend ce dernier avec bonhomie. Maintenant que vous êtes raisonnables, remontez dans le bus. Les bleus clairs devant, les bleus foncés au fond.

• • •

Quelle différence y a-t-il entre les oiseaux et les banquiers suisses ?

— Aucune. Les oiseaux font leurs nids et les banquiers suisses nient leurs fonds.

• • •

Dans un nouvel État africain, le tout jeune président convoque son ministre de la Culture.

— Voyez-vous, mon cher M'Balouba, nous sommes un pays neuf, dit-il en l'entraînant pour une promenade dans les jardins. Le monde entier a les yeux fixés sur nous !

— Oui, monsieur le Président.

— Et vous comprenez bien que le ministère de la Culture est, à ce titre, un poste clé !

— Oui, monsieur le Président.

— C'est pourquoi ce poste demande une attention de chaque instant. La moindre faute de français, le moindre barbarisme, et c'est toute la communauté francophone qui se rirait de nous ! Vous comprenez, M'Balouba ?

— Oui, monsieur le Président.

— Eh bien alors vous comprendrez que je doive vous relever de vos fonctions. Vous ne cessez de faire des fautes de français, et...

— Oh, non, monsieur le Président. Pas ça !

— Écoutez, M'Balouba, même si vous faisiez un effort quelque temps, jamais vous ne tiendriez le coup dans une circonstance officielle...

— Si, monsieur le Président ! Ne vous en faisez pas ! Je tenirai !

• • •

Vous savez pourquoi les prêtres russes n'ont jamais d'accident lorsqu'ils roulent en voiture ?

— C'est parce que le pope corne.

• • •

Très inquiète à l'idée que son grand fils de dix-huit ans n'ait toujours pas été informé des choses de la vie, Mrs Gladys a finalement obtenu que lord Bedlington, son mari ait avec lui une petite conversation entre hommes.

— Mais, hum, tout ceci est un peu gênant, fait lord Bedlington. Comment pensez-vous que je puisse procéder, ma chère ?

— Eh bien, John, vous n'avez qu'à prendre des exemples sur les animaux ! Parlez-lui des chiens des chevaux, que sais-je ?

— Ah oui, très bien, très bien.

Le lendemain, lord Bedlington et son fils se promènent dans le parc.

— Dites-moi, William, vous vous souvenez de notre dernier week-end à Londres ?

— *Yes, father.*

— Quand nous avons rencontré ces deux charmantes jeunes filles, à Soho ?

— *Yes, father.*

— Et puis quand nous leur avons offert un verre ?

— *Yes, father.*

— Vous vous souvenez de ce qui s'est passé ensuite, quand nous les avons ramenées à l'hôtel ?

— *Yes, father.*

— Et puis quand nous nous sommes isolés, vous avec la blonde et moi avec la rousse ?

— *Oh, yes, father !*

— N'est-ce pas ! Quel souvenir, hein ? Eh bien, votre mère me prie de vous dire que pour les animaux, c'est pareil !

• • •

En voyage d'affaires à Paris, un Espagnol découvre un restaurant andalou au cœur de la capitale. Fou de joie à l'idée de retrouver un peu de l'air du pays, il s'installe à une table, mais voit arriver un garçon asiatique. À sa grande surprise, cependant, le garçon parle parfaitement espagnol, et manifeste même une connaissance rare des traditions culinaires du pays.

Au moment de l'addition, l'homme d'affaires s'approche du patron pour lui faire un chèque et glisse :

— Dites, il est formidable, votre Chinois ! Il parle espagnol sans accent et même...

— Chut ! Taisez-vous ! C'est l'école hôtelière de Pékin qui me l'a envoyé en stage il y a deux ans, il croit encore apprendre le français !

• • •

Vous savez pourquoi les Portugais portent tous une moustache ?

— C'est pour ressembler à leur mère.

• • •

Vous savez comment on met au pluriel la phrase : « Il y a un Arabe au portail » ?

— Il y a des melons au porto.

• • •

Fabrice M'Bala vient d'arriver à Paris, directement du Sénégal. Il se rend dans une banque pour ouvrir un compte puis, quelques jours plus tard, revient à la même banque pour retirer de l'argent.

— Bien monsieur, dit le caissier. Veuillez remplir un chèque et je vous donnerai la somme que vous désirez.

— Ah là, mon vieux, pas question ! s'écrie le brave M'Bala. L'argent d'abord, après je te donne le chèque, dis donc !

Le caissier essaie en vain de lui faire entendre raison, mais rien à faire. Alors il appelle le directeur et lui explique la situation.

— Enfin, monsieur, soyez raisonnable, dit le directeur. Nous ne pouvons pas sortir de liquidités si vous ne remplissez pas votre chèque.

— Non, non ! D'abord les sous, après le chèque !

En désespoir de cause, le directeur va chercher Durand, un vieux caissier qui a fait vingt ans d'Afrique. Durand hoche la tête, contourne le comptoir, s'avance vers Fabrice M'Bala et lui flanque un formidable coup de pied dans les fesses.

— Ton chèque, négro ! Vite fait !

Le brave Sénégalais fait le chèque, reçoit son argent et s'en va, tout content. Mortifié, le directeur de la banque le rattrape au moment où il va sortir de l'établissement.

— Écoutez monsieur, je suis désolé. Croyez bien que monsieur Durand va être sévèrement sanctionné. La prochaine fois, je vous garantis que ça ne se passera pas comme ça... Vous n'aurez plus jamais affaire avec lui.

— Ah ça, c'est dommage, répond M'Bala. Au moins lui, il explique bien !

• • •

Comment appelle-t-on un nain avec une punaise dans le dos ?

— Un pin's.

• • •

Comment appelle-t-on une femme légère qui collectionne les pin's ?

— Une salop's.

• • •

COLUCHE

*Les Suisses ne sont pas tous cons. D'ailleurs, quand on rencontre un vrai con en Suisse, c'est un Belge.*

• • •

Comment appelle-t-on un Noir avec une noisette dans le derrière ?

— Un Nuts.

• • •

Vous savez quelle est la première chose que les mamans eskimos apprennent à leurs enfants ?

— Ne mangez jamais de neige jaune.

• • •

Un nain rencontre un autre nain dans la rue :

— Tiens ! Comment vas-tu ? Ça fait un temps fou qu'on ne s'est pas vus ! Le monde est petit, quand même...

• • •

Intriguée par la réputation amoureuse des Noirs africains, une jeune touriste en vacances à Dakar se laisse draguer par un jeune Sénégalais, qui l'entraîne aussitôt chez lui.

Le Noir la déshabille, la jette sur le lit, lui saute dessus, s'agite frénétiquement pendant quelques secondes, pousse un cri rauque et plonge sous le lit. Deux secondes plus tard, il ressort de l'autre côté, lui saute dessus, s'agite frénétiquement durant quelques secondes, pousse un cri rauque et plonge à nouveau sous le lit...

Une bonne partie de la nuit se passe sur ce rythme, jusqu'à ce que la jeune touriste, tout de même étonnée par ce rituel étrange, saisisse le Sénégalais après qu'il a poussé son cri rauque, le plaque sur le lit et plonge en dessous à sa place.

C'est là qu'elle a découvert cinq autres Sénégalais.

• • •

OLIVIER LEJEUNE

*Le mime Marceau s'installe en Corse. Un pas de plus est franchi dans l'escalade de la loi du silence !*

• • •

Deux mères juives parlent cuisine :

— J'ai une recette formidable pour la salade ! dit la première.

— Ah bon ?
— Seulement, il y a un problème...
— Lequel ?
— Il faut sacrifier un peu d'huile.

• • •

Un jeune étudiant français est envoyé par ses parents passer un mois dans une famille anglaise. Lord Cunningham, qui le reçoit, lui fait faire le tour du propriétaire.

— C'est un terrain de golf que vous avez là ? dit le Français. Magnifique ! Vous jouez souvent ?

— Non, j'ai essayé une fois, mais ça ne m'a pas plu. Trop fatigant.

Puis ils aperçoivent deux chevaux superbes dans un enclos.

— Ah, dit le Français. Je vois que vous faites de l'équitation !

— Non, j'ai essayé une fois, mais ça ne m'a pas plu. Trop fatigant.

La visite se poursuit et ils croisent un court de tennis.

— Et je suppose que...

— Non, non, dit l'Anglais. J'ai essayé une fois, mais ça ne m'a pas plu. Trop fatigant.

À ce moment-là, un jeune homme s'avance vers eux.

— Ah, mon jeune ami, je vous présente mon fils, William Cunningham.

Le Français lui serre la main et se tourne vers le lord :

— Fils unique, je présume...

• • •

Un Écossais et un Juif se retrouvent à l'enterrement d'un ami commun. À la fin du service funèbre, alors qu'on fait la quête, l'Écossais se dit : « On va bien voir si la réputation des Juifs est justifiée. » Et il sort de sa poche une pièce de cinq cents qu'il pose sur le plateau.

Alors le Juif se penche vers le quêteur et murmure :

— C'est pour nous deux.

• • •

Un Français, un Suisse et un Belge traversent le Sahara en 4 × 4, lorsque leur voiture tombe en panne. Il faut continuer à pied. Chacun emporte de quoi affronter l'épreuve qui les attend...

— Je prends du vin, dit le Français. Comme ça, si j'ai soif, je pourrai boire un coup.
— Je prends le fromage, dit le Suisse. Comme ça, si j'ai faim, je pourrai me faire une petite fondue au soleil.
— Je prends la portière de la voiture, dit le Belge. Comme ça, si j'ai chaud, je pourrai baisser la vitre !

• • •

Un cannibale dit à un autre cannibale :
— Je suis désolé d'avoir à le dire, mais je n'aime pas du tout ma belle-mère.
— Bon, d'accord, dit l'autre cannibale. Mais mange les frites, au moins...

• • •

— Tu sais pourquoi il y a un B sur vos voitures ? demande un Suisse à un Belge. C'est parce que ça veut dire « Borné » !
— Ha, ha ! Très drôle ! dit le Belge. Et tu sais pourquoi il y a un H sur vos plaques ? C'est parce que ça veut dire « Himbécile » !

• • •

Vous savez comment on appelle une jolie fille à Maubeuge ?
— Une touriste.

• • •

Monsieur Dugommeau rencontre son ami Levy.
— Tiens, j'en ai une bien bonne à te raconter · c'est l'histoire de deux Juifs qui...
— Ah non ! s'écrie monsieur Levy. J'en ai assez d'entendre des blagues juives. Pourquoi ne pas raconter d'histoires sur les Grecs, sur les Écossais ou sur les Chinois ?
— Tu as raison, dit monsieur Dugommeau. Alors voilà : ce sont deux Chinois, Fu Yong et Wong Chang, qui vont à la synagogue pour une Bar-Mitzvah et...

• • •

Vous savez ce que c'est qu'un cannibale belge ?
— Un type qui mange ses frites toutes crues.

• • •

À Barbès, un petit garçon va voir sa mère.

— Dis, maman, je suis juif ou je suis arabe ?

— Tu es juif, mon fils. Ta maman est juive, donc tu es juif.

Puis il va voir son père.

— Dis, papa, je suis juif ou arabe ?

— Tu es arabe, mon fils. Ton père est arabe, donc tu es arabe.

— Pourtant, maman...

— N'écoute pas ta mère, elle dit n'importe quoi... Et puis d'abord pourquoi tu me demandes ça, mon fils ?

— C'est parce qu'il y a Benichou qui veut se débarrasser de sa mobylette. Alors je me demande si je la marchande ou si je la vole !

• • •

Vous savez quelle est la différence entre un dollar et un rouble ?

— Un dollar.

• • •

Un milliardaire texan visite une ferme du Poitou.

— Je suis fermier, moi aussi ! dit-il à son hôte. Vous faites du bétail ?

— Oui, j'ai bien quelques vaches...

— Moi, au Texas, j'en ai trois mille têtes ! Et votre terre, elle est grande comment ?

— Oh, j'ai le champ, là, devant la ferme, et puis deux ou trois hectares là derrière...

— Moi, au Texas, si je prends mon petit déjeuner avant de faire le tour de mes terres avec ma voiture, je ne rentre pas avant le dîner !

— Ah mon pauvre, dit le Poitevin. Moi aussi j'ai eu une voiture pourrie dans ce genre-là. Mais je m'en suis débarrassé !

• • •

Dans un restaurant écossais, les Mac Gregor et les Mac Donald au grand complet sont en train de dîner. À un moment, Douglas Mac Gregor remarque une fissure au plafond et la fait remarquer à son voisin.

— Où ça ? demande ce dernier.

— Là, regarde ! dit Mac Gregor en levant le doigt.

À ce moment-là, on entend : « Garçon ! L'addition de toute la table ! C'est moi qui invite ! »

Et le lendemain, on peut lire dans le journal : « Douglas Mac Gregor a tué un ventriloque. »

• • •

Une brave dame sort de chez elle lorsqu'elle voit un Noir uriner contre un arbre. Avant de se cacher les yeux, horrifiée, elle a le temps d'apercevoir la dimension peu commune de l'engin...

— Oh, mon Dieu ! mon Dieu ! piaille-t-elle.

— Ne craignez rien, madame ! dit le Noir. Je la tiens !

• • •

Monsieur et Madame Dugommeau, en vacances en Belgique, font la connaissance d'un couple de jeunes parents qui vient d'avoir son premier bébé.

— Comme il est mignon ! s'exclame madame Dugommeau.

— *Elle*, rectifie la jeune mère. C'est une fille, savez-vous...

— Ah oui, c'est sûr ! dit monsieur Dugommeau. On voit bien que c'est une fille... Comment s'appelle-t-elle ?

— Ah, ça on ne sait pas dire ! répond la jeune mère. Elle ne parle pas encore !

• • •

Dans un igloo, un Eskimo raconte une histoire à son jeune fils pour l'aider à s'endormir.

— « Tire la chevillette ! dit le loup. Et le Petit Chaperon rouge entra et alla se cacher dans un coin... »

— Papa, dit le jeune Eskimo. Qu'est-ce que c'est ?

— Quoi ? Une chevillette ?

— Non, un coin...

• • •

Depuis que son chameau est mort, Youssouf marche dans le désert, sans vivres et sans eau. Il est à bout de forces. La chaleur est écrasante. Et pas la moindre oasis en vue... C'est la fin.

Alors Youssouf tombe à genoux et prie :

— Par Allah et par Mahomet, ne me laissez pas mourir de soif !

Aussitôt, un djinn tout frétillant (il s'agit d'un djinn tonique) apparaît sous les yeux émerveillés du malheureux.

— Fais trois vœux, Youssouf, je les exaucerai !

— Oh, merci, grand djinn ! dit ce dernier. Je suis à demi mort de soif, alors mon premier vœu, ce sera d'être toute ma vie rempli d'eau !

— Accordé. Et ton deuxième vœu ?

— Euh... Ah oui ! Je voudrais être blanc ! Mais vraiment blanc. Même pas un peu rose...

— Accordé. Troisième vœu ?

— Ben... Moi qui n'ai jamais eu de chance avec les filles, je veux voir des culs toute la journée !

— Accordé, dit le djinn. Eh bien, il ne reste plus qu'à réaliser tes trois vœux d'un coup. Attention... Alakazam !

Il se produit une explosion, un nuage de fumée, et Youssouf est transformé... en cuvette de WC.

● ● ●

Un Belge parle vacances avec un collègue de bureau.

— Moi, fieu, cet été je vais à Paris !

— Ça c'est bête, dit l'autre. Tu sais comment ils sont, les Francillons, toujours à se moquer de nous autres à cause de notre accent !

— Mais non ! Pas à Paris ! Dès que tu arrives gare du Nord, quelqu'un te propose de te prendre en voiture, t'emmène dîner dans un grand restaurant, puis dans un cabaret, puis dans un grand hôtel. Pendant tout ton séjour il s'occupe de tout, paye tout et en plus t'offre des cadeaux ! Des fleurs ! Des bijoux !

— Mais... ça n'est pas possible, une chose pareille ! Ça t'est déjà arrivé, ça ?

— À moi, non, fieu. Mais à ma femme, oui !

● ● ●

Au Canada, un jeune couple met au point la cérémonie de son mariage avec un pasteur.

— Vous souhaitez la cérémonie traditionnelle, ou la cérémonie moderne ? leur demande ce dernier.

— La cérémonie moderne ! clame hardiment le futur marié.

Une semaine plus tard, au jour J, il pleut à verse.

— Bah ! se dit le jeune homme. Mariage pluvieux, mariage heureux !

Et il retrousse le bas de son pantalon pour ne pas le mouiller, et court à l'église. Malgré tout, il arrive en retard et a tout juste le temps de foncer jusqu'à l'autel, où l'attend le pasteur.

— Baissez votre pantalon ! lui glisse ce dernier à l'oreille.

— Euh, finalement, mon révérend, je crois que je vais prendre la cérémonie traditionnelle...

• • •

Vous savez pourquoi les Belges mettent de la bière dans leur waterbed ?

— Parce qu'ils préfèrent les matelas en mousse.

• • •

Contre l'avis de ses parents, une jeune fille juive new-yorkaise — de celles qu'on surnomme aux États-Unis des *JAP*, *Jewish American Princess*, des jeunes filles auxquelles rien ne doit résister — a épousé un Indien des plaines et s'appelle dorénavant Pluie de Printemps. Ses parents ont refusé de se rendre à son mariage, ils n'ont jamais vu leur gendre mais, quand la jeune mariée les appelle pour leur dire qu'elle vient de mettre au monde une petite fille, ils ne résistent pas et prennent le premier avion pour aller la voir.

— Oh, comme elle est mignonne ! s'exclame la grand-mère. Comment s'appelle-t-elle ?

— En votre honneur, nous lui avons donné un nom de chez vous, dit Nuage Rouge, leur gendre. Elle se nomme Carpe Farcie !

• • •

Un Écossais convoque sa nouvelle femme de chambre.

— Ma femme et moi, nous sommes très contents de vous. Voici un chèque de cinq cents livres pour votre mois.

— Oh, merci, Monsieur ! dit la femme de chambre.

— ... Et le mois prochain, continue l'Écossais, si nous sommes toujours aussi contents de vous, je vous le signerai !

• • •

Vous savez ce que c'est que la Lozère ?

— Une région où les hommes sont des hommes et où les chèvres surveillent leurs arrières.

• • •

Deux Suisses sont installés à un bar depuis une bonne heure. Finalement, l'un d'eux se tourne vers l'autre et dit :

— Tu sais quoi ? L'homme est un loup pour l'homme...

L'autre hoche la tête et ne dit rien pendant une heure de plus. Puis il se tourne vers son ami et dit :

— .. Ou le contraire.

• • •

Au cœur de la jungle africaine, des cannibales déshabillent la jeune et pulpeuse exploratrice qu'ils viennent de capturer, et se préparent à la plonger dans la marmite, lorsque le chef du village les arrête d'un geste.

— Emmenez-la dans ma hutte ! dit-il. Je crois que je vais prendre mon petit déjeuner au lit !

• • •

Vous savez ce que mangent les cannibales quand ils sont au régime ?

— Des pygmées.

• • •

LES INCONNUS

*La migration, c'est les oiseaux qui volent. L'émigration, c'est les Arabes qui volent.*

• • •

En Iran, une femme en tchador rencontre une amie également voilée qui se promène avec sa petite fille, elle aussi en tchador.

— Vous connaissiez ma petite fille ?

— Oh, je l'aurais reconnue ! À part les yeux, elle vous ressemble trait pour trait !

• • •

Vous savez pourquoi tant de Portugais s'appellent Manuel ?

— Et comment voulez-vous qu'ils s'appellent ? Intellectuel ?

• • •

GUY BEDOS

*Avec tout ce va-et-vient aux frontières, on n'y comprend plus rien. Les Cambodgiens et les Vietnamiens qui arrivent, les Arabes qui s'en vont... Il doit y avoir une confusion ! Les types doivent essayer de se faufiler :*

*— Je m'appelle Moulay Ali Phan Van Tong.*

*Le douanier :*

*— Chef, écoutez, y'a un problème !*

• • •

Au fin fond de la Turquie, deux bergers conversent en surveillant leurs troupeaux.

— Vivement l'époque de la tonte ! murmure pensivement le premier berger.

— Tu l'as dit ! grommelle le second. Qu'on puisse vendre cette fichue laine et dépenser un peu d'argent avec des femmes et du raki, pas vrai ?

— En fait, dit le premier en regardant ses moutons avec une lueur égrillarde dans les yeux, c'est surtout que j'ai hâte de les voir tout nus !

• • •

Un Chinois entre dans un bar tenu par un Noir.

— Tu me sers un pot, négro ? lance-t-il en s'accoudant au comptoir.

— Comment ? dit le barman. Mais vous devriez avoir honte, vous, un homme de couleur, de tenir des propos aussi racistes ! Tenez, prenez ma place, vous allez voir l'effet que ça fait !

Et les deux hommes changent effectivement de place. Le Chinois passe derrière le comptoir, et le Noir lui lance :

— Tu me sers un drink, chink ?

— Désolé, dit le Chinois. Ici, on ne sert pas les négros !

• • •

Vous savez pourquoi les bohémiennes ont du mal à avoir des enfants ?

— Parce que leurs maris ont des boules de cristal.

• • •

Vous savez quelle est la différence entre une mamma italienne et une baleine ?

— Il y en a une qui est noire, énorme et huileuse, et l'autre qui vit dans la mer.

• • •

Rebecca est allée voir son père Isaac pour lui emprunter cinq cents francs.

— Quatre cents francs ? hurle-t-il. Mais qu'est-ce que tu veux faire avec trois cents francs ?

• • •

Deux Belges regardent un clip sur M6.

— Tu crois que c'est son vrai nom, Vanessa Paradis ?

L'autre réfléchit, puis demande :

— Tu me demandes si je crois que Vanessa Paradis est le vrai nom de qui ?

• • •

Un couple de Belges descend vers le Sud pour sa lune de miel. Après avoir roulé quelques heures, le jeune couple s'arrête dans un hôtel à Paris. Ils montent dans leur chambre, se déshabillent, se couchent, puis le jeune marié embrasse sa femme sur le front et se retourne pour s'endormir.

— Dis donc, Jef, tout de même, dit son épouse. C'est notre nuit de noces, sais-tu... J'espérais que tu irais un peu plus loin !

Alors le Belge se rhabille, remonte dans sa voiture avec sa femme et continue vers Dijon...

• • •

## 10

## L'ESPRIT SPORTIF

L'équipe de course de fond du Zaïre s'entraîne dans la jungle. Malgré le soleil de midi, malgré la chaleur, la végétation, les coureurs tiennent une forme éblouissante. Ils courent, ils courent... Vers une heure de l'après-midi, ils se sont tellement enfoncés dans la jungle qu'ils croisent le chemin d'un groupe de cannibales.

Aussitôt, les sauvages s'élancent à la poursuite des sportifs. Au bout d'un quart d'heure, les cannibales n'ont pas réussi à gagner le moindre centimètre sur leurs proies. Au bout d'une demi-heure, l'écart est toujours le même. Après une heure de poursuite, alors que le soleil commence à décliner, un cannibale s'arrête net et plante rageusement sa sagaie dans le sol :

— Mais enfin, à quelle heure on va bouffer !

• • •

À Saint-Étienne, une mère de famille est coincée en haut d'un immeuble en flammes.

— Sautez ! crie le capitaine des pompiers.

— Je ne peux pas ! gémit la malheureuse. J'ai un bébé !

— Eh bien lancez-le ! Nous le rattraperons dans la toile !

— Non ! Non ! Je n'ai pas confiance ! Je veux le gardien de but des Verts ! Lui seul pourra rattraper à coup sûr mon bébé !

Le capitaine ne discute pas et s'empresse de faire appeler le gardien, qui arrive peu de temps après, directement d'un match d'entraînement.

— Allez-y, madame ! crie-t-il à la pauvre femme. Ayez confiance !

La femme embrasse son bébé et le laisse tomber. Tout le monde retient son souffle, mais le gardien recueille impeccablement l'enfant, sans même le réveiller.

Alors, sous les applaudissements de la foule, il pose le bébé à terre, recule de deux ou trois pas, prend son élan et dégage...

• • •

Henri Leconte, l'air penaud, rencontre Yannick Noah.

— Qu'est-ce qui se passe, Riton ? demande Noah.

— Je viens de faire la dictée de Pivot.

— Ah oui ? Et combien as-tu fait de fautes ?

— Trois.

— Trois ? s'exclame Noah, stupéfait et admiratif. Mais c'est formidable ! Tu te rends pas compte ! Tout le monde fait vingt ou trente fautes !

— Oui, dit Leconte. Mais moi j'ai fait deux fautes à « dictée » et une à « Pivot ».

• • •

La famille Dugommeau tourne en rond depuis une heure pour trouver un endroit où pique-niquer, lorsque enfin ils tombent sur l'emplacement parfait. Une herbe drue et rase, un bosquet d'arbres apportant de l'ombre, il y a même une petite dune de sable où les enfants pourront jouer.

Madame Dugommeau déplie la nappe et commence à installer le pique-nique, lorsque surgit un golfeur.

— Qu'est-ce que vous fichez là ! crie-t-il d'un ton outré. Vous ne savez pas lire ? Vous ne voyez pas que vous êtes sur le terrain de golf privé du Club de l'Élite ? Du balai ! Filez !

Très dignes, les Dugommeau rassemblent leurs affaires, récupèrent les gosses qui jouaient dans le sable du « bunker » et remontent dans leur voiture.

Avant de partir, monsieur Dugommeau baisse sa vitre et lance au golfeur :

— Laissez-moi vous dire que ce n'est pas comme ça que vous recruterez de nouveaux membres !

• • •

LES NULS

*Cheeeese ! Grâce à son merveilleux sourire, Omar Sharif prouve une fois de plus qu'il est champion de bridge.*

• • •

Un joueur invétéré se réveille un beau matin de juillet, le septième mois de l'année, à sept heures précisément, un dimanche, le septième jour de la semaine. Il ouvre ses volets, voit un vol de sept hirondelles, ouvre son *Télé 7 Jours* et voit que le film du dimanche soir est *Les Sept Mercenaires*...

— C'est clair, se dit-il, le destin me parle.

Et il fonce à Vincennes, jouer sept mille francs sur le numéro sept dans la septième course.

Effectivement, le destin avait parlé.

Le cheval arriva septième.

• • •

Vous connaissez la différence entre le sexe et le bridge ?

— Dans les deux cas, il vous faut soit un bon partenaire, soit une bonne main.

• • •

Eddy Merckx et Bernard Hinault assistent à l'enterrement d'un coureur cycliste. Rien à voir avec une grande star, juste l'un des anonymes du peloton qui n'a jamais remporté aucune étape.

Au moment où le corbillard arrive en haut d'une côte, Merckx se penche vers Hinault :

— Il doit être content, c'est la première fois qu'il arrive en tête au sommet d'un col...

— Surtout après une crevaison, murmure Hinault.

• • •

Au cœur de l'Afrique, le roi M'Gélé, souverain d'un tout petit pays au cœur de la jungle, est pris d'une soudaine lubie : faire du ski.

— Mais ce n'est pas possible, majesté ! bredouille son ministre des Sports. Présentement, nous n'avons pas de neige, là donc !

— Et alors ! rugit le roi M'Gélé. Des peaux de bananes, on en a pas, des peaux de bananes ?

• • •

Un athlète français vient de pulvériser le record du 1 000 mètres : il a couru 1 200 mètres.

• • •

Monsieur Dugommeau n'est pas exactement un sportif, mais il aime bien la pêche. Malheureusement, il ne prend jamais rien.

Comme il en a assez de revenir bredouille, il se lie d'amitié avec un vieux pêcheur aguerri afin d'observer sa technique. Et c'est ainsi qu'il découvre que le type se met toujours au même emplacement, d'où il pêche des quantités astronomiques de poissons.

— Alors, tu ne ramènes rien, comme d'habitude ? lui dit sa femme quand il rentre.

— Non, mais ça va changer. Demain matin, je vais me lever à quatre heures, pour être le premier sur l'étang et prendre la meilleure place, tu vas voir...

Et le lendemain matin, effectivement, monsieur Dugommeau s'installe le premier à l'emplacement du vieux pêcheur. Il mouille sa ligne, attend, et au bout d'une heure il voit un poisson sortir la tête hors de l'eau et lui demander :

— Il ne vient pas, votre copain, aujourd'hui ?

• • •

Un passionné de foot vient de se marier. Quelque temps après sa lune de miel, il boit un verre avec un ami dans un bistrot et celui-ci lui demande des nouvelles de sa jeune épouse.

— Oh, ça va, ça va, dit le jeune marié. Tu sais, lors de notre voyage de noces, j'ai emmené Isabelle en Italie, pour voir jouer la Juventus...

— Oui, et alors ? Ça ne s'est pas bien passé ?

— Oh, si. Le match était formidable... Simplement, après la rencontre, Isabelle a disparu dans les vestiaires de la Juventus, et j'ai découvert par la suite qu'elle avait couché avec toute l'équipe...

— Quoi ? Mais c'est terrible ! Tu vas divorcer ?

— Ben, non... Pour une fois que je trouve une fille qui aime le foot...

• • •

OLIVIER LEJEUNE

*Scoop : Laurent Fignon avoue que son grand-père avait déjà eu le maillot jaune. Il souffrait d'incontinence !*

• • •

Un milliardaire désœuvré lance un pari stupide : l'homme qui lui ramènera le plus grand nombre de balles de ping-pong empochera la somme de 100 000 dollars.

Deux jours plus tard, le premier concurrent, un Français, lui amène un camion entier rempli de balles de ping-pong. Une semaine après, c'est un Américain, qui lui en amène un bateau entier.

Au moment où le milliardaire va décerner le prix, un dernier candidat, un Belge, se présente à son bureau.

Ensanglanté, les vêtements en lambeaux, le Belge a l'air d'être passé sous un rouleau compresseur, mais il affiche une mine réjouie :

— Ça y est, monsieur ! Je vous les ai trouvées, les balles de King-Kong !

• • •

Un apprenti chasseur rentre chez lui bredouille, comme d'habitude.

— Alors ? lui dit sa femme. Combien de faisans ramènes-tu, aujourd'hui ?

— Aucun... Mais il y en a un à qui j'ai flanqué une sacrée frousse !

• • •

Une golfeuse célèbre va voir un médecin pour un gros rhume et en sort avec une ordonnance un peu particulière : des suppositoires à prendre à raison de trois à la fois. Pourquoi ?

— Parce que c'est le par pour son trou.

• • •

Deux vieilles dames très comme il faut viennent de perdre toutes les deux leur mari. Elles décident de se donner un peu de bon temps et de découvrir quelques-uns des plaisirs de la vie. Pour commencer, elles vont à Vincennes, parier sur des courses de chevaux. Hélas, les charmantes vieilles dames misent n'importe comment, pour le cheval qui a le plus joli nom, pour le jockey qui a une belle casaque, bref, au bout de quelques heures, elles ont tout perdu.

— Oh, tu sais, Madeleine, dit l'une des vieilles dames en quittant l'hippodrome, c'est peut-être mieux comme ça... De toute façon, si on avait gagné, qu'est-ce qu'on aurait fait du cheval ?

• • •

— Connaissez-vous le numéro de téléphone de Yannick Noah ?

— C'est le 3-7-6-0-6-0-6-0.

• • •

Un jeune couple a pris une drôle d'habitude : faire de chacun des éléments de leur vie un motif de compétition. Sport, salaire, capacité à apprendre des langues étrangères ou de nouvelles recettes, tout devient un challenge entre eux. Et, à chaque fois, c'est le mari qui perd.

Désespéré, il va voir un psychiatre et lui explique son cas.

— Tout ce que vous devez faire, lui dit le psy, c'est trouver un jeu dans lequel vous serez certain de gagner... Laissez-moi réfléchir... Ça y est ! C'est évident ! Vous allez lui proposer le jeu auquel se livrent tous les petits garçons du monde : celui qui fait pipi le plus haut !

Le mari fonce chez lui et entraîne sa femme dans leur jardin.

— Voilà, ma chérie, dit-il. Le jeu consiste à faire pipi contre le mur de la maison le plus haut possible !

— Ça, c'est drôle ! dit la femme. Je commence !

Elle remonte sa jupe, lève la jambe et parvient à une hauteur de cinquante centimètres.

— À moi ! À moi ! dit l'homme, sûr de sa victoire.

Il déboutonne sa braguette, sort son sexe et s'apprête à faire pipi lorsque sa femme l'arrête :

— Attends, mon chéri... Les règles doivent être les mêmes pour nous deux, non ?

— Bien sûr...

— Alors c'est sans les mains !

• • •

Vous savez comment on joue à pile ou face quand on n'a pas de pièce ?

— On prend une pince et une gomme. Parce que la pince épile et la gomme efface.

• • •

Jean-Pierre Papin reçoit un journaliste.

— Ah, je vois que vous venez de terminer un puzzle, dit le

reporter en découvrant sur la table du salon une belle reproduction de Pocahontas.

— Oui, oui, mais il m'a donné du mal, hein ? Six mois pour le faire !

— Eh ben...

— Oui, mais quand même, j'ai battu le record, hein ? Sur la boîte, ils avaient marqué de trois à cinq ans !

• • •

Un équipage du Paris-Dakar s'est arrêté en plein désert pour faire le point et, tandis que le copilote déplie ses cartes, le conducteur s'éloigne pour aller satisfaire un besoin naturel. Soudain, un hurlement effroyable fait sursauter le navigateur.

— Qu'est-ce qui se passe ? Qu'est-ce qui se passe ?

— Un serpent ! Il m'a mordu le sexe pendant que je faisais pipi !

— Bouge pas, j'appelle tout de suite l'antenne médicale...

Trente secondes plus tard, le copilote a établi la liaison, et un médecin est au bout de la ligne :

— Écoutez, on arrive, mais on ne pourra être là que dans cinq ou dix minutes. Vous avez du sérum antivenimeux ?

— Qu'est-ce qu'il dit ? demande le pilote.

— Il demande si on a du sérum.

— Non, on n'en a pas...

— Allô docteur ? Non, on n'en a pas...

— Bon, alors il faut que vous suciez la plaie jusqu'à ce qu'on arrive, pour aspirer le venin !

— Qu'est-ce qu'il dit ? demande le blessé.

— Il dit que tu vas mourir, vieux...

• • •

Deux golfeurs prennent un verre au club-house.

— Tu a l'air déprimé, dit l'un d'eux. Qu'est-ce qui t'arrive ?

— Oh, c'est ma femme... Elle m'a donné un ultimatum : soit j'arrête le golf, soit elle retourne chez sa mère. Bon sang, elle va me manquer...

• • •

Un joueur de tennis se précipite vers le comptoir d'un magasin d'articles sportifs.

— Vous vous souvenez de moi ? dit-il au vendeur. Je vous ai acheté une raquette, la semaine dernière.
— Oui, oui, je me souviens de vous...
— Vous vous souvenez de ce que vous m'avez dit à propos des effets que je pourrais donner à mon service, grâce à elle ?
— Oui, parfaitement. C'est une raquette spécialement conçue pour ça...
— Ça vous embêterait de me répéter votre laïus ? Je me sens un peu découragé, en ce moment...

• • •

Jef Mertens et Jop Van de Velde sont en vacances dans le centre de la France et décident d'aller pêcher au bord d'une rivière. Les heures passent sans aucune prise, au point qu'ils décident de lever le camp et de rentrer. En chemin, ils voient deux pêcheurs locaux postés sur un pont, le premier tenant l'autre par les chevilles, suspendu à quelques centimètres de l'eau...
— Qu'est-ce que vous faites ? demandent les Belges.
— Ça ne se voit pas ? On pêche !
— Et ça marche ?
— Ça n'arrête pas !
Et à cet instant même, le pêcheur suspendu sort une magnifique truite...
Aussitôt, les deux Belges filent à la recherche d'un pont et, dès qu'ils l'ont trouvé, imitent les pêcheurs locaux.
— Alors, ça mord ? demande au bout de vingt minutes Jef Mertens qui, tenant son copain à bout de bras, commence à fatiguer.
— Remonte-moi, vite ! répond Jop Van de Velde.
— Pourquoi ? T'as pris quelque chose ?
— Non, Jef, mais il y a un train qui arrive !

• • •

OLIVIER LEJEUNE

*Jusqu'à sept ans, Maxime, le petit garçon d'Henri Leconte, a cru que son papa s'appelait « Out » !*

• • •

Madame Dugommeau vient d'arriver à Val-d'Isère. Elle chausse ses skis, pousse sur ses bâtons, glisse et se casse la jambe, à trois mètres de son chalet.

— Oh quand même, il y a du progrès, dit monsieur Dugommeau aux ambulanciers venus la chercher. L'an dernier, elle s'est cassé la jambe en descendant du train.

• • •

Deux Marseillais, l'un chasseur et l'autre pêcheur, se racontent leurs exploits.

— Tu aurais vu ça ! dit le pêcheur. Je lance ma ligne et paf ! j'attrape une minuscule sardine. Je me dis que ça me servira d'appât et je relance la ligne, paf ! j'attrape un bar. Je relance et paf ! c'est un denti de plus d'un mètre qui gobe le bar. Je n'ai même pas le temps de le remonter que paf ! c'est un requin qui attaque mon denti et mord à la ligne. Tu te rends compte !

— Eh bien moi, dit le chasseur, j'étais à l'affût lorsque je vois quelque chose bouger à la lisière de la forêt. Je tire, pan ! c'était une vache. Je me suis dit qu'il fallait que je l'enterre, mais à ce moment-là est arrivé le paysan, fou de rage. Du coup j'ai tiré aussi. Pan ! Alors que j'étais en train de l'enterrer, lui et sa vache, je vois arriver le garde-chasse. Pan ! Je le mets dans le trou, lui aussi, quand arrivent deux gendarmes...

— Dis donc, fait le pêcheur. Deux gendarmes... Tu crois pas que tu exagères un peu ?

— D'accord, dit le chasseur. Toi, tu en restes à ton bar et moi je ne fais pas un massacre.

• • •

— Vous saviez que Laurent Fignon s'était dopé avant le Tour de France ?

— Pas possible...

— Si, si. Mais il a été malin. Pour que personne ne s'en aperçoive, il a fini deuxième.

• • •

Au cours de l'inauguration des jeux Olympiques d'hiver d'Albertville, François Mitterrand se lève pour prononcer la formule traditionnelle : « Je déclare officiellement ouvertes les seizièmes Olympiades d'hiver. » Au lieu de ça, on l'entend répéter : « Oôô ! Oôô ! Oôô ! »

Jean-Claude Killy, assis à côté de lui, le tire alors par la manche et murmure ·

— Monsieur le Président, arrêtez ! Vous êtes en train de lire les anneaux olympiques !

• • •

— J'ai trouvé un coin formidable pour les truites ! annonce monsieur Dugommeau à son vieux camarade pêcheur Ledru.

— Où ça ?

— Tu vois la vieille ferme à la sortie du village ?

— Oui.

— Eh bien tu continues et un kilomètre plus loin tu tombes sur une barrière sur laquelle est écrit « Propriété privée ». Tu continues jusqu'au panneau « Défense d'entrer — Les contrevenants feront l'objet de poursuites » et là tu arrives à la rivière. Sur la gauche, il y a un écriteau « Pêche interdite ».

— Et alors ?

— Alors c'est là.

• • •

Monsieur et madame Dugommeau font de l'alpinisme. Ils se sont acheté tout le matériel : crampons, corde, piolet, et commencent l'ascension du mont Blanc. Tout va bien, jusqu'à ce qu'un piton mal fixé cède brusquement, projetant monsieur Dugommeau dans le vide.

— Mon Dieu ! Mon chéri ! hurle madame Dugommeau. Tu t'es fait mal ?

— Je sais paaaaaaaas ! crie monsieur Dugommeau.

— Pourquoi ?

— Je suis pas encore arrivéééééééé !

• • •

Monsieur Dugommeau a décidé de faire du parachutisme, mais, une fois sur place, la perspective du saut commence à l'inquiéter.

— Mais non ! lui dit l'instructeur. C'est rien du tout ! Tenez, regardez, il y a même des aveugles qui sautent !

— Des aveugles ! C'est pas possible !

— Mais si... Tiens, Alfred, tu peux venir ?

Et monsieur Dugommeau voit arriver un aveugle en combinaison de saut, tenant en laisse un chien-guide.

— Alors ça, c'est extraordinaire ! Mais comment faites-vous pour sauter ?

— Eh bien mon chien me guide jusqu'à l'avion, puis jusqu'à

ma place. Dès qu'il voit la lampe verte s'allumer, il me guide jusqu'à la portière de l'avion et on saute...

— Formidable ! Mais comment savez-vous à quel moment il faut ouvrir votre parachute ?

— Eh bien mon chien aboie dès qu'on est à cent mètres du sol, et je tire la poignée...

— Fabuleux ! Mais comment savez-vous à quel moment vous allez toucher le sol ?

— Oh, ça c'est facile, dit l'aveugle.

— C'est encore grâce à votre chien ?

— Dans un sens, oui. Dès que je sens du mou dans sa laisse, c'est qu'il a touché terre.

• • •

En plein hiver, deux jeunes fiancés vont à la patinoire. La jeune fille reste sur les gradins pour regarder les évolutions de son petit ami qui, au bout de quelques minutes, patine jusqu'à elle et glisse ses mains sous sa jupe.

— Qu'est-ce que tu fais ! glapit-elle. Elles sont gelées !

— Oui, justement, ma chérie. Tu vois, je les réchauffe un peu.

Puis il repart sur la glace, patine quelques minutes et revient se réchauffer les mains de la même manière. Au bout de cinq ou six tours du même manège, la jeune fille commence à se sentir frustrée.

— Dis-moi, mon amour, fait-elle lorsqu'il revient. Tu n'as pas froid aux oreilles ?

• • •

Pour la cinquième fois, un golfeur du dimanche tente de toucher la balle sous les yeux amusés de son caddie et, cette fois enfin, il voit avec plaisir la sphère s'élever très haut dans le ciel.

— Ah ! s'écrie-t-il. J'ai enfin réussi à frapper cette balle !

— Pas exactement, monsieur, dit le caddie. Votre balle est toujours là, sur le tee. Ce que vous avez vu s'envoler, c'était votre montre...

• • •

COLUCHE

*Un sportif français qui gagne est un Français.*

*Un sportif français qui perd est un sportif. Pour ne pas dire plus.*

• • •

Au cours des jeux Handisports, une équipe de nains doit affronter une équipe de sourds-muets. Juste avant la partie, l'avant-centre de l'équipe des nains, déjà revêtu de son maillot rouge, de sa culotte blanche, de ses bas rouges et de ses chaussures à crampons, doit aller soulager sa vessie. Il fonce vers les toilettes du stade, mais tout est pris. Il cherche à s'isoler dans un coin, mais y a du monde partout. Alors il court hors du stade vers le Bar des Sportifs. Sans rien dire, il fonce le long du comptoir, descend quatre à quatre l'escalier menant aux toilettes et percute un habitué du bar, déjà ivre mort malgré l'heure matinale.

— Eh ben, ça alors ! s'écrie le poivrot, qui s'empare aussitôt du footballeur nain et le glisse sous son bras.

— Patron ! crie-t-il en remontant. Regarde ce que j'ai trouvé !

Et il plaque le malheureux nain sur le bar.

— Il s'était échappé du baby-foot, dis donc !

• • •

À l'hippodrome de Vincennes, monsieur et madame Dugommeau rencontrent un ami.

— Tiens ! Qu'est-ce que vous faites là ? leur dit-il. Vous jouez au tiercé ?

— Non, répond monsieur Dugommeau. Je ne sais pas comment on joue...

— Oh, c'est tout simple ! Il suffit de donner trois chiffres !

— Au hasard ?

— Oui, au hasard ! Tiens, tu as combien d'enfants ?

— Deux.

— Tu habites à quel étage ?

— Au cinquième...

— Et vous faites l'amour combien de fois par semaine ?

— Sept fois...

— Eh bien voilà, vieux ! Tu n'as qu'à jouer le 2, le 5 et le 7 ! Bonne chance !

Monsieur Dugommeau joue, mais les trois chevaux qui arrivent en tête de la course sont le 2, le 5 et le 1.

— Ah, voilà ! dit madame Dugommeau. Tu aurais dit la vérité, on gagnait !

• • •

Une vieille dame bien comme il faut a fini par se laisser

convaincre d'aller passer une journée à l'hippodrome de Longchamp, avec son fils, un turfiste fanatique.

— Allez, maman, joue ! lui dit-il.

— Tu sais bien que je déteste les jeux de hasard ! Ils sont l'œuvre du diable !

— Allez, maman, rien qu'une fois ! Pour me faire plaisir !

Et la vieille dame joue, au hasard, trois chevaux.

Miracle ! Les trois chevaux arrivent dans l'ordre, et la vieille dame touche le pactole. Après avoir compté ses billets, elle se penche vers le guichetier et lui dit :

— Jeune homme, j'espère que ça vous servira de leçon !

• • •

Dans les gradins du Parc des Princes, lors du match de foot France-Italie, un supporter est assis à côté d'un monsieur très digne accompagné d'un chien dont le collier est aux couleurs de l'équipe de France.

— Vous êtes venu supporter l'équipe de France, vous aussi ? demande le gars.

— Non, non, pas du tout. En fait, je déteste le foot. C'est mon chien qui est supporter. Alors une fois de temps en temps, je l'emmène voir un match, quand il a été sage.

— Ah bon... Mais il n'a pas l'air très réveillé, votre chien.

— Oh, attendez que le match commence ! Vous allez voir ! Il suffit que l'équipe de France prenne un but pour qu'il se mette à hurler.

Et, effectivement, alors que les Français encaissent un tir foudroyant de l'avant-centre italien, le chien hurle à la mort.

— Fantastique ! dit le supporter. Et quand les Français marquent, qu'est-ce qu'il fait ?

— Oh, je ne sais pas, dit le monsieur. Je ne l'ai que depuis trois ans...

• • •

Au beau milieu de la finale de la Coupe du monde de foot retransmise à la télé, le jeune Dugommeau fait irruption dans le salon.

— Papa, papa ! Ça y est ! Grand-mère est morte !

— Commencez à pleurer sans moi, répond monsieur Dugommeau. J'arrive !

• • •

Monsieur et madame Dugommeau sont partis faire un safari au Kenya. Le premier jour, leur guide les met en garde :

— Surtout, faites attention aux serpents, dit-il. Et particulièrement au bouboulika. Vous le reconnaîtrez facilement, il est jaune avec des taches noires.

— Et que faut-il faire si on en voit un ? demande madame Dugommeau.

— Il faut l'attraper par la queue, remonter jusqu'à la tête et lui enfoncer un doigt dans l'œil ! répond le guide.

Quelques heures plus tard, les époux Dugommeau ont pris position dans la savane, lorsque madame Dugommeau entend un cri affreux. L'instant suivant, elle voit arriver son mari en lambeaux, couvert de sang...

— Mon Dieu ! crie-t-elle. Qu'est-ce qui t'est arrivé, mon pauvre !

— C'est de la faute du guide, avec ses histoires de bouboulika ! gémit monsieur Dugommeau. J'étais à l'affût quand tout à coup, je vois devant moi un serpent jaune à taches noires... Je l'attrape par la queue, je remonte jusqu'à la tête et j'enfonce un doigt dans son œil tout noir...

— Oui, et alors ?

— Et alors ce n'était pas l'œil du serpent ! C'était le trou de balle d'une panthère !

• • •

À la sortie d'un cours d'aérobic, deux amies se changent dans le vestiaire, lorsque l'une d'elles voit l'autre femme enfiler un caleçon d'homme.

— Tiens ! dit-elle. Depuis quand portes-tu des sous-vêtements masculins ?

— Depuis que mon mari a trouvé un caleçon d'homme dans mon sac...

• • •

Vous savez comment les hommes font du sport sur une plage ?

— En rentrant leur ventre dès qu'ils voient une jolie fille en bikini.

• • •

— Pourquoi passes-tu toutes tes journées à jouer au golf ? grogne l'épouse d'un golfeur invétéré. À quoi ça te sert ?

— Mais, à être en forme, ma chérie...
— En forme pour quoi ?
— Pour jouer au golf, ma chérie...

• • •

Un golfeur assez médiocre a envoyé sa balle dans le petit bosquet qui sépare le trou n° 7 du trou n° 8 et, en fouillant les fourrés, il tombe nez à nez avec une sorcière qui prépare une potion dans un énorme chaudron.

— Qu'est-ce qu'il y a là-dedans ? demande-t-il, stupéfait.

— Une potion magique, répond la sorcière. Une seule lampée et vous devenez le meilleur golfeur du monde.

— Formidable ! Donnez-m'en !

— Du calme, du calme, dit la sorcière. Il y a une condition... Si vous buvez, votre vie sexuelle deviendra la plus pitoyable du monde.

L'homme réfléchit quelques secondes puis se jette à l'eau :

— Donnez-moi cette lampée !

Lorsqu'il sort du bois, le golfeur frappe sa balle et la met directement dans le trou. Puis il finit son parcours en effectuant une impressionnante série de trous-en-un... Dans les semaines qui suivent, il devient l'un des plus grands champions du monde, gagne tous les tournois, devient fabuleusement riche et célèbre...

Un an plus tard, de retour sur le même parcours, il décide d'aller revoir la sorcière du bosquet.

— Alors ! lui dit-elle. Comment ça se passe ?

— Fantastiquement bien ! Je suis pratiquement champion du monde !

— Et votre vie sexuelle ?

— Oh, dit l'homme. Ça va pas si mal...

— Comment ? hurle la sorcière. Vous avez fait l'amour combien de fois, cette année ?

— Deux ou trois fois.

— Ah ! ricane la sorcière. Et vous trouvez que ça ne va pas si mal !

— Oui, dit l'homme, compte tenu du fait que je suis prêtre...

• • •

Un homme joue au golf avec son épouse lorsqu'un coup raté envoie l'une de ses balles au beau milieu de la cabane du jardinier.

— Ce n'est pas trop grave, dit la femme. Regarde, si je tiens la porte ouverte, tu peux frapper la balle droit sur le green.

L'homme se concentre, frappe mais, malheureusement, rate son coup et la balle vient heurter la tempe de sa femme qui s'écroule, raide morte.

Plusieurs années après, sur le même parcours, l'homme joue avec un collègue de bureau lorsque à nouveau il envoie sa balle dans la cabane du jardinier.

— Regardez ! dit l'autre. Si je tiens la porte ouverte, vous pourrez jouer la balle droit sur le green !

— Oh non ! Surtout pas ! s'écrie le golfeur. La dernière fois, il m'a fallu six coups pour sortir !

• • •

Un torero blessé, son habit de lumière en lambeaux, entre en vacillant dans un restaurant.

— Garçon ! Un corned-beef !

— Je vous le fais chauffer ? demande le garçon.

— Non, dit le torero. La vengeance est un plat qui se mange froid...

• • •

Deux Belges vont chasser le daim dans une réserve de chasse au Canada. Ils partent chacun de leur côté et, tout à coup, l'un d'eux entend une détonation. Il se précipite dans cette direction et voit son copain qui menace de son fusil un garde forestier.

— D'accord ! D'accord ! dit le garde, les mains en l'air. Vous pouvez avoir le daim. Mais est-ce que je peux retirer sa selle, avant ?

• • •

Monsieur Dugommeau a été invité à une battue, mais son tableau de chasse, à l'issue de la journée, est toujours vierge. Sa flasque d'alcool, en revanche, a été bien descendue...

— Eh bien, Dugommeau ? ricane l'un des chasseurs. On n'a pas les yeux en face des trous, aujourd'hui ?

— C'est vrai ! dit un autre chasseur. On dirait que vous faites exprès de rater les faisans qui s'envolent devant vous !

À cet instant, une ombre passe au-dessus d'eux. Vif comme l'éclair, monsieur Dugommeau épaule et tire.

— Raté, dit le premier chasseur.

— Eh bien tant mieux, dit le deuxième chasseur. Ce n'était pas un faisan, c'était un deltaplane.

— Je l'ai peut-être raté, bredouille monsieur Dugommeau, mais en tout cas il a lâché sa proie !

• • •

Ayant obtenu l'autorisation de jouer dans le golf le plus chic et le plus privé du pays, un golfeur est fou de joie, d'autant plus qu'il vient de réaliser un trou-en-un au huitième trou.

Au moment où il se penche pour ramasser sa balle au fond du réceptacle, un génie apparaît.

— Bonjour ! Je suis le génie du huitième trou. Ce club est tellement chic et privé que mes services sont assurés à quiconque réussit ici un trou-en-un. Ordonne, maître, je t'obéirai !

Le golfeur, trop ébahi pour réfléchir, demande au génie s'il peut lui allonger le sexe.

— Ton vœu est exaucé ! dit le génie en disparaissant.

Le golfeur repart sur le parcours et, tout en marchant, il sent son sexe s'allonger, s'allonger dépassant son genou, continuant le long de son mollet...

— Ce n'était peut-être pas une si bonne idée, se dit-il.

Paniqué, il revient au trou n° 8 avec un seau de balles et frappe jusqu'à ce qu'il réussisse à nouveau un trou-en-un. Lorsqu'il ramasse sa balle au fond du trou, le génie se manifeste une nouvelle fois...

— Bonjour ! Je suis le génie du huitième trou. Ce club est tellement chic et privé que mes services sont assurés à quiconque réussit ici un trou-en-un. Ordonne, maître, je...

— Oui, oui ! dit le golfeur, dont le sexe traîne maintenant par terre. J'ai un deuxième vœu !

— Il sera exaucé, dit le génie.

— Est-ce que tu peux rallonger mes jambes ?

• • •

Bernard Tapie vient d'organiser le transfert de Jean-Pierre Papin à l'OM.

— Messieurs, dit-il à l'équipe rassemblée, je vous présente votre nouveau camarade Papin ! Du coup, on va réorganiser l'équipe. Basile Boli va jouer arrière, Chris Waddle va jouer à l'aile et Jean-Pierre Papin jouera avant.

— Ah non, hein ! proteste Papin. Y a pas de raison ! Je veux pas jouer avant, je veux jouer avec tout le monde !

• • •

LES NULS

*Jeannie Longo disqualifiée. Décidément, dans le milieu de la pédale, on n'aime vraiment pas les gonzesses.*

• • •

Les deux finalistes d'un jeu télévisé s'affrontent pour l'épreuve finale :

— Monsieur Martin, question à 1 000 francs, qui était le premier homme ?

— Adam.

— Bonne réponse ! Monsieur Dugommeau, pour 2 000 francs, qui était la première femme ?

— Ève.

— Bravo ! Monsieur Martin à nouveau, pour 5 000 francs, quelle fut la première phrase prononcée par Ève à Adam lorsqu'elle le vit ?

Monsieur Martin cherche, cherche, mais ne trouve pas. Au bout de trente secondes, il murmure :

— Je l'ai sur le bout de la langue. C'est idiot, je vais l'avoir dans le cul...

— Bonne réponse !

• • •

Au comptoir d'un café-tabac, un type déchire tristement ses billets de PMU.

— Vous avez perdu ? lui demande un autre consommateur.

— Oui... Et pourtant, j'étais sûr de gagner. J'ai vu en rêve un petit ange joufflu qui voletait autour de moi, avec le chiffre 1 tatoué sur la fesse gauche et le 7 sur la fesse droite... Du coup, j'ai joué le 17.

— Et alors ?

— Alors je n'avais pas bien regardé... C'est le 107 qui a gagné...

• • •

Monsieur Dugommeau rentre de sa partie de pêche trempé.

— Tu as attrapé quelque chose ? lui demande sa femme.

— Oui. Un rhume.

• • •

Deux Anglais font du ski. Au détour d'une piste, ils tombent sur le corps inanimé d'un skieur.

— Je vous parie dix livres qu'il est mort ! dit lord Withmouth.

— Mais non, dit lord Cunningham. Vous voyez bien, il bouge encore...

— Alors, je vous parie dix livres qu'il va mourir ! dit lord Withmouth.

— Tenu ! répond lord Cunningham.

Et il sort de sa poche une flasque de whisky dont il fait glisser quelques gouttes entre les lèvres du skieur inanimé.

— Ahem ! fait lord Withmouth. Désolé de vous le dire, mais vous n'êtes pas fair-play !

• • •

## 11

## LA LOI DU PLUS FORT

Un automobiliste français est arrêté en plein cœur de Bruxelles par un policier belge.

— Descendez tout de suite ! Vous roulez à cinq dans une Audi Quattro, c'est interdit !

— Mais enfin, monsieur l'agent, dit le Français. Vous plaisantez...

— Pas du tout ! Cinq dans une Quattro, crac dedans ! Amende !

— C'est ridicule ! Je proteste ! Appelez-moi votre chef !

— Ah oui, mais non, fieu, dit le policier belge. Ça n'est pas possible de le déranger, sais-tu. Il est justement en train de coller une amende à un couple de vos compatriotes. Ils roulaient à deux dans une Fiat Uno...

• • •

Un cambrioleur s'approche la nuit d'une maison qui porte une pancarte inhabituelle : « Attention ! Perroquet méchant ! »

— Elle est bien bonne, celle-là ! ricane le cambrioleur qui franchit sans crainte le portail.

C'est alors qu'il tombe nez à nez avec le perroquet de la maison.

— Alors, c'est toi, la terreur ? dit le cambrioleur en rigolant.

Et le perroquet crie :

— Rex ! Attaque !

• • •

Avec un sang-froid incroyable, des gangsters viennent de dévaliser une bijouterie en plein jour, sans que personne ne s'en rende compte. Seul témoin, un clochard qui cuvait son vin sur un banc, de l'autre côté de la rue. Ramené au commissariat pour y faire sa déposition, le clochard est interrogé par le commissaire en personne.

— Alors, mon brave, vous les avez vus ?

— Ouiche ! Parfaitement !

— Vous en êtes bien sûr ?

— Puisque je vous le dis ! Je les ai vus comme je vous vois, monsieur le curé !

• • •

Dans un bar, à une heure avancée de la nuit, un grand buveur a lancé un défi au barman : les yeux bandés, il devra reconnaître tous les alcools, tous les cocktails, toutes les préparations qu'on lui proposera.

Le barman déploie tout son savoir-faire, déniche les alcools les plus rares, invente les cocktails les plus invraisemblables, mais rien n'y fait : l'homme reconnaît tout. Finalement, à court d'idées, il lui tend un simple verre d'eau.

L'homme goûte, fronce les sourcils et recrache le liquide.

— Là, tu m'as eu ! dit-il. Je ne sais vraiment pas ce que c'est, mais je peux te dire une bonne chose : ça ne se vendra jamais !

• • •

Tous les jours, un brave et honnête conducteur de bus proche de la retraite fait la tournée de la Petite Ceinture. Ce matin-là, à un arrêt situé devant une cité-dortoir de réputation difficile, un blouson-noir à la mine patibulaire grimpe dans le bus et lui lance :

— Rocky passe sans ticket !

Le brave conducteur ne dit rien, de peur de prendre un mauvais coup, et poursuit sa tournée. Mais le lendemain, au même arrêt et à la même heure, le même blouson-noir grimpe encore à bord et dit de nouveau :

— Rocky passe sans ticket !

Au bout d'une semaine de ce petit manège, le brave et consciencieux conducteur de bus décide d'en parler à son chef, et celui-ci le fait accompagner par deux solides contrôleurs. Toujours aussi ponctuel, Rocky grimpe dans le bus comme d'habitude et lance sa phrase rituelle, mais il est aussitôt encadré par les deux contrôleurs :

— Rocky passe sans ticket ? dit le plus balèze des deux. Et pourquoi ça ?

Le blouson-noir le dévisage froidement et répond :
— Parce que Rocky a une carte orange !

• • •

C'est Noël. Deux clochards ont décidé de faire la fête et se sont donné rendez-vous à la nuit tombée sous le Pont-Neuf. Nono doit s'occuper de la décoration et Marcel du dîner. À l'heure dite, Nono a disposé un peu partout des guirlandes de papier journal, il a dressé une table sur un vieux carton d'emballage et trouvé des bougies. Tout est prêt lorsqu'il voit arriver Marcel, chargé de vingt-quatre bouteilles de vin et d'une demi-baguette.
— T'es fou ! s'écrie Nono. On mangera jamais tout ça !

• • •

Monsieur Dugommeau se promène dans la rue avec son copain Martin, qui bégaie atrocement.
— T...T...Tiens, tu as... as... as vu la su.. su... superbe fi... fi... fille, là-bas ?
— Où ça ?
— Tr... Tr... Trop tard.
— Eh, re... re... regarde la voi... voiture qui... qui... qui passe !
— Où ça ?
— Tr... Tr... Trop tard.
— Eh ! Eh ! T'as v... v... vu la... la...
— Oui, oui ! répond monsieur Dugommeau, agacé. Je l'ai vue. Magnifique, hein ?
— B... Ben si... si tu l'as v... v... vue, pourquoi t'as mar... mar... marché dedans ?

• • •

Le visage baigné par la grâce, monsieur le curé raconte l'extraordinaire expérience qu'il vient de vivre...
— Je me promenais au bord de l'étang, comme tous les matins, après avoir dit ma messe, lorsque je vois une petite grenouille qui se débattait, prise au piège dans un filet de pêcheur. Je me suis dit que cette malheureuse grenouille était une créature du Bon Dieu et que mon devoir de chrétien était de lui porter secours, et je me suis penché pour la libérer. C'est alors que s'est produit le premier miracle : la grenouille m'a parlé. Oui, oui, elle m'a parlé. D'une toute petite voix plaintive, elle m'a dit : « Monsieur le curé, vous qui êtes si bon, venez à mon secours ! Je ne suis pas une

grenouille, mais un petit garçon, qu'un mauvais sort a ainsi transformé. Je suis mouillé et j'ai froid, monsieur le curé ! Si on me réchauffe, je pourrai redevenir un petit garçon ! » Tout en remerciant le Seigneur, j'ai ramassé l'innocente créature et je l'ai portée dans mon lit pour la réchauffer. Mais elle m'a dit : « J'ai encore froid, monsieur le curé ! » Alors je me suis déshabillé et je me suis couché contre elle pour lui communiquer un peu de ma chaleur. Puis, malgré moi, je me suis endormi... Voilà pourquoi, messieurs les jurés, toute cette histoire n'est qu'une tragique méprise !

• • •

Un homme est tombé à l'eau en pêchant, et il se débat maladroitement dans les flots lorsqu'il voit passer quelqu'un sur la berge.

— Je ne sais pas nager ! Je ne sais pas nager ! hurle-t-il désespérément.

— Moi non plus, je ne sais pas nager, grommelle le passant. Mais je ne le crie pas sur tous les toits !

• • •

À deux heures du matin, un boulanger échevelé et couvert de sang fait irruption dans un commissariat.

— Arrêtez-moi ! Je suis un misérable ! Je suis un assassin ! Je viens d'ouvrir le ventre de ma femme avec le couteau à pain !

L'agent de service soulève une paupière, dévisage le type, regarde sa montre et grommelle :

— Eh ben, on peut dire que vous ouvrez de bonne heure, vous...

• • •

Un truand entre dans la boutique d'un charcutier-traiteur et braque la vendeuse :

— La caisse, vite !

La vendeuse le regarde placidement et demande :

— C'est pour emporter ?

• • •

CAVANNA

*Le saviez-vous ? 95% des empalés sont incapables de dire si « pal » fait « paux » au pluriel.*

• • •

Coup de fil à la gendarmerie :

— Allô, la gendarmerie ? Voilà, je viens malheureusement d'écraser deux poulets à la sortie du village. Qu'est-ce que je fais ?

— Eh bien, ce n'est pas grave, monsieur, répond le brigadier de service. Vous n'avez qu'à les jeter sur le bas-côté, voilà tout...

— Bon, très bien... Ah ! Et pour leurs motos, qu'est-ce que je fais ?

• • •

Toujours à propos d'heure, monsieur Dugommeau arrête un passant dans la rue et lui demande :

— Pardon, mon brave, vous pouvez me donner l'heure ?

— Non.

— Mais pourquoi ?

— Parce qu'il n'y a pas d'heure pour les braves.

• • •

Monsieur Dugommeau, en déplacement dans une ville de province, a fait la bringue toute la nuit et n'est rentré à son hôtel qu'au petit matin, ivre mort. En se réveillant, il constate qu'il a oublié son imperméable dans un bar. Oui, mais dans lequel ? Il en a fait tellement, dans la nuit !

À bien y réfléchir, il se souvient d'un détail particulier : il avait retiré son imper pour aller aux toilettes et, justement, les toilettes de cet établissement avaient des cuvettes en cuivre...

Muni de cet indice, il se rend dans tous les bars mais nulle part on n'a de cuvettes en cuivre.

Et puis enfin, à la périphérie de la ville, il pose la question au patron d'un café :

— Vous auriez par hasard des cuvettes de WC en cuivre ?

— Pourquoi me demandez-vous ça ?

— Parce que, hier soir, je crois me souvenir d'avoir utilisé des toilettes de ce genre... Je pensais que c'était chez vous.

Le patron sourit d'un air mauvais et se tourne vers l'arrière-salle :

— Roger ! Amène-toi ! Je tiens le type qui a chié dans ton cor de chasse !

• • •

Un fermier a été arrêté, sous le mobile d'avoir eu des rapports sexuels avec une génisse, dans son étable.

— C'est très grave, dit le juge. Comment avez-vous pu faire une chose pareille ?

— Eh bien, ma femme est morte l'année dernière, plaide piteusement le fermier. Et depuis je me sens bien seul. Alors, un beau jour, je n'ai pas pu résister. J'ai bandé les yeux de la génisse et je l'ai saillie... Mais vous savez, monsieur le Juge, j'ai été bien puni ! Cette saleté de génisse m'a pissé dessus à torrents !

— Oui, je sais, acquiesce le juge. Ces saloperies de génisses font ça à chaque coup.

• • •

Pendant la prohibition, un type désespéré veut se suicider, mais il n'a pas le courage d'en finir lui-même. Alors il se rend dans la boîte préférée d'Al Capone, s'avance jusqu'à sa table et lui lance :

— Monsieur Al Capone, vous n'êtes qu'une ordure !

Al Capone le regarde avec des yeux ronds, puis éclate de rire et lui fait signe de s'asseoir près de lui.

— Tu es un homme courageux. Tu me plais... Tiens, bois une coupe de champagne.

Le type boit la coupe, puis se ressaisit et lance à nouveau :

— Vous n'êtes qu'un assassin ! Un salaud !

— Mais oui, mais oui, dit Al Capone, hilare.

Alors le type saisit la fille qui accompagne le truand et commence à la peloter sous ses propres yeux. Comme Al Capone ne réagit pas et qu'il trouve la fille vraiment séduisante, il continue et, au bout d'un moment, elle toussote et lui glisse discrètement un mot.

« Quand tu arriveras aux couilles, ne dis rien.

Signé : Eliott Ness. »

• • •

Un pêcheur du dimanche commente ses exploits au comptoir du bar-tabac d'un petit village.

— Je suis le plus grand pêcheur du pays ! dit-il. Vous savez ce que j'ai attrapé dans votre petite rivière ? Six truites !

— Vraiment ? dit l'un des clients. Tiens, regardez ma carte : je suis garde champêtre et notre rivière est interdite à la pêche.

— Bah, c'est pas grave, dit le pêcheur. Je suis le plus grand menteur du pays, vous savez...

• • •

En sortant d'un bistrot, un type complètement ivre se cogne en plein dans un réverbère. Il se remet péniblement sur ses pieds, repart et bing ! il se cogne à nouveau contre le même réverbère. Une nouvelle fois, il se relève tant bien que mal et bong ! à nouveau le même réverbère.

Alors le type revient en rampant vers le bistrot en disant :

— Bon, ben je ressortirai quand il y aura moins de monde !

• • •

Au siècle dernier, le baron de Vauguenargues et le comte de Dugommeau s'étant disputés au sujet d'une cocotte parisienne, les deux hommes sont convenus de se retrouver sur le pré, pistolet en main.

À l'aube, le baron de Vauguenargues arrive sur les lieux, prépare son pistolet et attend. Une demi-heure plus tard, le comte de Dugommeau n'est toujours pas là. Une heure plus tard enfin, un messager arrive et tend une enveloppe au baron :

« Mon cher Vauguenargues,

« Si jamais je suis en retard, ne m'attendez pas. Commencez à tirer sans moi ! »

• • •

Un soir, le jeune Dugommeau rentre de l'école en larmes

— Que s'est-il passé ? lui demande son père.

— C'est un monsieur avec un grand imperméable qui est venu nous embêter à la sortie de la classe ! pleurniche l'enfant.

— Quoi ? Un satyre ! Mais c'est un scandale ! Bon, ne t'en fais pas, je vais m'en occuper... Tu pourrais me le décrire ?

— Ben, il est très très gros, avec un imperméable...

— Ça ira !

Le lendemain soir, monsieur Dugommeau se poste à la sortie de l'école et ne tarde pas à remarquer un homme vêtu d'un imper et arborant une énorme panse...

— Dites donc ! fait monsieur Dugommeau en s'approchant de lui. Vous attendez un enfant ?

— Oh ben non, c'est parce que je bois trop de bière, c'est tout...

• • •

Monsieur Dugommeau, ivre mort au volant de sa voiture, est arrêté à un barrage de gendarmerie et immédiatement transféré à la brigade, où on l'enferme avec une dizaine d'autres types, visiblement dans le même état que lui.

— Messieurs, dit le capitaine de gendarmerie en s'approchant d'eux, j'ai l'honneur de vous apprendre que vous allez participer malgré vous à notre opération « Coup de poing contre l'alcoolisme au volant ». Prise de sang pour tout le monde !

Coupant court aux protestations, le capitaine se retire, laissant un maréchal des logis et deux brigadiers se charger de la corvée. Dix minutes plus tard, les prises de sang sont faites et les automobilistes, un peu angoissés, attendent les résultats.

— Monsieur Martin !

— Oui, c'est moi...

— Deux grammes. Bon, ça va pour cette fois.

— Monsieur Rémi !

— C'est moi !

— Trois grammes. C'est beaucoup... Mais enfin, bon, vous pouvez partir.

Vient enfin le tour de monsieur Dugommeau.

— Trois grammes cinq ! annonce le maréchal des logis. Alors là, vous restez !

Les autres automobilistes s'en vont, laissant le malheureux Dugommeau entre les mains des gendarmes qui, tour à tour, examinent ses résultats.

— Ça y est ? demande le maréchal des logis. Ils sont tous partis ?

— Oui, chef !

— Alors, mon gaillard, reprend-il en se tournant vers Dugommeau. On a trois grammes cinq d'alcool dans le sang ?

— Ben... Oui.

Alors tous les gendarmes entonnent en chœur :

— Il est des nô-ôtres, il a bu son verre comme les au-autres !

• • •

Un type entre dans un bar, s'avance droit vers un consommateur et lui flanque une formidable gifle qui le fait tomber de son tabouret.

— Voilà pour toi, Ménardeau ! Ça t'apprendra à draguer ma femme !

Le type se relève et commence à rigoler.

— Ça ne te suffit pas ? crie l'autre en lui allongeant une terrible droite.

Le malheureux se relève péniblement et rigole toujours.
— Qu'est-ce qui te prend, Ménardeau ? T'en veux encore ?
— Non, non, c'est pas ça, dit le type. Mais je rigole parce que vous vous êtes trompé. Ce n'est pas moi, Ménardeau.

• • •

Un douanier en poste à la frontière basque voit passer un type en vélo portant sur sa roue arrière une énorme botte de foin.
— Hep là, arrêtez ! dit le douanier. Vous ramenez du foin d'Espagne ?
— Oui, c'est ça.
— Vous vous foutez de moi ? Du foin il y en a autant qu'on veut en France.
Et il commence à fouiller la botte de foin, en vain.
Le lendemain, il revoit passer le même cycliste, toujours avec une botte de foin.
— Halte ! Descendez de vélo, qu'on fouille votre botte de foin !
Hélas, une fois de plus, le douanier ne trouve rien.
Le surlendemain, même chose. Et encore le jour d'après, et ainsi de suite pendant plus d'un an. Le douanier s'arrache les cheveux, mais il ne trouve jamais rien, au point que, écœuré, il finit par donner sa démission.
C'est alors qu'il rencontre en ville son cycliste, toujours avec sa botte de foin.
— Écoutez, vous pouvez me le dire, maintenant. J'ai démissionné, vous ne risquez rien. Qu'est-ce que vous passiez en fraude, dans ces bottes de foin ?
— Oh, ce n'était pas ça, répond le cycliste. Ce que je passais en fraude, c'étaient les bicyclettes !

• • •

Le réceptionniste d'un hôtel reçoit l'appel d'un client, au milieu de la nuit.
— Bonsoir, à quelle heure ouvre le bar, s'il vous plaît ?
— Ah, il est fermé, là. Il rouvrira demain matin à huit heures.
— Merci.
Deux heures plus tard, nouvel appel.
— Bon... bonsoir. À quelle heure il ouvre, le b... Bar ?
— À huit heures, monsieur.
— Ah oui, c'est ç... ça. Hui... huit heures. M... merci !
Une heure passe et le téléphone sonne à nouveau.

— B... bon.. bons... bonsoir. À qu... qu...

— À quelle heure ouvre le bar, oui, je sais ! Vous me l'avez déjà demandé deux fois ! À huit heures ! Il ouvre à huit heures ! Mais franchement, vu l'état dans lequel vous êtes déjà. ça m'étonnerait qu'on vous laisse y entrer !

— C'est pas p... pour en... entrer ! C'est p... pour en s... sortir !

• • •

Un homme va voir un avocat et lui demande quels sont ses tarifs minimums.

— Cinq cents francs pour trois questions, répond l'avocat.

— Cinq cents francs ? s'écrie l'homme.

— Oui.

— Vous ne trouvez pas ça cher, pour trois questions ?

— Non... Et votre dernière question, ce sera ?

• • •

Deux ivrognes sont restés boire jusqu'à la fermeture et ils rentrent au cœur de la nuit d'un pas vacillant.

— Bon sang, hic ! J'aime pas rentrer aussi tard ! dit le premier ivrogne. Dès que je vais ouvrir la porte, ma femme va me tomber, hic, dessus, et je vais en avoir pour des heures de jérémiades !

— Fais comme moi, dit l'autre.

— Comment ça ?

— Au lieu, hic, d'essayer d'être discret, j'ouvre la porte de la chambre à la volée, j'allume la lumière et je crie : « Allez, chérie ! On baise ! » Eh bien crois-moi, c'est radical ! Ma femme fait toujours semblant d'être endormie !

• • •

Les gens qui aiment les saucisses et qui respectent la Loi ne devraient jamais voir comment l'une et l'autre sont faites...

• • •

— Accusé, levez-vous ! Vous vous rendez compte de la gravité et de l'ignominie de votre crime ? Violer une morte, quelle horreur !

— Monsieur le Président, je ne savais pas qu'elle était morte !

— Comment ça ?

— Je croyais qu'elle était anglaise !

• • •

Un homme se présente au commissariat.

— Je viens signaler la disparition de ma femme.

— Depuis combien de temps a-t-elle disparu ? demande l'inspecteur de service.

— Quinze jours.

— Eh bien ! vous y avez mis le temps ! D'habitude, on nous signale les disparitions au bout de deux ou trois jours ! Une semaine, au plus ! Pourquoi avoir attendu aussi longtemps ?

— Je n'ai plus de vaisselle propre.

• • •

MICHEL AUDIARD

*La Justice, c'est comme la Sainte Vierge. Si on ne la voit pas de temps en temps, le doute s'installe...*

• • •

Vous savez pourquoi le bandit qui a tenté de prendre en otage un car de touristes japonais a été immédiatement arrêté ?

— La police a eu 5 000 photos du suspect.

• • •

Un type entre dans son bar habituel et crie :

— Tournée générale ! C'est moi qui invite !

— Qu'est-ce que tu fêtes ? lui demande un copain de bistrot.

— Je suis enfin plus grand que mon frère aîné ! dit le type. Voilà ce que je fête !

— Tout de même, c'est bizarre, dit le barman. À votre âge, vous ne grandissez plus...

— Bien sûr que non ! C'est lui qui a rapetissé. Il vient d'avoir un accident et on lui a coupé les deux jambes !

• • •

Poursuivi par un vigile armé jusqu'aux dents, un voleur à la tire fuit à toutes jambes dans la rue. Avisant une brasserie, il fait un détour, fonce à l'intérieur et crie, en passant devant le comptoir .

— Garçon ! Une bière, vite ! C'est pour emporter !

• • •

Fou de rage, un commissaire passe un savon à ses inspecteurs :

— Comment Jo-La-Mitraille a-t-il pu s'en sortir ? Je vous avais dit de couvrir toutes les issues !

— Ben, oui, chef, dit un inspecteur, mais il est sorti par l'entrée !

• • •

Deux marins allemands descendent à terre après une longue campagne de pêche et foncent vers le premier bar venu. Ils commandent deux schnaps, les boivent d'un trait, puis encore deux autres, et encore, et encore...

À la cinquième tournée consécutive, Karl se tourne vers son copain Gustav et dit : « *Prosit !* »

— Ho ! grogne Gustav. Tu es venu ici pour boire ou pour papoter ?

• • •

Une famille très pauvre du sud de l'Italie décide de monter à la ville pour vendre à un brocanteur quelques objets de famille pour subsister. Le père prend la carriole, y entasse la pendule de la grand-mère, quelques pièces de vaisselle, un matelas et une broche de diamants datant de plusieurs générations, puis il prend la route, accompagné de sa fille aînée. Malheureusement, ils sont victimes d'un bandit de grand chemin qui leur prend tout...

— Quelle misère ! s'écrie le père après son départ. Il ne nous reste rien !

— Ne pleure pas, papa, lui dit sa fille. Regarde, j'ai pu sauver la broche en diamants !

— Quoi ? C'est formidable ! Mais, comment as-tu fait ?

— Eh bien, dit la fille en rougissant, pendant qu'ils nous faisaient descendre de la carriole, je l'ai cachée dans ma zézette...

À ce moment-là, le père recommence à se lamenter.

— Mais qu'est-ce qu'il y a, papa ? J'ai mal fait ?

— Mais non, au contraire ! dit le père. Mais je me dis que si ta mère avait été là, on aurait pu sauver aussi la pendule !

• • •

Vous savez pourquoi les voitures de la police belge ont une baignoire remplie d'eau sur le toit ?

— C'est pour mettre la sirène !

• • •

Dans un bar, une nuit, un homme accoudé au comptoir devant un verre de whisky sort une petite souris blanche de sa poche, trempe son doigt dans son verre et lui fait boire une goutte d'alcool. Aussitôt, la souris blanche se met à chanter *Le Pénitencier*, d'une belle voix de basse.

Dans le bar, tout le monde se tait et écoute, fasciné. Quand la petite souris a terminé, c'est un tonnerre d'applaudissements et d'exclamations enthousiastes qui vient saluer la performance.

— Extraordinaire ! dit un consommateur. J'achète votre souris ! Votre prix sera le mien !

— Oh, bah, vous n'avez qu'à m'offrir un verre et je vous la donne...

— D'accord ! Mais, excusez-moi...

— Oui ?

— Pourquoi vous défaire aussi facilement d'un animal qui pourrait devenir une vraie mine d'or ?

— Oh, bah, elle ne connaît qu'une seule chanson, alors *Le Pénitencier*, toujours *Le Pénitencier*, j'en ai vraiment marre...

• • •

Un brave agent de police s'est vu confier un landau dans lequel piaille un bébé abandonné, et le ramène au commissariat.

— Oh, mon Dieu ! s'exclame une brave dame en le voyant passer. Qu'est-ce qu'il a fait, ce pauvre petit ?

• • •

OLIVIER LEJEUNE

*Dans les Cévennes, un détraqué belge a violé un berger qui portait un gilet de laine, croyant que c'était un mouton. Interpellé par la police, il a déclaré : « J'ai vu le béret trop tard ! »*

• • •

Vous savez pourquoi il n'y a pas plus de viols ?

— Parce qu'une femme court plus vite avec la jupe relevée qu'un homme avec le pantalon baissé.

• • •

Un type entre dans un bar et commande deux doubles cognacs, qu'il descend d'un trait, sans respirer.

— Maintenant, garçon, un grand calva !

Le garçon le sert, et le regarde avec intérêt siffler son verre.

— Met... Mettez-moi un pastis, dit l'homme, qui commence à être un peu soûl.

Le type boit son verre, chancelle, mais se retient au bar et, d'une voix de moins en moins assurée, commande un tout petit verre de rhum.

Cette fois, le garçon ne peut s'empêcher de lui faire une remarque.

— Écoutez, monsieur, vous allez vous rendre malade, à boire comme ça ! Qu'est-ce que vous cherchez à prouver ?

— Laissez, laissez, balbutie le type. C'est une ex... expérience. Déjà, hier, ça m'a fait la même chose : moins je bois, plus je suis bourré !

• • •

Postés au bord d'une nationale, deux gendarmes voient arriver une voiture qui zigzague dangereusement. Ils lui font signe de s'arrêter et s'approchent du conducteur, qui rigole bêtement, empestant l'alcool.

— Arrêtez le moteur et descendez de voiture, dit le premier gendarme.

— Pourquoi ? dit le conducteur. Qu'est-ce que j'ai fait ?

— Vous n'avez pas l'air d'être en état de conduire. Vous avez bu ?

— Oh, ben je vais pas vous mentir, dit l'automobiliste. J'ai bien pris un ou deux petits blancs au comptoir, ce matin. Et puis à dix heures j'ai été voir un client — je suis représentant de commerce, vous voyez — et il m'a proposé un pastis. Je pouvais pas refuser ! Après, à midi, j'ai déjeuné avec un autre client, un sérieux, celui-là. On a bu deux bouteilles de bourgogne, sans compter l'apéro et les digestifs. Et puis là, sur le coup de trois heures, j'ai eu soif et je me suis arrêté pour prendre une ou deux bières...

— Eh bien bravo ! dit le gendarme. Allez, contrôle alcootest ! Soufflez dans le ballon !

— Pourquoi ? Vous ne me croyez pas ?

• • •

12

# HISTOIRES BÊTES

Un zoo est connu mondialement pour une stupéfiante attraction : un loup et un agneau qui partagent paisiblement la même cage. Envoyé sur place par son journal, un reporter interroge un gardien.

— C'est incroyable, je viens d'observer le loup et l'agneau pendant plusieurs minutes, ils ont vraiment l'air de s'entendre parfaitement ! Comment faites-vous pour les garder ensemble ?

— Très simple, dit le gardien. Il suffit de changer d'agneau tous les jours.

• • •

HENRI MONNIER

*Que la nature est prévoyante ! Elle fait pousser les pommes en Normandie, sachant que les indigènes de cette province ne boivent que du cidre.*

• • •

Vous savez comment les abeilles font l'amour ?

— Dard-dard.

• • •

Au Moyen Âge, un dragon voit arriver un chevalier en armure armé d'une lance, qui prétend l'occire en bonne et due forme.

— Ça c'est marrant, dit le dragon. Maintenant, ils livrent les boîtes de conserve avec des cure-dents !

• • •

Une vieille mouche a emmené en promenade son petit-fils moucheron sur la tête d'un monsieur parfaitement chauve.

— Tu vois, mon petit Bzzzit, quand j'avais ton âge, il n'y avait qu'une toute petite piste d'atterrissage, ici. Maintenant, ils ont construit un aéroport...

• • •

Une superbe vache vient de remporter le premier prix d'un concours agricole. En revenant à l'étable, les autres vaches se pressent autour d'elle pour la féliciter.

— Quels sont vos projets maintenant, chère amie ?

Et la lauréate, modeste, répond :

— Je vais essayer de faire meuh la prochaine fois.

• • •

À une table de poker, au fond d'un bar, trois hommes et un paon.

Un client accoudé au zinc interpelle le patron :

— Dites-moi, c'est incroyable, ce paon ! Il joue vraiment au poker ?

— Ah oui, monsieur. Tous les jours.

— Inouï... Et il joue bien ?

— Pas tellement, répond le patron en baissant la voix. Chaque fois qu'il a du jeu, il fait la roue !

• • •

Une grenouille a décidé de se faire prendre en photo. Elle monte à la ville, entre dans la boutique d'un photographe et s'installe sur un tabouret, pour la prise de vues. Le photographe est bien sûr un peu étonné, mais un client est un client et il installe son matériel pour prendre le cliché. Hélas, réflexe idiot, il demande à la grenouille de sourire juste avant de déclencher l'obturateur. La bouche de la grenouille est beaucoup trop grande, elle dépasse du cadre. Une photo de fichue.

— Vous pouvez sourire un peu moins ? dit-il avant de prendre une seconde photo.

Rien à faire. Même en esquissant à peine un rictus, la grenouille a une bouche bien trop grande pour être cadrée.

— Écoutez, dit le photographe, nous allons faire autrement.

Quand je vous ferai signe, vous direz « confituuuure », comme ça vous aurez les lèvres pincées, et ce sera parfait. D'accord ?

La grenouille hoche la tête docilement.

— Prêt ? dit le photographe. Allez-y !

— Marmelaaaade !

• • •

Une ravissante jeune femme se promène en forêt depuis un bon moment, suivie par un écureuil qui ne la quitte pas des yeux. Au bout d'une heure de ce petit manège, la jeune femme se tourne vers l'écureuil et le gronde gentiment :

— Pourquoi tu me suis partout, petit écureuil ?

L'écureuil rougit et murmure :

— Parce que tu as des yeux noisette...

• • •

— Tu as acheté un chien à tes cinq enfants ?

— Oui, un teckel. Comme ça ils peuvent le caresser tous en même temps.

• • •

Deux grosses mouches sont posées sur une énorme bouse de vache. À un moment, l'une des mouches émet un pet sonore.

— Je t'en prie ! dit sa copine. On est à table !

• • •

Un homme parfaitement ivre traîne péniblement derrière lui un éléphant rose en laisse, à une heure avancée de la nuit. À chaque réverbère, l'éléphant rose s'arrête pour renifler de sa trompe, et le monsieur finit par être excédé.

— Écoute, Jumbo ! s'écrie-t-il finalement. Si tu continues à tirer comme ça sur ta laisse, j'arrête de boire. Et fini, l'éléphant rose !

• • •

Vous savez quelle est la danse préférée des bœufs ?

— Le slow, parce qu'ils peuvent danser joug contre joug.

• • •

Vous savez comment on différencie un perroquet mâle d'une femelle ? Enfermez le perroquet dans le frigo. Si au bout de cinq minutes vous entendez « Ouvrez ! On se les gèle, là-dedans ! », c'est un mâle.

• • •

Un bouc entre dans une parfumerie.
— Vous auriez de l'after-chèvre ?

• • •

Un automobiliste, pris d'une irrépressible envie, s'arrête au bord d'une route de campagne, le long d'une haie. Il s'accroupit et, une fois soulagé, tire un Kleenex de sa poche, lorsqu'il voit surgir de la haie un petit poussin recouvert d'excréments.

Comme il a bon cœur, l'automobiliste sacrifie son Kleenex pour nettoyer le poussin, puis fouille sa poche et en tire un nouveau mouchoir en papier. C'est alors qu'il voit un deuxième poussin souillé sortir de la haie. À nouveau, il utilise son Kleenex pour le nettoyer, puis sort son dernier Kleenex pour son propre usage.

Ça ne manque pas : un troisième poussin sort de la haie en piaillant, couvert d'excréments. Cette fois, c'en est trop. L'automobiliste s'essuie et se reboutonne, lorsqu'il entend une voix, de l'autre côté de la haie :

— Dites, vous n'auriez pas un Kleenex ? Ça me reprend et j'ai plus de poussin !

• • •

Un monsieur se promène dans la campagne lorsque soudain, au détour d'un chemin, il découvre un champ dans lequel toutes les vaches gisent sur le dos, parfaitement immobiles, les quatre fers en l'air.

— Mon pauvre monsieur, dit-il au paysan qui travaille dans le champ. C'est terrible ! Qu'est-ce qui leur est arrivé ?

— Oh ça ? C'est rien ! dit le paysan. C'est à cause de la grève des trains... Comme elles s'embêtaient, elles se sont mises à regarder passer les avions !

• • •

Une dame à chien-chien rencontre une autre dame à chien-chien, mais sans chien-chien et en larmes...

— Ma pauvre, que vous arrive-t-il ? Et où est votre adorable Médor ?

— Ah, ne m'en parlez pas, ma chère ! Il est parti !

— Parti ? Mais c'est épouvantable !

— Oui, il est parti en Grèce, comme ça, sur un coup de tête, avec un marin grec !

— Mais enfin pourquoi a-t-il fait ça ! Un si gentil chien-chien !

— C'est à cause de ce marin ! Il lui a dit que dans son pays tous les noms finissaient par « os » !

• • •

En 2024, après la troisième guerre mondiale et l'apocalypse nucléaire, il n'y a plus sur la Terre que des insectes. Un grand match de foot oppose les deux plus grandes équipes du championnat, les Bzzzt de Paris aux Crrrc de Marseille.

À la mi-temps, les Bzzzt mènent par deux buts à zéro. Dès la reprise, ils marquent un troisième but, puis un quatrième, puis un cinquième... C'est alors que le sélectionneur de l'équipe Crrrc fait rentrer un nouveau joueur sur le terrain, un mille-pattes, qui marque aussitôt dix-huit buts d'affilée !

— Quel joueur ! s'écrie un journaliste-fourmi. Mais pourquoi ne pas l'avoir fait rentrer tout de suite ?

— J'aurais bien voulu, mais il n'avait pas fini de lacer ses chaussures.

• • •

Un jeune homme vient d'être engagé dans un zoo. Un vieux gardien lui montre les ficelles du métier, puis lui confie l'entretien du rocher des singes. Dix minutes plus tard, le vieux gardien voit surgir le jeune apprenti, affolé.

— Eh bien, qu'est-ce qui se passe ?

— C'est le babouin, chef !

— Qu'est-ce qui lui arrive, au babouin ?

— J'étais dans la fosse, en train de ramasser tout ce que les visiteurs avaient lancé aux singes, et lui, il me suivait, en haut de son rocher. Comme il avait l'air d'avoir faim, j'ai ramassé un bout de pain et je le lui ai lancé.

— Et alors ?

— Alors il l'a mangé.

— Eh bien, c'est pas grave !

— Non, mais après j'ai trouvé une pêche. Je la lui ai lancée et vous savez ce qu'il a fait ? Il l'a décortiquée, il en a sorti le noyau, puis il se l'est enfoncé dans le derrière. Après il a ressorti le noyau, l'a remis dans la pêche et l'a avalée d'un seul coup. Il est malade, ce singe !

— Non, non, dit le vieux gardien. Il est méfiant, c'est tout... Vois-tu, petit, la semaine dernière quelqu'un lui a lancé un avocat. Il l'a gobé d'un seul coup et, après la digestion, le noyau lui est resté coincé dans le derrière. Il a fallu l'extirper avec des pinces. Alors, maintenant, il essaie, avant.

• • •

Vous savez ce qu'est un chameau ?

— Un cheval avec des sièges-baquet.

• • •

Un kangourou se promenait paisiblement dans la ville lorsqu'un policier l'a arrêté.

— Qu'est-ce que j'en fais, chef ? demande-t-il au brigadier de service, après l'avoir traîné jusqu'au poste.

— J'en sais rien, moi. Emmenez-le au zoo...

Une heure après, le policier n'est pas rentré. Pris de remords, le brigadier se décide à aller à sa rencontre... et il le trouve avec son kangourou, en train de faire la queue devant le guichet d'un cinéma.

— Mais bon sang, qu'est-ce que vous faites là ! s'écrie-t-il.

— Ben, j'ai fait comme vous m'aviez dit, chef ! Je l'ai emmené au zoo, et maintenant je l'emmène voir un film !

• • •

Vous savez ce qu'un volcan dit à une montagne ?

— Ça ne vous dérange pas si je fume ?

• • •

On l'ignore trop souvent : l'île de Robinson Crusoe n'était pas tout à fait déserte, puisqu'elle était infestée de moustiques. Un soir, deux d'entre eux s'envolent après l'avoir piqué à qui mieux mieux.

— Allez, salut, dit l'un des moustiques. À Vendredi !

• • •

Un monsieur mille-pattes rencontre une ravissante madame mille-pattes.

— Madame, dit-il en la détaillant de la tête aux pieds, vous êtes ravissante. Et puis surtout, vous avez de belles jambes, de belles jambes, de belles jambes...

• • •

Un laboratoire de génétique a passé une petite annonce pour tenter une expérience. Un type se présente, et le responsable des recherches lui explique ce qu'on attend de lui :

— Mon cher ami, nous voudrions savoir ce que donnerait l'accouplement d'un homme et d'une femelle gorille. Pour 10 000 F, vous seriez d'accord ?

Le type hésite un instant, puis accepte

— Mais à trois conditions, ajoute-t-il. Premièrement, je voudrais qu'un gardien armé se tienne prêt à intervenir, au cas où les choses tourneraient mal.

— D'accord.

— Deuxièmement, je voudrais qu'on baisse un peu la lumière. pour faire plus intime.

— D'accord. Et la troisième condition ?

— Oui, c'est à propos des 10 000 F... Je pourrais payer par traites ?

• • •

Deux vaches se promènent dans un champ lorsqu'elles trouvent un gant.

— T'as vu ? dit la première vache. Pas mal, ce soutien-gorge !

• • •

Un petit vison meurt et se retrouve devant saint Pierre, au Paradis.

— Petit vison, dit saint Pierre, tu es une créature bonne et compatissante, je voudrais faire quelque chose pour toi. Qu'est-ce qui te ferait plaisir, comme cadeau de bienvenue ?

— Un manteau en peau de femme, saint Pierre.

• • •

Au cœur de l'Afrique noire, trois chasseurs pygmées discutent boulot.

— Moi, je vais vous diwe : le plus dangeweux et le plus méchant des animaux, dit le premier chasseur, c'est le lion !

— Non, non, répond le second chasseur. Le plus dangeweux, c'est le cwocodile !

— Awête de diwe n'impowte quoi ! dit le troisième. Le plus dangeweux, c'est le cwocolion !

— Le cwocolion ? Qu'est-ce que c'est que ça, le cwocolion ?

— C'est un animal qui a d'un côté une tête de cwocodile et de l'autwe côté une tête de lion. Tewible !

— Mais alors... Il n'a pas de dewière ?

— Non, il n'a pas de dewière.

— Mais comment il fait pouw faiwe caca, ton cwocolion ?

— Justement ! dit le troisième pygmée. Il ne peut jamais faiwe caca, et c'est pouw ça qu'il est tewible !

• • •

GOURIO — *Brèves de comptoir*

*L'animal le plus dangereux, c'est pas la panthère noire. Le plus dangereux, c'est la moule pourrie !*

• • •

Monsieur Dugommeau, en vacances dans les Pyrénées, accompagne un berger et son troupeau. Soudain, un aigle fond sur un agneau et l'emporte dans les airs. Le berger empoigne son fusil, mais trop tard...

Une heure plus tard surgit un autre aigle, qui se met à tournoyer dans le ciel au-dessus du troupeau. Le berger épaule son fusil, tire et abat le rapace qui tombe comme une pierre dans un précipice.

— C'était pas la peine de gâcher une balle, dit monsieur Dugommeau. À tomber de cette hauteur, il se serait tué, de toute façon...

• • •

Une brave dame veut acheter un perroquet mâle pour sa perruche, qui semble s'ennuyer toute seule. Malheureusement, l'oiseleur n'a plus de perroquet en stock.

— Par contre, dit-il, j'ai là un hibou très viril. Essayez-le, on ne sait jamais...

La cliente se laisse convaincre, achète le hibou et le ramène chez elle, où elle le place dans la cage de sa perruche en folie.

À la tombée de la nuit, le hibou ouvre un œil et dit :

— Hou ! Hou !

Alors la perruche gémit :

— Là ! Là !

• • •

Un éléphant et une petite souris se promènent dans la savane. Comme la petite souris est épuisée, le brave éléphant la prend sur son dos, où elle s'endort instantanément. Au bout d'une heure elle se réveille, s'étire voluptueusement et sautille jusqu'à l'oreille de l'éléphant.

— Merci, Dumbo, ça va mieux maintenant. On change ?

• • •

La même souris et le même éléphant — décidément très copains — font la course dans le désert. Au bout d'un moment, la petite souris se retourne et dit :

— T'as vu ? Qu'est-ce qu'on fait comme poussière !

• • •

Allez, une troisième et c'est fini.

Le même éléphant et la même souris parcourent le monde et arrivent devant un lac gelé. L'éléphant recule, mais la petite souris le retient.

— Attends, Dumbo, je vais y aller la première. Si la glace tient le coup, tu n'auras qu'à me suivre.

• • •

Au dernier moment, madame Dugommeau retient son plus jeune fils, qui poursuivait un cochon en brandissant une hache.

— Mais enfin, Jérémie, qu'est-ce qui t'as pris ?

— Ben, maman, je voulais me faire une tirelire !

• • •

Trois tortues partent en pique-nique. Au bout d'une semaine, elles sont arrivées au coin idéal, une ravissante clairière, et commencent à déballer les provisions, lorsqu'elles s'aperçoivent qu'elles ont oublié l'essentiel : la salade.

— Bon, dit la plus grande des tortues. Ça ne fait rien, je vais retourner la chercher. Mais surtout, vous m'attendez pour commencer, hein ?

— Oui, oui, disent les deux autres tortues.

— C'est juré ?

— Oui, oui.

La tortue fait demi-tour et repart poussivement. Une semaine passe · rien. Deux semaines, toujours rien. Au bout de trois semaines, l'une des deux tortues restées en arrière dit à sa copine :

— Tout de même, qu'est-ce qu'elle est lente...

À ce moment-là, une voix jaillit de derrière un arbre qui borde la clairière :

— J'en étais sûre ! Dès que je ne suis pas là, vous en profitez pour dire du mal de moi ! Eh ben je n'irai pas la chercher, votre salade !

• • •

Lors d'un safari, un touriste traverse une rivière derrière son guide, au cœur de la jungle africaine, lorsqu'il pousse un cri terrible.

— Ah, bon sang ! Un crocodile vient de me manger le pied !

— Lequel ? demande le guide.

— Je ne sais pas, ils se ressemblent tous...

• • •

PIERRE DESPROGES

*En cas de morsure de vipère, sucez-vous le pied, ça fait marrer les écureuils.*

• • •

Un dindon regarde d'un air lugubre un fermier emporter une dinde.

— Le salaud, murmure-t-il. Je parie qu'il va se la farcir !

• • •

Un petit garçon demande à son père :

— Papa, comment on appelle le fils de la chèvre ?

— Un chevreau.

— Et la fille ?
— Une chevrette.
— Et la fille du chat ?
— Une chatte.
— Et le fils du chien ?
— Un chiot.
— Et sa fille ?
— Euh...

• • •

GOURIO — *Brèves de comptoir*
*Les girafes, elles souffrent une heure quand elles avalent trop chaud.*

• • •

Un aigle rencontre un homard :
— Salut, vieux, dit l'aigle. Je te serre la pince !
— Salut ! répond le homard. Moi, je te pince la serre !

• • •

Deux éléphantes se promènent dans la savane, par une chaleur accablante. Soudain, elles aperçoivent un point d'eau, frais et ombragé.
La première éléphante se précipite dans l'eau et s'asperge avec délices, lorsqu'elle s'aperçoit que sa copine est restée sur la berge.
— Tu ne viens pas te baigner ?
— Je ne peux pas, je suis indisposée...
— Et alors ? Fais comme moi, mets un mouton !

• • •

À ce propos, vous savez pourquoi les éléphantes ont de longues trompes ?
— Parce que les moutons n'ont pas de ficelle.

• • •

Un castor et un canard se rencontrent pour la première fois sur les berges d'un lac.
— Qui tu es, toi ? demande le canard.
— Devine, répond le castor.

— Bon : tu as de grandes dents...
— Oui.
— Tu as des poils.
— Oui.
— Tu as des moustaches.
— Oui.
— Tu as des petites oreilles rondes.
— Oui.
— Tu es un castor !
-- Gagné. À moi de deviner... Voyons : tu n'as pas de poils...
— Non.
— Tu n'as pas de dents.
— Non.
— Tu n'as pas de moustaches.
— Non.
— Tu n'as pas d'oreilles.
— Non.
— J'ai trouvé ! Tu es Niki Lauda !

• • •

Tous les soirs en rentrant chez lui, un Provençal passe devant un vieux mur de pierre sur lequel un lézard semble l'attendre. Et tous les soirs, dès qu'il le voit, le lézard lui lance : « Cocu ! »

Le type commence à être embêté, il fait surveiller sa femme, il se dispute avec elle, il passe même une nuit entière à l'épier, sans obtenir la preuve de son infidélité.

— Je suis un bel idiot, se dit-il. Je fais confiance à un lézard plutôt qu'à ma chère épouse.

Le lendemain, quand il rentre chez lui, le lézard lui lance « Cocu ! », comme d'habitude.

— Écoute-moi bien, sale bête ! dit le Provençal. Si tu me répètes ça encore une fois, je te retourne comme une chaussette, c'est entendu ?

Et le lézard répond « Cocu ! ».

Fou de rage, le type le saisit, le retourne d'un coup sec et le repose sur son mur. Lorsqu'il repart, il entend le lézard qui lance :

— Ucoc !

• • •

Deux mignons petits chats tombent sur un magazine érotique, et détaillent la photo d'une femme nue.

— Dire qu'ils appellent ça une chatte, dit le premier matou en posant sa patte sur un endroit bien précis de la photo.
— Ils nous prennent vraiment pour des cons, répond l'autre.

• • •

Une bouse de vache admire une belle pomme, qui mûrit au-dessus d'elle, dans son pommier.
— Tu viens jouer avec moi ? demande-t-elle gentiment.
— Pas question ! dit la pomme. T'es moche et tu pues !
La bouse de vache ne répond pas, mais tente à nouveau sa chance quinze jours plus tard.
— Jolie pomme, tu viens jouer avec moi ?
— Jamais ! T'es bien trop vilaine !
Quinze jours encore plus tard, la pomme tombe de l'arbre et une vache qui passait par là n'en fait qu'une bouchée.
— À tout à l'heure ! dit la bouse de vache.

• • •

Madame kangourou n'a pas l'air en forme. Depuis des heures, elle se tortille, elle se gratte frénétiquement, elle ne tient plus en place...
— Mais enfin, ma chérie, qu'est-ce que tu as, à te gratter comme ça tout le temps ! dit monsieur kangourou.
— C'est rien, mon chéri. C'est le petit qui a pris son petit déjeuner au lit, ce matin...
— Et alors ?
— Alors il a mangé des biscottes.

• • •

Madame mille-pattes vient d'avoir un bébé. Dans le couloir de la maternité, monsieur mille-pattes fait les mille pas.
— Alors ? dit-il en voyant sortir le mille-pattes accoucheur de la salle de travail. C'est une fille ou un garçon ?
— Un peu de patience, monsieur. Ça ne sera pas long.
Au bout d'un quart d'heure, pourtant, monsieur mille-pattes n'a toujours aucune nouvelle. Incapable d'attendre plus longtemps, il colle son oreille contre la porte, et entend la sage-femme mille-pattes compter :
— 990, 991, 992, 993, 994, 995, 996, 997, 998, 999, 1000, 1001... Oh, 1001 ! Mais alors, c'est un garçon !

• • •

ALEXANDRE VIALATTE
*La douleur embellit l'écrevisse.*

• • •

Un ventriloque en tournée à travers la France tombe en panne à proximité d'une ferme. Le fermier, brave type, commence à bricoler la voiture, sous les yeux du ventriloque qui n'y connaît rien. Au bout d'un moment, comme il s'ennuie et qu'il veut remercier le brave fermier, il s'approche d'un cheval et le fait parler.

— Ça alors ! dit le fermier. Vous avez entendu ? La Marie, les enfants, venez voir, le cheval parle !

Amusé, le ventriloque fait alors parler successivement des oies, le cochon, tous les animaux de la basse-cour, jusqu'à la chèvre. Au moment où il s'approche de la biquette, le fils aîné de la maison pâlit et se tourne vers son père .

— Si cette sale bête dit quelque chose à propos d'elle et moi, c'est rien qu'une menteuse !

• • •

Le jeune lapineau a grandi, et papa lapin a décidé de faire son éducation.

— Vois-tu, mon fils, dit-il en l'emmenant voir les dames lapines, nous autres les lapins nous avons une réputation à tenir. Tiens, regarde, je vais te montrer.

Et il bondit sur le clapier, dont il ouvre tour à tour chacune des portes, à un rythme frénétique :

— Bonjour, madame ! Merci, madame ! Bonjour. madame ! Merci, madame ! Bonjour, madame ! Merci, madame ! Bonjour, madame ! Merci, madame ! Bonjour, madame ! Merci, madame ! Bonjour, madame ! Merci, madame ! Bonjour, madame... Merci, ma...dame. Bon...jour, ma...dame... Mer...ci, ma...dame... Ouf ! Allez... à... à toi, fiston...

— Ouais ! Super ! s'écrie le lapineau, qui s'élance aussitôt sur les traces de son père. Bonjour, madame ! Merci, madame ! Bonjour, madame ! Merci, madame ! Bonjour, madame ! Merci, madame ! Bonjour, madame ! Merci, madame ! Bonjour, madame ! Merci, madame ! Bonjour, madame ! Merci, madame ! Bonjour, madame ! Merci, madame ! Bonjour, papa ! Merci, papa !

• • •

De tous les animaux de la Création, le plus intelligent est le dauphin. Il est si intelligent qu'au bout de quelques jours de captivité, il peut apprendre à un homme à se tenir au bord de sa piscine et à lui lancer du poisson frais trois fois par jour.

• • •

Madame et monsieur Ver de terre ont invité monsieur Mille-pattes à dîner, à huit heures précises. Huit heures, personne. Huit heures et demie, neuf heures, neuf heures et demie, toujours rien. Et puis enfin, vers dix heures, on sonne à la porte.

Monsieur Ver de terre va ouvrir et voit sur le paillasson son ami monsieur Mille-pattes, épuisé.

— Mais qu'est-ce qui t'est arrivé ? dit-il.

— C'est... à... cause de ton... paillasson, articule péniblement le mille-pattes. Il y est... marqué : « Essuyez vos pieds... avant... d'entrer ! »

• • •

Après des années de brouille, monsieur Dugommeau décide de se réconcilier avec sa belle-mère. Il lui cherche un cadeau original pour son anniversaire et, en passant devant la vitrine d'une animalerie, aperçoit un petit lapin blanc adorable.

— C'est combien, le lapin dans la vitrine ? demande-t-il en entrant.

— Deux mille francs. Il faut dire que c'est un lapin savant. Il sait faire des claquettes et chanter « Singing in the rain ».

— Formidable ! s'écrie monsieur Dugommeau. Je l'achète !

Il s'arrange pour faire livrer le lapin à sa belle-mère et, le lendemain, il lui passe un coup de fil.

— Alors, chère belle-mère, vous avez reçu mon lapin ? Qu'est-ce que vous en pensez ?

— Oh, merci mille fois, mon gendre, répond la belle-mère. Il avait beaucoup de goût !

• • •

Dans la salle d'attente du vétérinaire, un minuscule chihuahua discute avec un énorme dogue.

— Ah là là, la vie est dure ! dit le petit chien. Dire que je suis là parce que je ne pense qu'au sexe !

— Ah oui ? dit le dogue. C'est drôle, moi aussi.

— Dès que je vois une petite chienne, c'est plus fort que moi, il faut que je lui saute dessus !

— Ah oui ? C'est drôle, moi aussi.

— Hier pendant la promenade, j'ai vu une petite caniche superbe et je n'ai pas résisté... Alors ma maîtresse est venue ici pour me les faire couper.

— Ah oui ? dit le dogue. Ben moi, hier, j'ai vu ma maîtresse à quatre pattes en train de laver le carrelage de la salle de bains. Ç'a été plus fort que moi, je n'ai pas résisté non plus. Je l'ai agrippée avec mes pattes antérieures et crac !

— Alors on va te les couper, à toi aussi !

— Pas exactement... Moi, elle est venue me faire couper les griffes.

• • •

Monsieur et madame Hippopotame vont au cinéma avec leur petit garçon, voir le dernier Walt Disney. Ils s'installent au balcon, achètent des esquimaux et attendent le début de la projection. Lorsque enfin la lumière s'éteint, Hippopotame junior, tout excité s'appuie contre la balustrade... et laisse tomber son esquimau sur les fauteuils d'orchestre. Alors qu'il se penche pour le rattraper, il bascule et tombe lui aussi en bas. Voyant cela, maman Hippopotame tend une patte pour le rattraper, le manque, bascule à son tour et chute dans la salle.

Alors, furieux, un spectateur des fauteuils d'orchestre se lève, se tourne vers le balcon et crie :

— C'est pas bientôt fini de lancer des hippopotames ?

• • •

Un petit hérisson est perdu dans le désert. Soudain, il aperçoit un cactus et fonce droit dessus en criant :

— Maman !

• • •

Qu'est-ce qui a des plumes jaunes, chante divinement bien et pèse environ cent kilos ?

— Un canari. Mais alors un gros !

• • •

ARTHUR RUBINSTEIN

*Le pire ennemi d'un pianiste, ce sont les mouches, car elles profitent du fait qu'on a les doigts occupés pour vous entrer dans le nez.*

• • •

À un croisement, un passant s'approche d'un aveugle qui tient le harnais d'un chien-guide.

— Dites, excusez-moi de vous déranger, mais je vous observe depuis cinq minutes et je me demandais... Votre chien n'est pas dressé pour vous faire traverser la rue ?

— Si, si, bien sûr ! dit l'aveugle.

— Eh bien, il n'est pas terrible ! dit le passant. Ça fait déjà deux fois que le feu passe au rouge et qu'il ne bouge pas d'un poil !

Sans un mot, l'aveugle sort un sucre de sa poche et le tend au chien.

— Comment ? dit le passant. Votre chien ne vous fait pas traverser et vous le récompensez ?

— C'est juste pour savoir où est sa tête, dit l'aveugle. Comme ça je peux lui botter le cul.

• • •

Dans un marigot, deux crocodiles mâles voient pour la première fois une jeune et jolie demoiselle crocodile qui vient d'arriver dans la région.

— Qu'est-ce qu'on fait ? dit le premier crocodile. On Lacoste ?

• • •

Monsieur Dugommeau assiste à une corrida, et une question lui vient à l'esprit...

— Comment se fait-il que les taureaux s'énervent quand on leur agite une cape rouge sous le nez ?

— Excusez-moi, mais vous vous trompez, fait son voisin. Ce ne sont pas les taureaux qui s'énervent quand on fait ça, ce sont les vaches.

— Ah bon ? Mais pourtant le toréador utilise bien une cape rouge, et ça a vraiment l'air d'énerver le taureau !

— Oui, mais c'est parce qu'il déteste qu'on le prenne pour une vache !

• • •

Vous connaissez la différence entre un pingouin et un ramoneur ?

— Le pingouin a la queue noire.

• • •

Et vous savez quelle est la différence entre une hermine et un ramoneur ?

— Une hermine est toute blanche, avec une queue toute noire. Un ramoneur est tout noir, avec... une échelle sur le dos.

• • •

Dans une cage, au zoo, deux chimpanzés mangent tristement leur banane.

— Tu sais quoi ? dit le premier singe.

— Non...

— Finalement je préférais l'ancien régime.

• • •

Depuis des jours et des nuits, un hérisson fait le pied de grue devant une dame cactus, en la couvant d'un regard amoureux.

— Bon, ça va comme ça, dit la dame cactus, énervée. Laisse-moi tranquille !

— Non, mon amour, dit le hérisson. Jamais je ne te quitterai !

— Mais enfin, pourquoi ?

— Parce que tu as la peau si douce...

• • •

Dans un petit village de la Beauce, un fermier et une fermière vont voir le vétérinaire, leur coq sous le bras.

— Alors, dit le praticien. Qu'est-ce qui vous amène ?

— C'est le coq, dit le fermier. On nous l'a vendu comme étant un sacré gaillard et v'là qu'il fait même point attention aux poules !

— Je vois ce que c'est, dit le vétérinaire. Eh bien, vous n'aurez qu'à lui frotter vigoureusement les parties tous les soirs à la brosse en chiendent, et vous verrez, il retrouvera sa vigueur...

Quelques jours plus tard, le vétérinaire passe voir ses clients à la ferme. En descendant de voiture, il aperçoit le fermier qui s'avance vers lui d'une drôle de démarche, en grimaçant de douleur à chaque pas.

— Alors, et ce coq ?

— Oh ça, formidable ! dit le fermier. Mais euh...

— Oui ?

— Eh ben, c'est juste que je voulais vous dire.... La prochaine fois que vous me donnez un conseil, attendez que ma femme soit partie !

• • •

Un vieux monsieur entre dans un bar en tenant un sac en plastique humide, laissant derrière lui des flaques d'eau sur le sol.

— Dites donc, qu'est-ce qu'il y a dans ce sac ? demande le garçon.

— Ce n'est rien, dit le vieil homme. C'est mon poulpe apprivoisé !

— Faites voir ?

Le vieil homme plonge une main dans le sac et en ressort un poulpe qu'il dépose sur le zinc.

— Bon, eh bien, remballez-moi ça et fichez le camp ! dit le barman en regardant l'animal agiter ses tentacules. Pas de ça dans mon bar !

— Non, mais vous ne risquez rien, vous savez ! dit le vieux monsieur. Non seulement il est apprivoisé, mais en plus il sait jouer de tous les instruments !

— Ah bon ? On va voir ça...

Et le barman amène une flûte. Aussitôt, le poulpe s'en saisit et joue « Frère Jacques ». Quelqu'un lui tend un violon, et il joue « Mon beau sapin ».

— Formidable ! dit le barman. Vous dites qu'il sait jouer de tous les instruments ?

— De tous !

— Je vous parie une tournée qu'il ne sait pas jouer de *ça* !

Et il sort de sous le comptoir... une cornemuse, qu'il pose devant le poulpe.

L'animal escalade la cornemuse, l'enserre de ses visqueux tentacules, passe de l'autre côté, tripatouille dans tous les sens, mais pas un son ne sort.

— Alors ! dit le barman. Je l'ai eu, votre poulpe savant. Vous voyez qu'il ne sait pas jouer de tous les instruments !

— Oh, il va en jouer, de votre cornemuse, ne vous inquiétez pas, dit calmement le vieil homme. Dès qu'il aura compris qu'il ne peut pas la sauter, il va en jouer !

• • •

Une jeune femme attend la visite de son fiancé pour le lendemain. Elle prépare une tarte aux fraises, mais son caniche saute sur la table pendant que la tarte refroidit et la dévore...

Le lendemain, l'amoureux est allé acheter un magnifique bouquet de roses rouges pour l'élue de son cœur mais, en sortant de chez la fleuriste, l'une des roses tombe du bouquet, en plein dans une crotte de chien. L'amoureux, évidemment, la laisse là et s'en va...

— Ah, malheur ! s'écrie la rose. Dire que j'étais une preuve d'amour, qu'on allait m'offrir tendrement, me chérir, vanter ma beauté et me placer dans un vase pour m'admirer, et que me voilà dans la merde !

— À qui le dites-vous ! répond la crotte de chien. Moi, hier, j'étais une tarte aux fraises !

• • •

Deux chattes enceintes se retrouvent au square.

— Vous allez avoir des petits ? dit la première. C'est pour bientôt ?

— Pour la semaine prochaine, dit l'autre. S'ils ressemblent à leur père, ce seront de beaux siamois ! Et vous ?

— Moi aussi, ce sera pour la semaine prochaine. Par contre, je me demande bien à quoi ils vont ressembler...

— Comment, ma chère ? dit la seconde chatte. Vous ne connaissez pas le père ?

— Eh bien non, ma chère. Figurez-vous que quand c'est arrivé, j'avais la tête dans une boîte de Ron-Ron.

• • •

Une vieille dame est en train de nettoyer une vieille lampe en cuivre qu'elle a trouvée dans son grenier lorsque, Chazam ! Un génie apparaît dans un nuage de fumée.

— Merci de m'avoir délivré, dit-il. Tu as droit à trois vœux.

— C'est vrai ? dit la vieille dame. Alors, euh... Je voudrais devenir jeune et belle.

Aussitôt, son vœu est exaucé. Ravie, elle cherche une idée pour son deuxième vœu, lorsqu'elle voit son chat, qui dort dans un coin du grenier.

— Je voudrais que Félix soit transformé en prince charmant ! Et pour mon troisième vœu, je voudrais que tu nous envoies tous les deux dans une île déserte et paradisiaque, loin de tout !

Aussitôt dit, aussitôt fait. La vieille dame se retrouve sur une île enchanteresse, cherche des yeux son chat et voit un magnifique jeune homme qui s'avance vers elle et la prend tendrement par l'épaule.

— Quel bonheur ! s'exclame-t-elle.

— Oui, mais tout de même, c'est dommage, dit le prince charmant.

— Qu'est-ce qui est dommage ?

— Que vous m'ayez fait couper...

• • •

Un escargot voit passer une limace et hoche tristement la tête.

— Quel malheur, cette crise du logement !

• • •

GOURIO — *Brèves de comptoir*

*Les moutons sont tellement cons que leur cervelle n'a pas de goût.*

• • •

Deux types se promènent dans la rue, lorsqu'ils voient un chien qui fait sa toilette et se lèche le sexe.

— J'aimerais bien pouvoir en faire autant, dit le premier.

— Tu es fou ! dit le second. C'est un berger allemand, il pourrait te mordre !

• • •

Une mère se promène dans les champs avec son petit garçon de huit ans lorsqu'ils aperçoivent un étalon en train de monter une jument.

— Qu'est-ce qu'ils font, maman ? demande le petit garçon.

La mère, gênée, cherche rapidement une explication, puis dit :

— Tu vois, le cheval du dessus est blessé, alors le cheval du dessous le porte sur ses épaules pour le ramener à l'écurie...

— C'est comme avec les humains, alors, dit le petit garçon en hochant la tête. Dès que tu essaies d'aider quelqu'un, tu l'as dans le dos !

• • •

Qu'est-ce qui est vert et qui pend des arbres, dans la savane africaine ?

— De la morve de girafe.

• • •

Près d'un petit village africain, il y a une rivière. Personne ne s'y baigne jamais, tant elle est infestée de crocodiles. Un beau matin, une vieille dame arrive en 4 × 4, s'arrête au bord de l'eau, enfile un maillot de bain et plonge dans la rivière, sous les cris horrifiés des habitants du village. Pourtant, il ne se passe rien, et la vieille dame ressort sans avoir été attaquée.

Le lendemain, la vieille dame revient se baigner.

— N'y allez pas ! lui dit un ancien du village. C'est plein de crocodiles, là-dedans !

Mais la vieille dame plonge sans tenir compte de son avis et, une fois de plus, ressort de la rivière sans le moindre bobo. Du coup, l'ancien plonge à son tour, et il est instantanément croqué par une dizaine de caïmans, de crocos et d'alligators furieux...

Le troisième jour, tout le village est là pour assister au miracle. La vieille dame se baigne tranquillement, mais soudain un tout petit crocodile s'avance vers elle, ouvre une large gueule... et se fait dévorer par un énorme alligator qui lui dit :

— On ne touche pas à madame Lacoste !

• • •

TABLE DES MATIÈRES

*Achevé d'imprimer en novembre 1999*
*sur presse Cameron*
*par* ***Bussière Camedan Imprimeries***
*à Saint-Amand-Montrond (Cher)*
*pour le compte de France Loisirs*
*123, boulevard de Grenelle, Paris*

N° d'édition : 32655. N° d'impression : 995075/4.
Dépôt légal : novembre 1995.

*Imprimé en France*